中国人文精神的重建

约戊戌～五四

郭国灿　著

河南大学出版社
·郑州·

图书在版编目(CIP)数据

中国人文精神的重建:约戊戌～五四/郭国灿著. —郑州:河南大学出版社,2016.5

ISBN 978-7-5649-2396-9

Ⅰ.①中… Ⅱ.①郭… Ⅲ.①文化史－研究－中国－近代 Ⅳ.①K251.03

中国版本图书馆 CIP 数据核字(2016)第 101998 号

责任编辑　纪庆芳
责任校对　辛　媛
封面设计　马　龙

出　版	河南大学出版社
	地址:郑州市郑东新区商务外环中华大厦 2401 号
	邮编:450046
	电话:0371-86059713(营销部)　网址:www.hupress.com
排　版	郑州市今日文教印制有限公司
印　刷	河南省瑞光印务股份有限公司
版　次	2016 年 10 月第 1 版　　印　次　2016 年 10 月第 1 次印刷
开　本	710mm×1000mm　1/16　印　张　22.5
字　数	282 千字　　　　　　　　定　价　65.00 元

(本书如有印装质量问题,请与河南大学出版社营销部联系调换)

　　郭国灿,研究员(教授)、博士。1990年前于武汉大学、华中师范大学获得硕士、博士学位。1990年任职于深圳市政府办公厅。1991年后参与创建深圳社科院并从事国际性城市比较、特区经济、香港经济研究。1996年后在香港中资红筹企业工作。现任深业华东地产开发有限公司总经理。先后任深圳大学、华中师范大学经济学院兼职研究员(教授),香港《新报》专栏作家、深圳市政府决策咨询委员会委员及专家。曾在香港中文大学《二十一世纪》、香港"新亚洲文库"、《中国社会科学》、《新华文摘》、《光明日报》等发表论文百余篇,出版个人专著《回归十年的香港经济》、《香港中资财团》、《双城论集》和《思想的历史与历史的思想》等多部。作品曾获得省市社会科学优秀著作、论文奖,个人并获省市优秀专家、杰出专家称号。

"近代中国研究书系"出版旨趣

19世纪中期至20世纪中期的近代中国,面对数千年未有之变局,开启了以救亡图强为主题的民族复兴之伟业,由此引发了中国社会方方面面的急剧变革,仿佛中华文明古国要在这历史长河的瞬间进行一场脱胎换骨的改造,自强不息的中华民族要在这新旧交替的时刻完成多少代人的大同梦想。近代百年,有光荣也有屈辱,有进步也有徘徊,有为理想做出的牺牲,也有因盲从付出的代价,但毋庸置疑,这是传统中国迎接现代洗礼的时代,是中华民族奋起追求新生的时代,无数先进分子为民族独立和国家富强做出了坚忍卓绝的探索与贡献,他们的所思所行给我们留下了值得认真汲取的经验和教训。

"近代中国研究书系"是以中国近代百年历史为研究对象的学术丛书,将陆续出版海内外学人的相关著作。其中既包括首版新著,也包括再版佳作,既有宏观的理论思考,也有微观的专题探索,力求通过全方位多视角的系列研究,重新审视百年中国巨变,探寻中国社会由传统向现代转型的轨迹,揭示中华文明由古典向现代演进的路向,从而加深今人对历史和传统的认识与理解,繁荣和推进当代学术文化事业。为此,欢迎海内外学界同仁参与这一学术平台的建设,赋学术使命与同好志趣为一体,以学人眼力和学术话语,搭建历史—现实—未来的文化桥梁,为创新中华文化而贡献学人之心智。(马小泉)

序

章开沅

刚刚知道乐正的《跨世纪的心态史》已经付印,又得知郭国灿《中国人文精神的重建:约戊戌～五四)》可以出版,在出学术著作难,出博士论文更难的今天,还有什么能比这些消息更使作为导师的我感到欣慰的呢?何况又正值孤身羁旅于遥远的海外。

国灿是我已毕业的博士生中最年轻的一个,但堪称是才思敏捷,后来居上,而艰苦勤奋亦不次于侪辈。他在学术上充满朝气,敢碰大题、难题,更敢于提出自己的独立见解。他的研究,着眼于人的现代化,尤其着重探讨近代人文精神的结构。人的现代化并非总是社会现代化的结果,在 20 与 21 两个世纪交接的岁月里,它可以而且应该超前于中国社会的现代化,并且有力地促进社会现代化。对于落后于发达国家一大截的中国来说,没有人的现代化就没有整个社会的现代化,而现代人文精神的重新构建则是人的现代化的必经之路。

国灿对近代人文精神的结构,从知、情、意三方面加以深入阐析,而对于"力的发现"尤为着力论述并且颇多创见。他在理论上下过苦功夫,因此书中颇富哲理;他的知识面较广,所以书中颇多触类旁通之处;他的行文洗练流畅,可以认为此书就是知、情、意三者较好的结合。我不想对此书内容本身作多余的评介，应该由读者在认真阅读后作出自己的判断。

国灿向我索序，我则有内疚之感。本想留他在华师历史研究所工作，但由于外间种种阻碍而未能如愿，终致他不得不离开高校而转到深圳市政府工作。但这也未尝不是好事，他长期在高校学习工作，多半是从书本求知识，现在来到中国开放改革最早的南方沿海城市——深圳，可以通过考察社会实际继续探讨现代人文精神结构的重建。

现代化理论在欧美已经逐渐受到冷落，普林斯顿大学的著名现代化比较研究专家布莱克教授的过早逝世竟仿佛是这种衰微的象征。此间人们的兴味已经转向苏联与东欧的演变，但不管怎样，现代化研究仍然是中国的当务之急，因为我们离所谓"富人的忧患"还远着呢！我希望国灿此书的出版，能有助于我国现代化研究的推进，同时也为中国近代思想文化史的研究增添光采。

1990 年深秋于美国普林斯顿
枫林深处的蟠音堂

目 录

通 论 卷

三种人文精神的时空交错 …………………………（2）
    人的进化与人文精神的演进(一) ………………（3）
    人的进化与人文精神的演进(二) ………………（15）
    三种人文精神在近代中国的时空交错 ……………（30）

中国近代人文精神的历史演进 ……………………（39）
    "民"的高扬 ………………………………………（39）
    "人"的崛起 ………………………………………（45）
    启蒙的转向 ………………………………………（52）

中西近代人文精神之比较 …………………………（59）
    "人的发现"与"新民"思潮的相近点 ……………（60）
    "人的发现"与"新民"思潮的相异点 ……………（67）

近代理性自由思想与浪漫自由主义 ………………（75）
    西方两大自由体系的分野 ………………………（75）

两大自由体系在近代中国的偏失 …………………（82）

严复与近代文化转型 ……………………………………（96）
　　严氏话语系统与近代文化载体转型 ……………（96）
　　严氏"三民"思想与中国人文精神的近代转型 ……（101）
　　严氏"群学"思想与传统学术的现代转型 …………（105）

新 德 卷

严复"三民"思想的提出 ……………………………（111）
　　"淮桔"如何"为枳" ………………………………（111）
　　"三民"思想述评 …………………………………（114）
　　近代人文精神的揭幕 ……………………………（121）

近代伦理精神的重建 …………………………………（125）
　　进化论与伦理重建 ………………………………（125）
　　乐利主义伦理观 …………………………………（131）
　　国民意识的诞生 …………………………………（139）

严、康模式的分野 ……………………………………（145）
　　严、康伦理模式的分野 …………………………（146）
　　严复模式的意义 …………………………………（161）

严、康模式的历史延续与最后汇流 …………………（165）
　　两种模式的二重变奏 ……………………………（165）
　　两种模式的最后汇流 ……………………………（181）

尚 力 卷

尚力思潮与近代感性重建 …………………… （194）
    尚力思潮三部曲 …………………………… （194）
    思想借鉴与文化寻根 ……………………… （198）
    重建国魂：感性生命的重建 ……………… （203）

尚柔反力的养生型文化 ……………………… （208）
    柔性文化的衰落 …………………………… （208）
    两种生命观的比较 ………………………… （213）

"力"的发现 …………………………………… （222）
    从"病夫"意识到"力"的发现 ……………… （222）
    野性的呼唤与军国民式体育 ……………… （228）
    一组军国民主义观念的转换 ……………… （232）
    阳刚型知识群的崛起 ……………………… （236）

"摩罗诗力"精神与五四感性启蒙 …………… （242）
    "摩罗"的原型 ……………………………… （242）
    "摩罗诗力"精神的基本内涵 ……………… （247）
    五四感性启蒙 ……………………………… （250）

力本体及其悲剧 ……………………………… （257）
    战国策派的缘起 …………………………… （257）
    力本体哲学 ………………………………… （259）
    力是对生命悲剧的征服：恐怖、狂欢、虔恪 ……… （264）
    力与政治及其悲剧 ………………………… （272）

开 智 卷

理性的重建 …………………………………………（277）
    从"以仁统智"到"智"高于"仁" ………………（277）
    近代理性精神的重建 ……………………………（283）

怀疑思潮的兴起 ……………………………………（293）
    从理性怀疑论到实证存疑论 ……………………（294）
    从"疑经"到"疑史" ………………………………（301）

逻辑启蒙与科学实证精神 …………………………（309）
    逻辑意识的启蒙 …………………………………（309）
    科学实证精神的传播 ……………………………（318）

泛数学主义与泛力学主义 …………………………（326）
    泛数学主义与泛力学主义的缘起 ………………（326）
    符号化、形式化与力学的泛化 ……………………（332）
    走向信仰与行动 …………………………………（342）

主要参考资料 ………………………………………（345）
再版后记:犹忆珞珈桂子飘香时 …………………（349）

通 论 卷

戊戌至五四时期正是世纪之交,也是中国在剑与火、血与泪的反侵略战争中,开始走出中世纪,走向世界,进行早期现代化的过渡时期。

中国向何处去?20世纪前后中国知识分子在寻找国家富强之路时陷入了一种世纪性困惑:效法祖先成法吗?可近三百年的历史,西方列强早已超越了中国整整一个时代;以西方列强为模式吗?一次世界大战的结果,却是反资本主义的社会主义运动的普遍化和苏联模式的出现……世纪性的选择是与世纪性困惑相随而行的。于是,古典的、近代的和现代的,作为历时态的三种人文精神,便奇迹般地压缩在这个时期,发生猛烈碰撞和相互作用,变为一种共时态的存在。与此同时,英国模式、美法模式和苏俄模式也相继撞入了中国思想界,并转化为行动实践。当三种人文精神、多种参照模式发生时空交错时,严复、梁启超们便率先开始了中国人文精神的重建,那就是由"新民"思潮发轫的中国伦理精神、感性生命与理性启蒙的近代人文精神的三大重建。

从三种人文精神的时空交错这样一个参照坐标系来考察中国近代人文精神,这便是本卷的主题。

三种人文精神的时空交错

在近年的文化热潮中,人文精神的争论构成了文化讨论的一个热点,这就是中国古典人文派与西方近代人文派的对峙和争论。中国古典人文派坚持认为在中国古典文化中,即在以孔孟儒学和老庄道学互补文化中,存在着一种强烈的人民性倾向与人文精神,并且排列出人文精神诸大项;而西方近代人文派则认为人文主义是一个十足的近代词汇、外来词汇,它是指文艺复兴以来反对中世纪神文主义、宗教禁欲主义的思潮,并且亦排出近代人文主义若干特征,从而根本否定中国古代有所谓人文精神存在①。笔者采用一个远较人文主义为宽泛的"人文精神"的

---

① 中国古典人文派在海外的代表即所谓当代新儒家,唐君毅先生《中国文化之精神价值》可为代表。国内近年以庞朴先生《中国文化的人文主义精神》较有代表性。近代人文派大多为青年学者,可参见《新华文摘》1986年第5期所转载黎鸣等文。

概念①,并认为人文精神经历了一个动态的发展过程,如果从"人的进化"这个角度考察,人文精神的演进包含着三种形态:古典的、近代的和现代的形态。本书试从三种人文精神在近代中国的时空交错这一背景来考察近代中国人文重建及其最后命运。

人的进化与人文精神的演进(一)

人是历史活动的主体,历史运动离不开人的运动。历史的进化无疑必须体现为人的进化,而人的进化则包括人的体质进化和人的精神进化。人的体质进化是一个漫长的过程,但却又是人的精神进化的前提和物质基础。在人的体质进化过程中,从猿到人的过渡是生物进化的一次大飞跃,由此导致一个新的高级物种的诞生。正如恩格斯所言:"劳动创造了人本身"②,劳动导致了类人猿的手足分离和直立行走,劳动实践中工具的使用、共同协作中语言的产生推动了人脑的发展和意识的诞生。意识的诞生,标志着人的精神进化的开始,也就标志着人类开始走出动物界。德国思想家雅斯贝尔斯把这一转折时代称为"普罗米修斯的时代"(Promethean age),他指出,语言的使用、工具

---

① 人道主义、人文主义、人文精神常被互换使用,三者的区别多有论者辨析,笔者不拟作繁琐论证。本文所谓"人文精神"较为宽泛,可比照唐君毅先生所谓"人文思想"。唐说:"从一方面说,一切学术思想,都是人的思想,一切文化,都是人创造的,因而一切文化之精神,都是人文精神。"又说:"我们所谓的人文思想,即指对于人性、人伦、人道、人格、人之文化及其历史之存在与其价值,愿意全幅加以肯定尊重,不有意加以忽略,更决不加以抹杀曲解,以免人同于人以外、人以下之自然物等的思想。"(《中国人文精神之发展》第17—18页,台湾学生书局,1984年版。)正是在这种广义上,笔者认为"人文精神"经历了三种形态。

② 《马克思恩格斯选集》第3卷,第508页。

的发明等等,才"使人变成与纯粹的生物学意义的人类不同的人"①。

自从真正意义上的人类诞生以后,人类精神进化就与日俱增,人类文明愈向后推进,这种进化的速度便愈快,尤其在文明史发生以后,人的精神进化与人的精神物化、对象化同步发展,创造着光辉灿烂的人类精神文明与人类物质文明。其中最突出体现人的精神进化的,便是笔者要论述的主题——人文精神的演进。

人类的早期可以说是一个主客不分的"泛灵论"时代,用法国人类学家列维·布留尔的话说,人类思维处于原始思维状态,就是以受互渗律支配的集体表象为基础的、神秘的、前逻辑的(Prélogique)思维②。当然人们也并非任何时候和任何场所均表现为前逻辑思维,但是至少大自然的很多现象常常被体现为多元人格神而主宰着人类精神,用维科的话说,就是一个"神话的时代"。西方可以赫西俄德《神谱》与荷马史诗为证;以中国而论,诸如女娲的"补天"、盘古的"开天辟地"、燧人氏的钻木取火等等,都折射着诸神时代神的伟大与人的渺小,人类崇拜自然、恐惧自然,自然力以神的形式展示着无限的权威,并通过这种恐惧性的原始神秘主义束缚着人类思维与整个精神世界,人不是自我的主人,而附属于神。因此古典人文精神的诞生首先就必须从这种颠倒了的人与自然(神)关系中打开缺口,确立人对自然(神)的优先地位。

古典人文精神发生在雅斯贝尔斯所谓"轴心时代"。雅斯贝尔斯指出:"发生于公元前800至200年间的这种精神的历程似

---

① [德]雅斯贝尔斯:《智慧之路》,中国国际广播出版社1988年版,第68页。
② [法]列维·布留尔:《原始思维》,商务印书馆1985年版,第456页。

乎成了这样一个轴心。正是在那个时代,才形成今天我们与之共同生活的这个'人',我们就把这个时期称作'轴心时代'吧。非凡的事件都集中发生在这个时期,中国出现了孔夫子和老子,中国哲学中的全部流派都产生于此,接着是墨子、庄子以及诸子百家;在印度,是优婆沙德(Upanishad)和佛陀(Buddha)的时代……希腊产生了荷马,还有巴门尼德、赫拉克利特、柏拉图等哲学家、悲剧诗人、修昔底德以及阿基米德……"①

雅斯贝尔斯以其敏锐的历史触觉,发现了这一时代的根本意义就在于"人类在各处都开始意识到作为整体的存在,意识到他自身和他的限度"。这样,神话时代结束了,"这是反神话斗争——它建立于理性与实际经验的基础之上——的开端,也是为了一神的超越而反对多神的战争的开端:道德的义愤同虚妄的诸神作战"②。这种强调"整体的存在"、强调"理性与实际经验"、强调"道德的义愤"似在中国古典时代发展得更充分。因此让我们集中笔墨考察一下中国古典人文精神。

西周春秋时期是个转折的时代。从周公的"敬天保民"、"天听自我民听、天视自我民视"而开始的"重民"思潮中,透露出"人"(实应为"民")与神灵世界的某种程度的分离。春秋时期是个"礼崩乐坏"的时期,宗法制度开始瓦解。戎狄外族入侵,以经营私有土地和商业的新贵族开始打破旧的统治秩序,"晋之分也,齐之夺也,皆以群臣之太富也",开始僭越等级秩序(孔子所谓"八佾舞于庭"),开始军事吞并,而天子却在向诸侯"求赙"、"求车"……这种高岸为谷、深谷为陵的天地翻转的社会大变动状态,使人们感觉到"天命"诸神也不是不可违的,重要的是怎样

---

① 雅斯贝尔斯:《智慧之路》,第69—70页。
② 雅斯贝尔斯:《智慧之路》,第70—71页。

认识现实人生和社会。所以子产说"天道远,人道迩"①,叔兴语"吉凶由人"②,孔子更是对"怪力乱神"保持沉默,将之放到一个遥远的不可知的领域,而更关心的是人、人的本质问题。人们开始从对大自然的神秘魔力的崇拜、恐惧的"泛灵论"社会氛围中走出来,重新审视自己生活的世界。不是在虚幻的神人不分的世界中,企望于神或天,而是在人类生活的人文世界中寻找自身的规定性,人们开始有了人的类意识,开始确立人对自然神的优先地位。

仁本主义是中国古典人文精神的核心观念,它由孔子所奠定。在孔子看来,人与动物的根本区别在于"仁",人的本质深藏于宗法伦理关系网中,这就是孔子《论语》中谈了一百多次的"仁"的根本含义。由于中国进入阶级社会没有经历古希腊那么几次大规模的改革来砍断与氏族宗法共同体的脐带,因此这种颇具东方亚细亚特征的宗法家族共同体,便以其次生形态和再次生形态长期保留在中国社会。西周社会的天子、公、侯、伯、子、男的等级制度,就是由大宗、小宗等宗法关系配置起来的"亲天下",这就构成了孔子寻找人的本质答案的现实基础。郑康成释"仁"为"相人偶"即两人关系,孔子一开始就是从关系、从伦理角度定义人的本质,这个"仁"本主义定义使人们第一次清醒地意识到人类走出动物界的根本标志。在荀子看来,人与牛马相比,"力不若牛,走不若马,而牛马为用,何也?曰人能群,彼不能群也"③,人的本质也是关系人("群")。不仅如此,"水火有气而无生,草木有生而无知,禽兽有知而无义,人有气有生亦且有义,故最为天下贵也"④,人类第一次获得了至高无上的优越感,一

---

①② 《左传》昭公十八年,僖公十六年。
③ 《荀子·王制》。
④ 《荀子·王制》。

种超越植物、动物而为万物灵长的伦理自豪感。人的伦理本质发掘出来了:"物孩疾莫能为仁义,唯人独能为仁义"①,"凡人之所以为人者,礼义也"②,"亲亲、尊尊、长长、男女之有别,人道之大者也"③,不仅具有这种伦理优越感,而且"人"似乎秉有天地之钟灵秀气:"人者,其天地之德,阴阳之交,鬼神之会,五行之秀气也。"④这样,诸神("鬼神")的地位彻底动摇了,宇宙天地之中心也交给了人类:"天地之性,人为贵,明于天性,知自贵于物。"⑤至此,中国古典人文精神第一次从理论上确立了类存在的关系人(伦理人)作为宇宙中心的地位,这应该说是人的精神进化过程的一次极大的自我提升。

随之而来的便是这种泛道德仁本主义的向外辐射和泛化。

首先表现在人与宇宙、人与自然关系上,便是"天人合一"观念。诸多学者一致肯认,天人合一是古典人文精神的一个基本概念。从孟子的"尽其心者,知其性也;知其性,则知天矣"到荀子的所谓"天有其时,地有其财,人有其治,夫是谓之能参"的人"参"天地的精神气概;从老子所谓"人法地,地法天,天法道,道法自然"到庄子的"天地与我并生,万物与我为一";从董仲舒的"天人感应"到宋儒的"天人合一",这种"天人合一"的观念,从根本上来说,是为了解决人与天即人与自然或宇宙的关系问题。如前所述,在诸神时代,人表现为对大自然的神秘魔力的崇拜。而在古典人文精神时代,人、天、地并立而称"三才","人"第一次获得了与天地并"参"的地位,不仅人本身,更主要是人的本质属性——仁本主义伦理道德也自然化、宇宙化、本体化,而上升为

---

① 董仲舒:《春秋繁露·人副天数》。
② 《礼记·冠义》。
③ 《礼记·丧服小记》、《礼记·礼运》。
④ 《礼记·丧服小记》、《礼记·礼运》。
⑤ 《汉书·董仲舒传》。

宇宙论、本体论高度；与此同时，宇宙自然也人伦化、社会化、道德化，这就是刘泽华先生所谓"自然的人化"与"人的自然化"的天人合一观念①。

而反映在人与社会的关系上，则是"民本主义"。"仁"的根本含义是两人关系。《说文》："仁，亲也，从人二。""仁"既是一个复数概念又是一个伦理概念。不仅如此，在祖国的古典语汇中，"民"是一个类概念，整体性概念。而"人"也不是一个个体性概念，当它与动植物相对比时，它也是一个类概念（人类）；当它作为一个代词时，表示的是一个他称性概念，如《诗经》所谓"畏人之多言"的"人"指"他人"。而作为独立自存的个体"人"的概念，在近代以前几乎找不到，复合词"自我"完全是一个现代语汇，而作为单词的"自"常常在古代表示的是"从"（介词）的意义，如《论语》所谓"有朋自远方来"；"我"也是一个自谓性（第一人称）代词，不仅如此，当"我"表示一种"自我"意识时，恰恰是一种贬义，"我"的含义便是"自以为是"，所以《论语·子罕》说"毋意、毋必、毋固、毋我"，孔子恰恰反对人的"自我意识"；"独"也并不表示独立自存的个体概念，而是一个洁身自好的心性修养的伦理概念，如所谓"慎独"即是；"人格"作为一个独立实体性的概念并不见于古代，而人们所用的"人格"含义同于"人品"含义和道德含义。古典语汇中，个体概念的贫乏，整体人、关系人、伦理人概念的丰富，绝不是一个孤立现象。现代解释学告诉我们，语言文字并不仅仅是一种表意符号，而是一种文化符号，这种文化符号恰恰展示了人的存在状态，折射着民族文化的集体无意识，从根本上说，它是中国古典人文精神"民本主义"在语言文字中的渗透和积淀。如果我们检讨一下"人格"在东西方的不同含义，便可以

---

① 刘泽华：《中国传统的人文思想与王权主义》，《南开学报》1986年第4期。

更好地了解中国源远流长的"民本主义"整体人的精神："人格"的英语是 Personality，法语是 Personnalité，其含义首先是指个人或私人，其次又指个人身上的身体特征（容貌和风度），即个性的外在特点。"人格"在西方，约略相当于"原子"观念，即强调个人的实体性和"不可入性"，也就是个人的隐私，每个人有权将自己个人的东西秘而不宣，即使这些东西本身包含着不道德和丑恶性，但只要不付诸实践或损害他人，他人或群体就无权干涉，强调的是人的独立自存的实体性。而在中文中，"人格"通常却指个人的道德品格，即与"人品"相通，如说某人"人格"高尚，往往指的是气节、品行、修养道德意义。西方的"人格"并不存在道德意义，而在中国却是一个典型的伦理概念，在西方与个人的隐私相联系，而在中国，"人格"却不具有对个人隐私的尊重的含义。

这种对整体人、伦理人的重视，在民本主义古典人文精神中还表现为对"民"作为手段的重视。这可以追溯到周朝，《周书·多方》曰："天惟时求民主，乃大降显休命于成汤，刑殄有夏。"古代"民主"思想的底蕴就在于，所谓"民主"是指"民之主"也即"君主"之意，强调的是君为民做主之意。从周公的"敬德保民"到随国季梁的"夫民，神之主也"①，从史嚚所谓"国将兴，听于民；将亡，听于神"②到孟子所谓"民为贵，社稷次之，君为轻"，古典人文精神中的民本主义至此成熟。

而在人与自身的关系或者说关于人的价值实现问题上，则集中体现为"内圣外王"的设计路数，又具体表现为《大学篇》中的"三纲领八条目"。"三纲领"指"明明德，在亲（新）民，止于至善"，八条目指："格物、致知、意诚、心正、修身、齐家、治国、平天下"，"修身"以上均属内圣范围，"齐家"以下属外王范围。这样

---

① 《左传》桓公六年。
② 《左传》庄公三十二年。

就把人的自我实现的基础落在人的自我道德完善上,人的全面发展被归结为一种道德修养,这是典型的中国古典人文精神的人格追求方式和途径。中国古典人文精神的建构完成,标志着人的进化尤其在人的精神进化过程中第一次达到了人的自觉的类意识,这是人类摆脱"泛灵论"诸神时代的"反诸神斗争"的胜利和人文意识的真正觉醒,是第一次从神灵走向自身的凯旋式进军,它全面地反省和回答了人与动物的根本区别即人的本质("仁"本主义),反省了人与宇宙、自然的关系("天人合一"),人与社会的关系("民本主义")和人与自身的关系即人的价值实现问题("内圣外王"),而这种反省和回答,即使在世界人类精神进化史上也留下了光辉的一笔。

但是,中国古典人文精神也只是人类精神进化的一个初阶,而绝不是终结,它的最大包涵量、适应性和有效性只能是一个自给自足的农业宗法社会,它只能为这样一个封闭自足的农业宗法经济圈提供一个价值理想。不仅如此,它作为一种净化了的、升华了的、抽象化或形上化的价值理想,在实践操作层面上,却又常常导向一个与之相异化的、有着某种悖论性冲突的结果,那就是,当它在形上层面提出仁本主义的群体主义时,在操作层面上却又常导向了"伦"文型"自我主义";当它在形上层面提出"天人合一"时,在操作层面上却又异化出"天伦合一",并最终导向"天君合一";当它在理想层面表现出民本主义精神时,在操作层面上却又推向了王权主义;当它在理想层面把人的价值实现落实在"内圣外王"的道德主义时,在操作层面上却又歧生出道德功利主义、道德专制主义。

仁本主义中"群体主义",似乎一直为学界所津津乐道,人们认为,在中国古典人文精神中,很早意识到人的社会性,意识到人的群体性,如庞朴先生就认为,中国古典人文精神"把人看成群体的分子,不是个体,而是角色,得出人是具有群体生存需要、有伦理道德自觉的互动个体的结论,并把仁爱、正义、宽容、和谐、义务、贡献之类纳入这种认识中,认为每个人都是他所属关系的派生物,他的命运同群体息息相关"①。但是人们忽视了"仁"作为"关系人"落实到操作实际中,便只能是"三纲"、"五伦"关系网中的人,即从君臣、父子、夫妻、兄弟、朋友的严格尊卑定位中寻找人的位置,也就是说,在形上层面是"仁",而在操作层面上却只能是"伦",人只能生活在"伦"中。"伦"是什么呢?《释名》解释说,"伦也,水文(纹)相次有伦理也",因此所谓"人伦"也就是"从自己推出去的和自己发生社会关系的那一群人里所发生的一轮轮波纹的差序"。"伦是有差等的次序",在这个有次序的网络里"有一个中心,就是自己,我们每个人都有这么一个以亲属关系布出去的网,但是没有一个网所罩住的人是相同的","因之,以亲属关系所联系成的社会关系网络来说,是个别的"②,因此,理想层面是群体主义,而在操作层面却是费孝通先生所谓"自我主义"。这种"自我主义"如果与欧美近代"个人主义"比较,至少有两大区别:第一,欧美个人主义有一个划界问题:群己、人我界线非常明确,"团体不能抹杀个人,只能在个人们所愿意交出的一分权利上控制个人",个人主义突出为"权利"观念,但又与对"群体"的义务相辅相成,因此这种个人主义实际上蕴含群体主义。而在中国自我主义的"差序格局"中,群己、人我关系模棱两可,一方面使自我主义表现为"攀关系、讲交情",公共道德被化为一种私人交情,人我关系被理解为一笔还不完的"人情债";另一方面,人我、群己关系的模糊性,便为团体或他人对自我的权利实体进行侵犯留下了一个缺口,于是自我便不

---

① 庞朴:《中国文化的人文主义精神》,载《中国传统文化的再估计》,上海人民出版社 1987 年版,第 51 页。

② 参见拙文《移民精神与乡土意识》,《读书》1989 年第 1 期。

是作为一个有自己隐私权的完整的独立实体而存在,而只能是一个被"十目所视、十手所指"①的关系人,而个人为逃避这种"十目"、"十手"的严厉监禁,于是造就了双重分裂人格的伪道德主义的产生。其次,欧美"个人主义"是与"平等"观念相联系的,近代"平等"观念类似于一种"运动规则"或"公平竞赛"的费厄泼赖(Faireplait)原则,实际包含两层含义:公平原则下的竞争和承认人们能力上的自然不平等(年龄、健康、智力等),也就是说它只保证竞争过程中的"平等",而不保证竞争结果的"平等",前者防止个体之外的特权干扰(如世袭权力、阶级、等级等),后者意味着优胜劣汰,意味着人们必须发掘自己最大潜能为自己为社会提供创造价值,这是社会和个体进步的内在驱力;而人我、群己关系的模糊状态所造成的私人交情性,从根本上反对"公平原则",要么只能保证竞争结果的平等即平均主义,要么就促使竞争原则的不公平化,即有特权者攀亲拉关系等等竞争外的干预状态。

"天人合一"也曾经为哲学界、文化学界诸多学者所称道,人们认为,"天人合一"原则把天、地、人整合成一个有机整体的宇宙图式,强调人与自然、社会的和谐;从思维方式讲,具有某种系统论思想;从认识论说,包含着人对自然规律的能动地适应、遵循;从道德论上说,则是将心灵的道德境界,通过主观意识的投射,"将伦理作为本体与宇宙自然相通而合一"②。但是如果从现实操作层面考察则会发现,"天人合一"的"人"不是独立自存的个体,也不是抽象的"人",这里的"人"是从"仁本主义"推演而来的"关系人",关系人的实质仍然是泛道德主义的伦理秩序,因

---

① 语出《大学》篇,参见朱熹《四书章句集句》,中华书局1983年版,第7页。

② 李泽厚:《中国古代思想史论》,人民出版社1986年版,第320页。

此"天人合一"的进一层含义便指向"天伦合一";如果再追问一层,"伦"的现实层面就是"三纲"、"五常",即君臣、父子、兄弟、夫妻、朋友,这五伦关系网的核心——"纲"在"君臣","君"是整个社会的最高家长,"天子者,天下之父母也"①,"君"统率着五伦关系网并使之尊卑定位,而达到《礼运》所谓"人义":"父慈、子孝、兄良、弟悌、夫义、妇听、长惠、幼顺、君仁、臣忠,十者谓之人义",并且把这个人伦关系网的所谓"人义"宇宙本体化、自然化,使之具有"天"的主宰性、神圣性,这才是董仲舒的"天人感应"所谓"天执其道为万物主,君执其常为一国主"②,朱熹所谓"天即人,人即天","圣人……与天为一"的真正含义。这样,所谓"天人合一"也就是"天伦合一"也必然是"天君合一",君主才是宇宙的最后目的,君主被抬到宇宙的本体地位。封建专制便获得一种宇宙论的理论支撑。

民本主义也曾经是古典人文精神一朵美丽的花,然而在操作层面上,却没有结出"民主"、"自由"之果,相反却结出王权主义、专制主义之果,这一转化现象曾为刘泽华先生"慧眼"所发现③,但是这一内部转化机制或其中的逻辑过渡是怎样的,刘先生却言而未详。

笔者认为,民本主义向王权主义的转化,至少通过了两个环节。第一个环节是仁本主义使个体的财产、言论和思想的自由权让渡于"民"的宗法关系网和统一意志。按照仁本主义的整体优先原则和宗法伦理优先原则,则"父母在,不敢私其财"④,财产权被取消了;"非礼勿言,非礼勿视,非礼勿闻",言论自由被剥夺了;"思不出位",思想受到了限制;"父母在,不远游","不登

---

① 《盐铁论·备胡》。
② 董仲舒:《春秋繁露·天地之行》。
③ 刘泽华:《中国传统的人文思想与王权主义》。
④ 《礼记·坊记》。

高、不临深"①,行动受到了约束。而且,当个人把财产、言论、思想等自由权利让渡给宗法关系网时,这是一种不自觉的剥夺,并且产生一种倒错意识,那就是剥夺得越干净,个体的道德修养越高尚,越符合仁本主义精神。当个体的权利上交给宗法关系网时,第二个环节便是权利再分配问题。于是中国式"民主"诞生了,这就是前文所说的《周书·多方》中"天惟时求民主",只有通过这位"民主"(即民之主,也即君主),通过这位全社会最高家长,才能实现仁本主义或民本主义式的权利再分配:"父慈、子孝、兄良、弟悌、夫义、妇听、长惠、幼顺、君仁、臣忠",这似乎是一种道德义务的规范,其实也是一种权利的强制性划分。在中国古代,当"臣"对"君"尽"忠"的义务时,实际上就意味着"君"享受了被"忠"的权利,而这种被"忠"的权利任何别人是享受不到的。在这里,"权利"(法律上)和"权力"(政治上)又合一了,这样,这种权利义务再分配的结果,便是从上到下的权利递减原则和义务递增原则,高居于人伦关系网之上的君执掌着"人民"的统一意志从而享有至高无上的权力,同时也剥夺了个体的一切权利,这就是民本主义的必然结果。

同样,作为人的价值实现原则的"内圣外王",在操作层面上,面临着的是"道德功利主义"或伪道德主义的异化。

"内圣"按照其理想要求,无疑是非功利主义的。道德的"绝对命令"就在于以道德本身为最高目的,而绝不从属于任何他律型外在目的,更不能以道德为手段,这就是所谓"正其义不谋其利,明其道不计其功"的真正含义。

但是"外王"却从根本上与"内圣"发生悖论性冲突,"治国平天下"如果仅作为一种报国理想,也许与"内圣"还不会发生冲突,但一旦"理想"由个体去践履时,在"治国平天下"的豪言壮语

---

① 《礼记·曲礼》。

背后,却往往偷运的是个人的功利政治目的,更为严重的是导致了一种伪道德主义的双重人格的产生,即表象上的超功利主义与表象后的绝对功利主义。这种双重人格至少在两汉时期就已经相当普遍了,汉代为树立社会的道德楷模而设立了"孝廉"、"贤良方正"的选举制度,这种以功利(名誉)为诱饵来刺激人们的道德冲动的制度本身,就是对非功利主义的"内圣"理想的莫大嘲讽,于是很快便异化出伪道德主义的双重人格:"饰伪以邀誉,钓奇以惊俗,不食君禄而争屠沽之利,不受小官而规卿之位"①,"举秀才,不知书;察孝廉,父别居"②,成了一代"孝廉"的真实写照。陷入这种内在悖论性冲突的中国古典人文精神,随着时空的转移,便无可挽回地衰落了。

人的进化与人文精神的演进(二)

当人类自觉地从精神上走出了神话时代而第一次获得人的类意识时,这才真正完成了人类第一次飞跃式的进化。但是当人类仅仅只是通过某种人伦关系网而意识到自己,只是意识到自身的伦理群体性时,这种进化却还只是初阶性进化。尤其是当这种群伦性人文意识逐渐异化并且阻碍人的精神进化时,时代和社会便会呼唤新的人文精神,于是近代人文精神应运而生。然而中国近代人文精神的主体部分,基本是"西学东渐"的产物。这样,我们必须调换一下历史的坐标,自东徂西,将历史的视角直逼近代人文精神的源头——地中海与北海-波罗的海世界。

如果说,在中国古典人文精神中,最突出的问题是走出诸神时代,从而抬高人的伦理性以提升人的价值的话,那么,在近代西方人文精神中,则突出的是要解决人与神的关系问题,从而抬

---

① 《资治通鉴》卷51,顺帝永建二年。
② 《抱朴子·审举》。

出人文主义以与神文主义相抗衡。与此同时,在人与自然的关系问题中,便是理性主义、科学主义在近代的长驱直进,以理性、以科学征服自然构成了时代主旋律。随着理性主义的凯歌猛进,人与历史的问题也以乐观的进化主义方式得以解决,而人与社会的关系问题则表现为个体意识的高扬。

西方近代人文精神的核心是人文主义(Humanism),人文主义是对中世纪"神文主义"的挑战和摒弃。在中世纪,与中国古典时代"人"屈服于某种人伦关系共同体不同,而是人屈服于"神"的统治。天主教不仅以教皇、教会、教阶制度的整套系统,对地上人间的政治、经济和作为感性肉体存在的人实现绝对一元统治,而且"把意识形态的其他一切形式——哲学、政治、法学,都合并到神学中,使它们成为神学中的科目"①,这种蒙昧主义的神文主义一方面无限地抬高上帝,认为上帝是"至高、至美、至能、无所不能,至仁、至义、至隐、无往而不在,至美、至坚、至定……负荷一切、充裕一切、维护一切、创造一切、养育一切、改进一切"②。而另一方面则无限地贬低人类自身,"把自己看得很微小,这样,在上帝眼中,你就是大的。因为你愈是为人间所蔑视,你就愈是得到上帝的珍视"③。而基督教的原罪说与赎罪说,更是使人类背上永恒的十字架和罪感意识,中世纪神学家奥古斯丁认为,人类始祖亚当、夏娃滥用意志自由,偷吃禁果所犯下的原罪,使人的整个本性变得如此之坏,以致人们不能单靠自己的力量来达到善了,"人自己是一步也不能向善迈进了",人类只有通过信仰和善行来不断赎罪,向上帝忏悔,才能从"现实的

---

① 《马克思恩格斯选集》第 4 卷,第 251 页。
② 奥古斯丁:《忏悔录》,商务印书馆,第 5 页。
③ 转引自《费尔巴哈哲学著作选集》下卷,三联书店 1962 年版,第 53 页。

我"出发转到"真实的你"①。这里第一人称指人,第二人称指上帝,人成了上帝达到自身的手段和工具而已。这种以神为中心、以人为手段、蔑视人类、否定现世世界以及禁欲主义等等观点,在文艺复兴时代受到猛烈的挑战和摧毁,于是经典意义上的人文主义诞生了。"文艺复兴时代的人文主义源起于14世纪意大利人文主义者彼特拉克……凡重视人与上帝的关系,人的自由意志和人对于自然界的优越性的态度,都是人文主义……人文主义从复古活动中获得启发,注重人对于真与善的追求……"②总之,人文主义强调以人为本位,否定神文主义;强调世俗主义和现世主义,否定禁欲主义和来世主义;肯定人的感性存在与自然情欲,高扬人的生命、青春和情欲,追求真、善、美。

　　人文主义的崛起,首先表现为人与自然关系的改变,那就是人以理性和科学来认识自然和征服自然的主体姿态的出现:"14世纪的人文主义者们所表达的那种崭新的对自然的热爱……推动了新的观察和研究自然的方法的进步。"③而"方法的进步"造成世界面貌的改变,从而使科学的地位迅速上升,这就正如弗兰西斯·培根在《新工具论》中所说的:

　　"发明的力量,美德和后果是显而易见的,而且,再没有比那三项对古人来说一无所知的发明(即印刷术、火药和指南针)更为引人注目的了。这三项发明改变了整个世界的面貌和状况,第一项之于文献,第二项之于战争,第三项之于航海,随之而来的是无以数计的变革。从这个意义上说,在人类活动中,任何帝国、任何教派、任何星辰都不如这些机械的发明更具有力量,更

---

① 鲍·季·格里戈里扬:《关于人的本质的哲学》,第55页。
② 《简明不列颠百科全书》卷6,第761页。
③ 埃伦·G.杜布斯:《文艺复兴时期的人与自然》,浙江人民出版社1988年版,第4页。

具有影响。"①

充溢在培根文字中的是一种崇拜科学的乐观主义,就如同古典人文精神中,当人类第一次从精神上走出动物界而高扬人的伦理性一样,培根高扬人的理性,他相信人类凭借理性、智慧是完全可以征服自然、征服世界的,于是他脱口而出:"人类的知识和人类的力量是合二为一的。"培根对科学的崇尚其实质乃是对人类自身理性的肯定和追求,正如笛卡儿所说:"所有科学加到一起也无非是人类理智而已。"②科学不过是人的理性的工具化而已。近代西方人们既不同于中国古典人文精神那样追求天、地、人即宇宙、社会和人类的和谐统一,从而把人与自然的和谐统一(天人合一)视为最高境界,也不是中世纪神学把自然和人本身视为上帝的造物,而是确认人类只有通过自身理性的力量、通过科学,才能征服自然,这样近代人文精神便在"自然哲学"领域放逐了上帝,将之赶到纯粹的道德领域,人的理性代替上帝成为最高权威。理性主义的发展在哲学上便导致了经验主义(后来发展为实证主义)与逻辑主义的半分天下,在科学上便导致了力学与数学的长足发展,而在方法论上则是分析归纳法与综合演绎法的一统天下。

理性的凯歌行进,科学所带来的社会巨大进步,使人与历史的关系也获得了全新的观念,这就是乐观的进化主义的诞生。这种进化主义认为,宇宙、社会和人类的历史运动符合理性法则的发展和进步(Progress),是一种趋向真善美的合规律性与合目的性的过程,这种规律性也就是近代科学所确认的因果必然性,而这种目的性也排斥了神学目的论。神学目的论认为,宇宙、社

---

① 转引自杜布斯:《文艺复兴时期的人与自然》,第4页。
② 转引自卡西勒:《启蒙哲学》,山东人民出版社1988年版,第21页。

会和人类的进化发展都是按上帝的意志所安排,从上帝始,也复归于上帝,最后指向的是上帝的善;而在近代进化主义看来,这种发展则恰恰强调的是以人类理性始同时复归于人类理性的理性目的论,他们怀着对未来美好世界的乐观信念而相信这种理性王国是可以实现的。这种进化主义反映在历史与哲学领域,便是从维科到黑格尔的发展观。维科认为,一切民族的历史发展都将经历三个时代:神的时代、英雄时代和人的时代,这样"我们将看到诸民族都是按这三个时代的划分向前发展,根据每个民族所特有的因与果之间经常不间断的次第前进"①,维科在近代第一次把神赶出了历史领域,而充分肯定"历史的计划乃是一幕纯属人类的计划"、"人像上帝本身一样是一个真正的创造者"②,并且通过人的理性而不断推动历史的进步。赫尔德也把人类历史视为不断地、合规律性地从低级向高级发展的过程,他认为,尽管人类历史表面上像一片杂乱纷纭的废墟,但"只有一个发展的链条从这些废墟中造成一个整体,诚然,在这个整体里个人的形象在消失,但人类的精神却永远活着、永远进步着"③。康德在《从世界公民的观点撰写世界通史的想法》中认为整个人类历史不过是一个合目的性的矛盾运动过程,即趋向善的过程。到黑格尔这里,便发展为一种泛逻辑主义的绝对理念,整个世界被解释为绝对精神合乎逻辑地发展,异化为自然界和人,又在人的意识及国家组织中得以实现的过程,世界历史被解释为"普遍精神(绝对理念)趋向自由和进步的无限运动"④。文艺复兴以来的乐观的进化主义到19世纪更是获得科学(生物学)与社会学领域的支持,这便是达尔文的生物进化论和斯宾塞等人的社

---

① 维科:《新科学》,人民文学出版社1986年版,第459页。
② 科林武德:《历史的观念》,中国社会科学出版社1986年版,第74页。
③ 阿·符·古留加:《赫尔德》,上海人民出版社1985年版,第64页。
④ 黑格尔:《历史哲学·导言》。

会进化论。这些进化理论，虽然其内涵不一，但是有一个共同点：就是相信人类社会日趋进步，人类文明日臻完善。

在人与社会关系上，则表现为个人主义。人文主义的"人"的深刻含义就在于它指示着作为独立实体的原子般"个体"的方向。而这种原子般个体的历史渊源至少可以追溯到古希腊伊壁鸠鲁的"原子论"思想中。按照德谟克利特的说法，原子运动表现为原子的直线降落和诸多原子的冲击两种运动形式。但是伊壁鸠鲁认为，除此之外，有的原子由于其内部原因而自动地偏离其原来的直线运动的轨道而向旁倾斜出去，这就是他的著名的"原子偏斜说"。马克思在其《博士论文》中高度评价这一偏斜运动的思想意义，这个意义就在于一方面原子运动作直线运动，表现为对必然性的适应，同时作偏斜运动，则又充分反映了原子以偶然性突破宿命式必然的定在，自由乃是对必然性的突破。那么由此引出的却是一个巨大的文化秘密的揭开，人不过是社会中的一个"原子"，一方面他有遵循社会规范的必要，但更主要的，他不是一个被动的原子，应该更接近于为马克思所称道的伊壁鸠鲁笔下的有着"偏斜"倾向的自由原子：是实体而不仅是关系（如古典人文精神关系人），不是前定的而是有着反抗命运、确认自我的权利。可以说近代人文精神基本内核乃是高扬这种"偏斜的"原子意识即个体意识，瑞士学者布克哈特《意大利文艺复兴时期的文化》曾以整整四章的篇幅论述"个人的发展"，他谈到近代个人主义自我意识的觉醒时说，在中世纪"人类只是作为一个种族：民族、党派、家族或社团的一员——只是通过某些一般的范畴而意识到自己，在意大利，这层纱幕最先烟消云散……主观方面也相应地强调表现了它自己，人成了精神的个体，并且也这样来认识自己"①,于是人的个性,尤其是个体的感性、青春和生命构成文艺复兴时代的主旋律。到路德改革的思想纲领——"因信称义"理论,排除上帝与选民之间的中介——教皇教会时,个体的意志被解放了。所以罗素认为,中世纪教会对个人专制的"第一个重大裂口是基督新教打开的,它主张教务总会也可能犯错误。这样,决定真理不再是社会性事业,成了个人的事"②,于是伦理上的意志自由和个人主义便诞生了。

人文主义、理性主义、进化主义、个人主义,构成了西方近代人文精神的基本内涵。它在人的精神进化史上,是一个崭新的开端,从古典人文精神到近代人文精神,实际上是从人的外在本质(社会伦理性)转向了人的内在本质(自我意识),从人际(关系)崇拜转向人自身的崇拜,人类本质获得了丰富性,人类深层的本性结构被发掘出来了:人的感性(生命情感)、理性(智力)和意志(伦理)第一次在近代以科学分类的形式肯定下来,最完整的是康德"三大批判"中的"纯粹理性"(知)、"实践理性"(意)和"判断力"(情),与此相对应的便是真、善、美,构成了近代人矢志追求的目标。近代人们乐观地怀着对真善美的理想王国的信念而去发展自身、开掘自身、完善自身,从而导致人的精神进化的大飞跃和"人的对象化"成果——工业社会的长足发展。

然而正当科学精灵给工业社会这架巨型机器运足马力,向着未知的社会发动一次又一次凯旋式进军,而且近代人所企求的那种真善美的理想王国仿佛从地平线上就要升起时,有两个人似乎最早从高速运转的马达声里,听到了工业机器碾压下人的呻吟,于是揭开了现代文化精神的序幕。左边的是马克思,右

---

① 布克哈特:《意大利文艺复兴时期的文化》,商务印书馆 1979 年版,第 125 页。

② 罗素:《西方哲学史》下册,第 127 页。

边的是叔本华,从叔本华开始的就是现代人本主义思潮。

如果说,古典人文精神是对自然神(诸神)的抗争,是以人的社会伦理性对人的自然性(兽性)的胜利的话,那么,近代人文精神则是对人类自造神(一神)的抗争,是以人的个体性(个体的理性、情感和意志)对上帝的神性的胜利;而现代人文精神则是对近代人文精神的全面反省和反叛,是对科学主义带来的工业异化的强烈反抗;是以人的存在论对人的本质论的挑战,是以强力扩张的个人主义取代人人平等的个人主义,是以人的非理性对理性主义的反拨,是以文化悲观主义宣告科学乐观主义的破灭。

现代人本主义思潮是一种极其复杂而深刻的文化思潮,它不是由某个学派所能涵盖的。大体说来,现代人文精神有如下几方面:

首先,从本质主义到人的存在本体论。人的本体论包括存在论和本质论,近代人文精神的核心观念是人文主义。人文主义高扬人的价值、人格尊严、追求真善美等等,但是人文主义甚至包括古典人文精神,总是要先设定人的本质(如社会性、如真善美等),然后用设定的本质来规定人的存在,这是一种典型的本质主义思维模式。现代人本主义思潮从根本上拒斥这种本质主义的人文主义,而高扬"存在先于本质"的人的存在本体论。萨特认为:"首先人存在、露面、出场,后来才说明自身。人之初,是全无所有;只在后来,人要变成某种东西,于是人就按自己的意志造就他自身……世界上并无人类本性,因为世界并无设定人类本性的上帝。"[①]海德格尔在《论人道主义》中也提出两个命题:"人并非本质性的东西","人的本质基于存在"。在存在主义看来,旧的人文主义都不过是以人自身的某些属性来规定人的存在,其结果只能导致以"本质"牺牲"存在",以"本质"约束人存

[①] 《存在主义哲学》,商务印书馆1963年版,第337页。

在的自由,存在主义要求直接从人的存在中推出人的本质,要求人在选择对存在的意义的思考和自我超越中来造就人的自我本质。这样,人的本质就不是外在的限制或内在属性的分割,每个人都在自由选择自身的本质,因此他必须对自己的本质负责。现代人的存在本体论更突出人的自由选择的主体性和选择后果的责任问题。

其次,从科学主义到反科学主义、反工业异化。科学技术是理性的工具化、实用化,充分体现了韦伯"工具理性"的意义,近代科学所带来的社会巨大进步赢得了人们对工具理性——科学技术的崇拜和迷信,从而造成一种科学万能、科学可以解决一切问题的科学主义崇拜。但是首先意识到人与社会(工业)关系的异化(经济、政治异化)的是马克思,其次是法兰克福学派的弗罗姆、马尔库塞对现代西方工业异化的社会批判理论,然后意识到由于科学主义、工业主义导致的人与自然关系的异化状态,突出的有美国学者、思想家戴维·埃伦费尔德,他深刻地揭开了现代工业社会诸般"人道主义宗教"的神话,他通过对当代最新科学成就如遗传工程、宇宙太空技术、机器人、突变理论、计量历史学等等新兴学科的分析,认为支撑人们的科学崇拜、技术崇拜信念的,乃是一种基于"患了欣快症"的"人道假设":"一切问题都是可以解决的","一切问题都是可以由人解决的"[1],这种认为人类无所不能、科学无所不能的假设,乃是人类极其浅薄的傲慢症,是一种典型的"人道主义僭妄"。埃伦费尔德在20世纪80年代发表《人道主义的僭妄》,深刻地揭示了近代以来的人道主义、科学主义的根本弊端,而显示着某种后现代主义精神。

第三,从人人平等的个人主义到强力扩张的个人主义。近

---

[1] 戴维·埃伦费尔德:《人道主义的僭妄》,国际文化出版公司1988年版,第14—15页。

代人文精神中的个人主义的逻辑假设是人人生来平等，这是天赋人权，人人一样，这在法国大革命的《人权和公民权宣言》中表述得一清二楚："人在权利上与生俱来并且始终不渝是自由平等的。"但是19世纪以来的生物进化论和社会进化论，首先推翻了18世纪所谓"自然状态"下理性法则和人人平等的神话，恰恰相反，人为了自我保存，必须参与到"物竞天择，适者生存"的竞争行列中去，"优胜劣汰"强者生存的强者原则，是社会进步的根本原则。随后，卡莱尔的"英雄崇拜"、尼采的"强力意志"，则从根本上否定人人平等的原则，他们认为，近代人文精神那种强调平等和权利的个人主义，只能导致整个社会的平庸化，导致以平庸的多数压迫少数的天才，从而导致社会倒退或停滞，因此每个个体都有根据自身强力的大小来拓展自己活动范围并发展自身的权利，个体必须培养自身的英雄人格，这是一种典型的强力扩张的个人主义。

第四，从理性主义到非理性领域（本能、无意识等）的发现，存在的荒谬性的发现。叔本华《作为意志和表象的世界》首先揭开了人类非理性的生存意志，然后随之而起的有哈特曼、尼采、弗洛伊德对无意识领域、强力意志和性本能领域的发现。尤其是随着尼采神谕式宣言"上帝死了"和"重估一切价值"的宣告，欧洲人在20世纪强烈地感受到了这种"上帝已死"的全面价值真空和精神荒原状态，更加感受到"现代人的无家可归的状态"，人的存在的荒谬性越来越多地成为现代西方哲学和文学的主题，从基尔凯廓尔的宗教式悲观主义到海德格尔的"死亡"意识，从波德莱尔的"恶之花"到艾略特的"空心人"到荒诞派戏剧的《等待戈多》，人类更多的是体验到人的存在的多余性、荒诞性，体验到"烦畏死"的困扰，一种不知道"等待"什么的"等待"……这与西方近代几百年的理性主义构成强烈的对比。

第五，从乐观进化主义到文化悲观主义和对循环宿命的青睐。一种强烈的"世纪末"气氛笼罩在文化哲学与历史哲学之上,这种文化悲观主义从叔本华、尼采、基尔凯廓尔到斯宾格勒等,资本主义上升时期那种乐观进化主义被没入悲观主义宿命氛围中,这典型地反映为尼采的"永恒轮回说"、斯宾格勒的《西方的没落》和阿尔贝·卡缪的《西西弗斯的神话》中。尼采在《快乐的知识》中借恶魔之口说道:"人生便是你目前所过或往昔所过的生活,将来仍将不断重演,绝无任何新鲜之处。然而每一样痛苦、欢乐、念头、叹息,以及生活中许多大大小小无法言传的事情皆会再度重现,而所有的结局也都一样——同样的月夜、枯树和蜘蛛,同样的这个时刻以及我。"①人生本身是毫无价值和意义的,而所谓价值和意义不过是人类为了生命的延续而编造的谎言,尽管怀有青春的梦想、爱的眷恋、幸福的憧憬,但是人类从尘土中来最终又复归于尘土,人生就是这样地循环往复。那么宇宙万物呢?"万物方来、万物方去,存在之轮,永远循环。万物方生、万物方死,存在之时间,永远运行。万物消灭了,万物又新生了,存在之自身永远建造同样的存在之屋子,万物分离而相会,存在之循环对于自己永久真实"②,万物周而复始地运动,有生即有死,有死即有生,以茫茫宇宙,林林万物,当也逃不过循环的宿命,一种无法摆脱的恐惧和困惑,缠绕着现代人。对人生的悲剧性循环宿命的揭示还体现在卡缪的荒谬哲学《西西弗斯的神话》中,西西弗斯是古典希腊神话中的一个英雄,因得罪天神遭受"天谴",天神命令西西弗斯日夜不停地推巨石上山,然而巨石刚接近山顶,由于自身重量又滚下山来,于是西西弗斯又重新推石上山,如此循环往复,以至无穷,天神将惩罚西西弗斯干这

---

① 尼采:《快乐的知识》,余鸿荣译,中国和平出版社1986年版,第230页。

② 尼采:《查拉图斯特拉如是说》,湖南人民出版社1987年版,第274页。

种徒劳无功和毫无指望的苦役,视为最可怕的苦役。卡缪在这里揭示的恰恰是人的价值追求的荒谬性,人生不断地给自己设立追求的目标,如古典的伦理目标、近代人文精神的真善美目标,但是当人生全力奋斗每接近实现一个目标时,恰恰感受到的是追求的荒谬,人生不断地追求,荒谬感将不断地循环重复,追求越多,失落的更多,人生就如同这种徒劳无功的西西弗斯的苦役一样,现代人强烈地感受到了人类命运的悲剧性。不仅如此,人类社会的悲剧命运也随着斯宾格勒"西方的没落"的宣告而开始了,他将人类文明视为一个生物有机体,生物有其青春、生长、成熟、衰败等阶段,文化也将经历这种从生到死的阶段,他认为全世界七种文化已经衰落,而西欧文明也在劫难逃,这就如同雅斯贝尔斯所说的一样:"不仅欧洲到了日薄西山之时,而且地球上的一切文化均已处在暮霭沉沉之中。"①

现代人文精神表现出与近代人文精神的巨大裂缝和对抗,它那强烈反工业异化、反科学崇拜的呐喊,那对近代人文精神的本质主义的严加拒斥和向人的存在复归的存在本体论,以及浓重的文化悲观主义的宿命循环论色彩和个人主义强力意志的扩张,猛烈地冲击着近代人文精神那种乐观的理性主义、进化主义和平等的个人主义。人类未来的命运显得如此扑朔迷离、难以把握,"人类的精神进化"这个巨大的主题在 20 世纪,竟然被描述为这样一幅令人沮丧的图画,这实在是人们所始料未及的,进化还是退化、人文主义还是人道的"僭妄"、科学主义与工业异化,这些在古典人文精神或近代人文精神中不是问题的问题,到 20 世纪却对抗着,构成强烈反差而横亘在当代人的精神世界中。人类面临着极大的困境。

这就是当代人本主义所无法回避的首要课题。

---

① 雅斯贝尔斯:《论历史的起源和目的》,第 12 页。

纵观三种人文精神的演进和递嬗,试作一比较,如下表。

	古典人文精神	近代人文精神	现代人文精神
人的本质	仁本主义: 1. 仁者,人也。 　《孟子·尽心》 2. 凡人之所以为人者,礼义也。 　《礼记·冠义》 3. 人者,其天地之德,阴阳之交,鬼神之会,五行之秀也。 　《礼运》 4. 天地之性人为贵,明于天性,知自贵于物。 　《汉书·董仲舒传》 5. 人之超然万物之上,而最为天下贵也。人,下长万物,上参天地。 　《春秋繁露·天地阴阳》	人文主义:真善美 1. 人的高贵超过了天使的高贵。 　(但丁:《神曲》) 2. 人是多么了不起的一件杰作!理性是多么高贵!力量是多么无穷!仪表和举止是多么优雅!多么出色!论行动,多么像天使!论知识,多么像天神!宇宙的精华,万物的灵长! 　(《哈姆雷特》) 3. 啊!人!你在干什么呀!你是在用天生的理性来寻找你的真正本性吗? 　(Pascal:《pensée》)	存在本体论,存在的荒谬性: 1. 首先人存在、露面、出场,后来才说明自身……世间并无人类本性。 　——萨特 2. 人的本质基于存在。 　——海德格尔 3. 他(人)不是自己行动的主导者,倒是他的行动和后果成为他的支配者,人要服从它,分裂化的人找不到自我。 　——弗罗姆 4. 我们是空心人,我们是稻草人! 　——艾略特
人与自然	天人合一 1. 尽其心者,知其性也,知其性,则知天矣。 　——孟子	科学、理性征服自然 1. 人是自然的仆役,也是自然的主义。 　——培根	人与自然的异化 1. 人类控制的极大失败和人类全知的极大否定,明显表现在人与环境的关系上。 　——埃伦费尔德

续表

	古典人文精神	近代人文精神	现代人文精神
人与自然	2.天地与我并生,万物与我为一。 ——庄子 3.天有其时,地有其财,人有其治,夫是谓之能参。 ——荀子 4.儒者则因诚致明,故天人合一。 ——张载	2.知识就是力量。 ——培根 3.在我面前摆下两本最基本的书:一本是大自然,另一本是他(上帝)的训谕……自然之书充满智慧,人们一般地称之为自然哲学,它吸引我们去探寻那位伟大的不可言喻的上帝。 ——托马斯·梯米	2.大多数科学发现和技术发明都是以极大地损害人类、人类文化和人类环境的方式发展起来的。 ——埃伦费尔德
人与社会	民本位: 1.天惟时求民主,乃降显休命于成汤,刑殄有夏。 (《周书·多方》) 2.国将兴,听于民,将亡,听于神。 (《左传》庄公三十二年) 3.民为贵,社稷次之,君为轻。 ——孟子	平等的个人本位: 1.人在权利上与生俱来并且始终不渝是自由平等的。 2.每个人自然权利的行使仅限于能够保证社会上其他成员享有同样的权利。 (《人权与公民权宣言》)	强力扩张的个人本位: 1.每个人都是一个独特的自我。 ——尼采 2."物竞天择,适者生存" 3.我的道德应当如此:夺去人的公共性格,使他成为独特的——做成别人理解不了的事。 ——尼采

续表

	古典人文精神	近代人文精神	现代人文精神
人与自然（自我实现）	内圣外王： 1. 圣人，人伦之至也。 ——孟子 2. 格物、致知、意诚、心正、修身、齐家、治国、平天下。 3. 明明德，在亲民，止于至善。 （《大学篇》） 4. 为天地立心，为生民立命，为往圣继绝学，为万世开太平。 ——张载	浮士德精神 "人必须每天每日去开拓生活与自由，才配有自由与生活的享受"。"我要纵身跳进时代的激流，我要纵身跳进事变的车轮！苦痛、欢乐、失败、成功，我都不问：男儿的事业原本要昼夜不停。" （《浮士德》） "狂热的心灵意欲飞越时间与空间，一种不可名状的热望把他引诱到难以确定的视界。" （《西方的没落》）	西西弗斯神话 1. 人们只能看见一个人鼓足全身之力滚动着巨石……把巨石向上推动，在用辛勤的劳动经历了漫长的时间和空间以后，目的总算达到了，但他不得不眼睁睁地看着那块巨石以迅雷不及掩耳之势滚下山去，为了再从头把它往山顶上推去，他又重新回到了山下的平地。 （卡缪：《西西弗斯神话》）
文化心态	伦理乐观主义 1. 一箪食，一瓢饮，在陋巷，人不堪其忧，回也不改其乐。 （《论语》） 2. 饭蔬食饮水，曲肱而枕之，乐亦在其中矣，不义而富且贵，于我如浮云。 （《论语》）	科学乐观主义 1."在艺术和科学中发现某些神奇妙处，这种活动本身给他带来的欢乐，远胜于他自己学习所得的干巴巴的结论。航海图、磁石吸铁现象、印刷术、枪炮的发现者们该为这些发现而感到多么快乐啊！" （默顿：《十七世纪英国的科学、技术与社会》）	文化悲观主义 1. 欲望按其实质来说就是痛苦。 ——叔本华 2. 如果我们对人生作整体的考察，如果我们只强调它的基本方面，那它实际上总是一场悲剧。 ——叔本华 3. 一切文化已处在暮霭沉沉之中。 ——雅斯贝尔斯 4. 既然生命是一场悲剧，一场持续不断的挣扎，其中没有任何胜算的希望，那么生命便是矛盾。 ——乌纳穆诺

三种人文精神在近代中国的时空交错

三种人文精神从时间上说,跨越了三个时段:古典时代、近代和现代;从社会意义上说,跨越了三种社会:农业宗法社会、近代工业社会、现代工业社会;而从空间上说,跨越了东西半球。然而完全属于三个时代的具有历时意义的三种人文精神却奇迹般地压缩在19世纪后期到20世纪初期这样一个思想文化领域并发生猛烈碰撞和相互作用,变为一种共时态的存在,这就如同鲁迅先生1919年所说的一样:

"中国社会上的状态,简直是将几十世纪缩在一时:自油松片以至电灯,自独轮车以至飞机,自镖枪以至机关炮,自不许'妄谈法理'以至护法,自'食肉寝皮'的吃人思想以至人道主义,自迎尸拜蛇以至美育代宗教,都摩肩擦背的存在。"

"这许多事物挤在一处,正如我辈约了燧人氏以前的古人,拼开饭店一般,即使竭力调和,也只能煮个半熟……"①

对此,张东荪也深有感触,他更明确地认为20世纪初期处于三种文明的时空交错中,处于几个世纪"聚于一堂"的状态。他说:"我们有一个最苦痛的地方,就是中国今天的现象是十七世纪、十八世纪、二十世纪的人聚于一堂。虽则欧美先进国也是复杂的,他们的思想也有差池,但是新的究竟居多数,且相差也不甚远。我们则不然,一则开化的很少,二则距离得太远,大多数的人仍逗留在第一种文明与第二种文明之交,不但没有第三种文明的资格,并且也没有第二种文明的陶养,这个真是苦痛了。"②

在这种"半熟"夹生的近代文化中,对新知的好奇,又伴随着

---

① 《鲁迅全集》第1卷,人民文学出版社1956年版,第416页。
② 张东荪:《第三种文明》,《解放与改造》1卷1号(1919.9)。

文化本能的拒斥;对古典的反叛,又潜隐着无法割断的怀旧。焦虑、苦闷、失落、困惑、彷徨……各种心态情绪交织在一起,构成了近代中国思想文化界一幅奇特而色彩斑斓的历史画面。

在近代中国,构成这幅"历史画面"的便是三种人文精神的时空交错与两大思想流派的分野。

时空交错之一便是"走入"与"走出"的历史时差上的人文交错。西方近代人文精神是在三四百年的时间里建构起来的,它是一个自然发生的过程,因此又是一种充分发育成熟的文化精神,构成西方近代工业化、现代化的内在文化驱力,只是在从诞生到成熟的过程中逐渐暴露出其固有弊病并产生了文化危机从而开始向现代人文精神过渡。因此,这里一个突出的事实便是,从19世纪中叶以后,西方已开始"走出"近代人文精神,已经走出启蒙时代而开始建构现代人文精神。

然而,中国却刚刚"走入"向西方文化学习的启蒙时代,走进人文觉醒的近代。这样一种与西方文化在历史时间上的落差感(简称"历史时差")在19世纪后期中国思想文化界尚不分明,康梁谭们尚未感受到西方已走出启蒙时代。因此,他们的人文思想主要还只体现为近代人文精神与古典人文精神的交错和冲突,康有为、谭嗣同的"仁学"思想便是近代科学主义("以太"、"电")与古典泛道德主义("仁")的交错。这个时候,"西方"作为理想的价值选择和奋斗目标,在中国先进思想界尚未发生怀疑和危机。但是到20世纪,尤其是第一次世界大战,无论对西方还是对中国,都是一个转折点。在西方,不仅带来了经济大萧条,社会政治的大动荡、大改组,尤其导致了西方文化精神的全面危机,斯宾格勒的"西方的没落"几乎神谕式地应验了。由19世纪开始的左(马克思)、右(叔本华、尼采等)两边的对近代工业文明和资本主义社会异化的反省和批判,到这时期便转化为声势浩大的社会主义工人运动的革命实践(如俄国)和反工业文明、反理性主义的人本主义思潮；在中国，一方面是克鲁泡特金主义、马克思主义的广泛传播，另一方面则是对中西方文明的重新反思和批判。尤其是当中国知识人游学异域时对西方文化危机的直接感受，使他们对西方文明的信念发生怀疑和动摇，孙中山1904年在《民报发刊词》中就说过："欧美强矣，其民实困。"同年梁启超在《新大陆游记》中就已感受到美国社会的阶级异化："天下最繁盛者莫如纽约，天下最黑暗者亦莫如纽约。"章太炎在《俱分进化论》等文中更是对公理、进化、唯物论和代议政治表示深刻的怀疑；而1915年开始的东西方文化论战，并不是19世纪那种简单的守旧与维新之争的重复，从根本上来说，乃是西方近代人文全面危机在中国思想界的反映。虽然陈独秀、胡适们坚持近代启蒙道路，"科学"与"人权"的呐喊亦代表了当时正确的方向，然而以杜亚泉(伧父)、陈嘉异等人为代表的"中西调和派"对西方近代工业文明的反省和批判，也未必不比陈独秀们来得深刻，在某种意义上更接近西方现代人本主义反异化思潮。因此，20世纪初期中国思想界实际上面临着一种历史时差的挑战，即不仅面临着中国古典人文精神与近代人文精神的冲突与融合问题，而且还面临着西方分属于两个时代的人文精神之间的挑战。这样，他们在目标取向和选择上，便处于一种两难困境：如果学习西方近代人文精神，那么就必然冒着取法一种被西方抛弃了的过时了的文化精神的危险(滞后)，如果学习现代人文精神(包括社会主义)，那么，就必然冒着超越整个启蒙时代的危险(超前)，这是一种典型的历史时差效应。在西方启蒙时代，目标的确定和对未来的乐观，使他们对真善美的理想王国并不存在怀疑和困惑，信念的确定使他们在行动中义无反顾。而在20世纪的中国，首先在目标选择上就发生了怀疑和危机，于是在近代中国思想界，三种人文精神的交错便导致了超前与滞后并存，乐观与悲观同在的矛盾心态。

时空交错之二乃是一种"东方"与"西方"的空间上的人文交错。西方人文精神的传播是伴随着世界一体化进程而开始"东渐"的,当西方近现代人文精神来到中国后,必然面临着与本土文化的整合问题,但是所谓"世界一体化"并不意味着西方各国空间地域上的同一化和民族差异的泯灭与统一,"西方"并不是整体的铁板一块,它还包含着英、法、德等西欧国家和美洲的美国。文化的传播总是通过附丽于某个空间地域组织(各民族国家)而得以实现的,在某种意义上可以说,抽象的西方文化是不存在的,只有具体地属于某个空间地域组织的文化,如英国文化、法国文化等等。英国文化精神在思维传统上,具有更多的经验意识、科学实证精神,这是从培根、洛克到赫胥黎、斯宾塞以来形成的一大特色。在政治上,它作为继尼德兰之后发生革命的老牌资产阶级国家,既积淀了那种"光荣革命"式的温和、稳健、妥协和保守的"约翰懒牛"的政治风格,也形成了洛克式的理性自由传统;在经济上依仗着工业革命的优势而保持着自由贸易的特点,并以强大的经济和军事势力形成了席卷全球的殖民体系和海上霸权。而法国则以激进的"政治民族"(恩格斯语)著称,保留着一种卢梭式的浪漫自由主义、百科全书派的启蒙精神和不妥协的斗争到底的阶级斗争传统,同时从拿破仑时代开始的军事力量曾长期保持着欧洲大陆上的"高卢雄鸡"的陆上优势。德国的民族性格则表现出强烈的日耳曼尚武精神和种族优越的雅利安式的国家至上主义传统,在文化上则是一个富于哲学思辨的民族,所以西方世界曾流传着一个哲学家的名言:"英国占领了海上,法国占领了陆地,而德国却占领了天空",这里的"天空"即指哲学思辨的"天空"。美国这个民族由于是在荒野上建立起来的,因此缺乏封建主义传统而成为自由与民主的摇篮,同时它的先民又从欧洲带去了那种克勤克俭、禁欲苦行的清教伦理,他们没有过多的历史积淀和沉重的历史感,却保留着那种追求自由和反抗压迫、富于开拓冒险进取的移民精神,他们那种重视实验发明和行动操作的精神同时也形成为美国独特的实验主义哲学思维传统。因此,近代中西文化的融合和三种人文精神的交错便不仅表现为一种时间上的纵向交错,同时也体现为一种地域空间上的横向交错,既有中英文化精神的交错,也有中法、中德、中日、中美文化精神的交错。因此,我们研究中西近代文化冲突和融合,不能只满足于笼统的"东方"与"西方"的比较研究,必须考虑到各国家、各民族的空间上的交错,才能获得更进一步的收获。以人物而论,严复便是具有"古典气息"的"中英合璧"(殷海光语),而胡适则是比较典型的"中美合璧";以思潮而论,在戊戌前后,实际上存在着学习英国还是学习俄、日之间的差别,前者可以郭嵩焘、郑观应到严复为例,后者可以康有为《日本变政考》、《俄彼得变政记》为例;辛亥时期则出现了美、法模式与德、日模式的区别,孙中山、邹容等人表现出对美法民主政治模式和暴力革命的强烈倾向性,而辛亥时期的尚武尚力的军国民主义则明显受德国日耳曼精神和日本武士道精神的影响;到五四时期,则主要体现为学习美、法还是学习苏俄之争,早期陈独秀对"法兰西文明"的"人权"学说的重视(参见其《法兰西人与近世文明》)和胡适对美国实验主义科学方法的重视,都可反映出美法模式的影响,而李大钊、瞿秋白则力倡苏联模式,力倡马克思主义。总之,从戊戌到五四,其目标选择的主流大体是从英日模式到美法模式再到苏俄模式的演进过程,这就使得中国近代人文精神的重建极为复杂而不同于近代西方。西方近代人文精神基本上是在本土空间上孕育发展成熟的,因此不存在近代中国这种复杂的空间交错和多重融合。近代中国这种多重的空间模式的重叠交错,从一方面看,它的确有利于中国在广采博纳的基础上重建新文化,另一方面,它又造成了中国近代人文精神如鲁迅所说的"半熟"型特点,使中国近代人文精神的重建还没有来得及充分消化就匆匆地从一个空间模式转向另一个空间模式,从而多少具有某种浮光掠影的特点。

虽然这种时空交错是异常得错综复杂,然而我们仍可大致辨析出其间的思想分野:一种是以古典人文精神为基础来接纳和同化西方文化。如康有为的新儒学和"公羊三世"的进化观,便体现出深层上的儒家古典精神(仁本主义、公羊学说)和表层上的西方近代人文精神(进化论等)。章太炎对诸子学的重视和整理国故的国粹主义精神,虽然与王先谦、叶德辉的复古之流大异其趣,然而终其一身其主流思想仍不过是在古典文化精神基础上接纳新学,他显然不具备那种打破旧的文化框架来拥抱西方新文化的勇气和气魄。而在五四时期东西文化论战中产生的以杜亚泉、陈嘉异等人为代表的"中西调和派",虽然在思想开放等方面要远高于洋务派,然而他们那种"东方精神文明"、"西方物质文明"的两橛性思维方式却又与洋务派的"中体西用"的思维框架相去不远,其实质仍是在儒道互补文化基础上对西方科技的有限接纳。到五四文化后期,梁启超《欧游心影录》的问世,便通过对一次世界大战前后西方文化全面危机和社会异化现象的揭露和批判,明确向古典人文精神复归,从而把属于现代文化精神的社会主义还原为儒家民本主义平均思想,还原为孔子所谓"均无贫和无穷"、孟子所谓"恒产恒心",同时强调以"孔、老、墨三位大圣"来承担"中国人对于世界文明之大责任"①。而现代新儒家的重镇梁漱溟于 1920 年出版的《东西文化及其哲学》一书,则标志着古典人文派开始成熟,开始走向理论和体系建构。

从现代新儒学的始作俑者康有为到辛亥时期的国粹主义思潮,到杜亚泉等人的"中西调和派",到新儒家梁漱溟,可以说构

---

① 梁启超:《欧游心影录》(下),第十一《社会主义商榷》。

成了中国近代的古典人文派。他们的共同点是以弘扬和保存中国古典文化为己任,突出中国古典人文精神的不可替代性和世界性贡献。

而另一种则是以西方近代人文精神为基础来打破旧文化框架,重建中国近代新文化。严复对英国式的经验、实证和科学精神的传播,对理性自由和进化论的弘扬,以及对斯宾塞的德、智、体人的全面发展理论的首次阐发,梁启超对培根、笛卡儿、斯宾诺莎、孟德斯鸠、卢梭、边沁、达尔文等近代西方思想家的"学案"式介绍,在近代都有着某种范型革命的作用,即用近代人文精神框架取代古典人文精神。辛亥时期孙中山、邹容等人对美法政治模式的浓厚兴趣,五四时期陈独秀对"科学"与"人权"的并重,胡适对实验主义的引介,鲁迅对"摩罗诗力"精神的阐发,使他们的近代人文重建带有某种"西化"的倾向,但在当时又确然具有某种合理性和必要性,而并非林毓生所谓"全盘西化"本身就是传统主义的表现云云①。

从严复到五四时期的胡适、陈独秀、鲁迅,便构成了近代中国的近代人文派,他们为推倒封建古典主义、重建近代人文精神作出了极大的贡献,因此这一思想流派便构成了笔者论文的重心所在。

那么,在这两派之外,是否还存在现代人文派呢?诚然,在20世纪初期,叔本华、尼采、基尔凯廓尔、柏格森等现代人本主义生命学派开始传入中国。仅以尼采而论,从王国维、鲁迅、陈独秀到傅斯年、郭沫若、田汉、茅盾等人都受过其影响,而且李石岑主编的《民铎》杂志还出版过尼采专号和柏格森专号。但是现代人本主义思潮并没有在近代思想界形成一个独立的学派或思想流派,而是或依附于古典人文派,或从属于近代人文派,前者

---

① 参见林毓生:《中国意识的危机》,贵州人民出版社1986年版。

可以梁漱溟为例,后者可以鲁迅、陈独秀为例。梁漱溟于1920年出版的《东西文化及其哲学》,便是以古典人文精神为基础来接纳现代生命派哲学。他自己就公开承认:"中国儒家、西洋生命派哲学和医学三者,是我思想所从来之根柢。"①又说:"在我思想中的根本观念是生命。"而"生命"(生活)的观念来源于叔本华、柏格森的生命派哲学的"意欲"(will),"生活就是没尽的意欲(will)——此所谓意欲,与叔本华所谓意欲略相近——和那不断的满足与不满足罢了"②,全部生活就是这种意欲的盲目力量的表现,意欲的个别体现(大意欲)和所遇到的障碍之间的斗争构成了生活的过程,而这种过程实际是意欲满足与不满足的"相续",于是梁氏又融合了叔本华的"生存意志"和柏格森的"绵延说"。从而认为人类正是通过这种生命意欲的"绵延"和创造而形成人类文明或文化。由于"意欲"活动的方向不同,从而导致了"西洋文明"的"意欲向前"的路向、印度文化"意欲反身向后"的路向以及中国文化的"意欲自为调和持中"的路向③,梁氏据此认为:"世界未来文化就是中国文化的复兴。"④这样,梁漱溟从叔本华、柏格森的意欲"绵延说"出发,最后回归到古典儒家哲学,从而建构了一个融现代人文精神与古典人文精神于一体的体系。

与梁漱溟不同的是,青年鲁迅则是融近、现代人文精神于一体的思想家。一方面他在《科学史教篇》和《人之历史》等文中强调科学理性的启蒙作用:"观于今之世,不瞿然者几何人哉?自然之力,既听命于人间,发纵指挥,如使其马,束以器械而用之;交通贸迁,利于前时,虽高山大川,无足沮核,饥疠之害减,教育

---

① 梁漱溟:《朝话》,中国文化服务社1943年版,第137页。
②③④ 梁漱溟:《东西文化及其哲学》,商务印书馆1987年版(重印本),第24、55、199页。

之功全,较以百祀前之社会,改革盖无烈于是也。孰先孰是?孰偕行是?……实则多缘科学之进步"①,并且推崇培根和笛卡尔,认为笛卡尔奠定了"近世哲学之基",对科学与理性主义的推崇,接纳的是西方近代人文主义、理性主义思潮;但另一方面,他对叔本华、尼采、基尔凯廓尔等现代人本主义生命哲学又取正面领纳。尼采的"强力"扩张的个人主义学说、"重估一切价值"的学说和对西方近代民主平等学说的根本性批判,都对青年鲁迅产生了深刻的影响。但是鲁迅在《文化偏至论》《破恶声论》等文中将叔本华、尼采的现代生命派非理性主义哲学转化为一种启蒙哲学,来启迪中国国民,突出冲破封建专制的个人解放的作用,于是他以"意力"、"强力"扩张来呼唤"人各有己"、"朕归于我"、"任个人而排众数"的个性主义精神,鲁迅正是融合了这两种对立的思想体系,来建构自己的启蒙思想理论。实际上在五四时期陈独秀、傅斯年、郭沫若等人对柏格森的"创造进化论"、尼采的破"偶像说"都作了一次转换,从而使一种走出启蒙时代的非理性哲学重新担当起启蒙的任务,这种"转换"一方面起到了积极的启蒙作用、个性解放作用,但另一方面又难免两种对立思想体系(近代人文精神与现代人文精神)由于历史时差而带来的矛盾和冲突,从而影响其启蒙的深度和思想水平。

中国近代人文精神的重建就是在这种历史时差上的时间交错中和东西方的空间交错中开始的,只有通过对这种时空交错的把握,我们才能认识其重建的复杂性和艰难性,才能在这种复杂性中把握人文重建过程的历史脉络。对这种历史脉络的探寻,便构成了下一章的主题。

---

① 《鲁迅全集》第1卷,第167页。

中国近代人文精神的历史演进

中国近代人文精神的核心问题是"人的近代化"问题,用严复、梁启超的话说,就是"新民"问题,用鲁迅的话说,就是改造"国民性"问题。中国式的改造国民性是一个相当复杂的而且独具特色的文化工程,它牵涉到改造国民性的目标选择、改造的方式、改造的目的、改造的主体和改造的对象等等问题。笔者认为,中国近代人文精神的历史演进大体经历了"民"—"人"—"阶级"这样三个阶段。

"民"的高扬

大抵从早期改良派开始,到 1903 年左右梁启超发表"新民说"这段时期,改造国民性思潮的核心是"国民"意识的诞生。国民意识在政治上反映为民权主义思潮,在文化上反映为"新民"思潮,总的特点便是以"民"为主的整体主义时期。

首先,在改造国民性的目标选择上,主要是英国模式为主流。

在早期改良派的"民权主义"思潮中,他们所谓"泰西"的主要代表便是英国,比如最早提倡议院制的郑观应在《易言》中就曾说过:"泰西列国……其都城设有上下议政院……凡有国事,先令下院议定,详达之上院,上院议定,奏闻国主。"①这里与其说是"泰西列国",毋宁准确地说是指英国,在《盛世危言》中,他在比较英、法、美三国议院时,就更明确倾向英国模式,"美国议院则民权过重","法国议院不免叫嚣之风",只有英国议院"斟酌损益,适中经久者"②。王韬也表示过对英国的"君民共治"的君主立宪政体的欣赏,这种对英国政治文化的推崇还反映在从郭嵩焘、何启、胡礼垣到戊戌维新派的"民权"思想中,尤其体现在"新民"思潮中的主角严复思想中。

严复曾在英国留学两年,在这两年中,耳濡目染的都是英国政治、经济和文化,涉猎了亚当·斯密、达尔文、赫胥黎、约翰·密尔、甄克思、耶方斯等英国科学家、思想家的著作。严复一生服膺渐变的进化论,这使他在政治上总是保留了英国派绅士的稳健和保守,同时他一生始终关注的是英国式理性的自由主义,而反对卢梭式法国浪漫自由主义,他没有翻译过卢梭的著作,反而写了《民约平议》以批评卢梭,他宁肯选择曾在英国呆过很久时期并且接近英国派的孟德斯鸠的《法意》;他一生关注社会政治,但总是与政治实践保持着一定距离,在戊戌维新时期,他写过震聋发聩的启蒙文章,然而他没有参加变法运动,他从根本上认为当时中国还处于民智未开的状态,但他并不主张专制,晚年亦是如此。他虽曾被迫列名袁世凯的"筹安会",但他没有参加实际活动;他在学风上倾向英国派实证风格,而反对"心成之说",力倡"宇宙为我简编,名物为我文字"的科学实验精神,倾向于穆勒的归纳逻辑而轻视演绎逻辑,提倡斯宾塞的社会学和教育思想(即"三民"思想)。所以殷海光先生说严复是典型的"中英合璧"③,

---

① 郑观应:《易言》上卷,《论议政》。
② 郑观应:《盛世危言》卷1,《议院》。
③ 殷海光:《自由主义的趋向》,台湾时报出版公司1980年版,第23、65页。

具有某种"古典气息"①,当不无道理。

这时期之所以主要以英国文化为目标选择,至少有以下几点原因:

第一,在19世纪,英国作为"日不落"帝国仍然在世界上占有第一号强国的地位,美国虽在南北战争后开始崛起,但真正取英国而代之一跃而为世界头号强国的地位,则还是20世纪的事,而且英国作为率先破中国国门而入的西方殖民国家在中国的先进知识人眼中,已经作为一个国力"富强"(Wealth and Power)的象征,而这恰恰成为严复等一批知识分子"寻求富强"的模式。

第二,当时对西方比较了解的首先是出使西方的官员、留学生和长期在香港或在华外国企业、租界工作的资产阶级,当时派驻西欧的第一个公使郭嵩焘就驻于英国,洋务时期派遣的留学生也多在英国(如严复、刘步蟾等),而如王韬、郑观应、何启、胡礼垣等人则多在英国殖民地香港或英国公司工作,接触的多是英国文化。

第三,英国的君主立宪政体在形式上保留了君主,似乎使改良派觉得这个模式比美法民主立宪模式更适合于中国,即使是主张以俄、日为榜样的康有为,他也比较倾心于英国模式而反对法国模式:"且夫寡不敌众,私不敌公,人理之公则也,安有以一人而能敌亿兆国民者哉!则莫若立行朝断,不待民之请求迫胁,而与民公之,如英之威廉第三后诸主然。"②

然而,无论是早期改良派还是戊戌维新派,除严复外,人们对英国模式的理解还是相当表层的,整个戊戌变法的目标显然

---

① 殷海光:《自由主义的趋向》,台湾时报出版公司1980年版,第23、65页。
② 康有为:《法兰西革命记·序》。

更接近于日本和俄国（这从康有为《日本变政考》《俄彼得变政记》中可看出），更彻底地说，不过是"中国封建式君主＋英国式议会"罢了。

其次，在改造国民性的内涵上，主要体现为以"民"为主的整体主义。这首先反映在"民权"思潮中，郭嵩焘早在1878年就曾说过："西洋政教以民为重……民权常重于君。"①薛福成亦说，西欧各国"其政权亦在议院，大约民权十之七八，君权十之二三"②。何启、胡礼垣注重的也是"民权"，"吾言民权者，谓欲使中国之君世代相承"③。可以说，在早期改良派的"民权"思潮中，基本上没有个体意识的地位，"民权"一词突出了整体主义的地位。

由严复、梁启超开其端的"鼓民力、开民智、新民德"的"新民"思潮比"民权"思潮要远为复杂，但基本上是个体意识与"民"的整体意识的综合，而且最后的目的和重心仍然是整体主义。

在严复"三民"思想中，有着不易察觉的深刻内在矛盾，即"整体"与"个体"的矛盾冲突，他引进了进化论，既有强调个体"自我保存"的意义，又有强调保种保群的整体性意义，比如严复译述《天演论》，首先考虑的是"惧炎黄数千年之种族，将遂无以自存"，"盖谓赫胥黎氏以人持天，以人治之日新，卫其种族之说，其义富，其辞危，使读焉者怵焉知变，于国论殆有功乎！"④严复强调进化的根本是"种"的进化、"群"的进化，因此竞争便是"群"的竞争："其始也，种与种争，及其稍进，则群与群争"⑤，然而在

---

① 《郭嵩焘日记》，1878年5月19日。
② 薛福成：《出使四国日记》卷5，湖南人民出版社1981年版，第225页。
③ 何启、胡礼垣：《劝学篇·书后》，《新政真诠》五编，第44页。
④ 严复译：《天演论·吴汝纶序》。
⑤ 《严复集》，第一册诗文（上），中华书局1986年版，第5页。

严复看来,当时中国国民还缺乏竞争力,"其时未至,其俗未成,其民不足以自治也……民之弗能自治者,才未逮、力未长、德未和也"①。正是在这种背景下,严复提出"鼓民力"、"开民智"、"新民德"。这里的"民"作为一个整体的概念,的确有忽视"个体性"的一面,他说:"小己之自由非今日之所急,而以合力图强……为自存之计。"②严复的"三民"思想仍然是整体"民"大于作为个体的"小己"。

梁启超的"新民说"也具有同样的特点,整体"民"的观念,仍是他要把握的关键。首先,"新民"的目的是为了强种保国,他说:"苟有新民,何患无新制度、无新政府、无新国家"③,最终还是把"新民"作为"新国"的手段,群体仍然高于"个体";其次,"新民"还多少保留了古典仁本主义的"独善其身"的精神:"新民云者,非新者一人,而新之者又一人也,则在吾民之各自新而已。孟子曰:子力行之,亦以新子之国,自新之谓也,新民之谓也。"④所谓"自新"并不完全具有近代独立自存的个体意识,而是强调自我的灵魂改造,而这一点恰恰是古典人文精神泛道德主义的根本,梁启超"新民"这个概念都是从《大学篇》"明明德,在亲(新)民,止于至善"中来,梁启超的思维方式中,还烙有古典泛道德主义的集体无意识,这是新民思潮中致命的弱点。

最后,关于改造国民性的主体与对象问题,这个时期作为改造国民性的主体,无疑就是改良派这批开始觉醒的知识精英。对此,梁启超毫不隐讳,他在一首诗中吟道:

献身甘作万矢的,著论求为百世师;

誓起民权移旧俗,更研哲理牖新知。⑤

---

① 《国闻报》缘起。
② 《法意》,卷18按语。
③④ 《新民说·论新民为今日中国第一急务》。
⑤ 《自励》,《饮冰室台集》文集之八十七。

他是以"百世师"来自勉的,也就是说自觉地承担了改造国民性的启蒙导师、改造国民性的主体。这在严复、康有为等人思想中,也是不言自明的,他们认为当时民智未开、民德未进、民力已苶,因此首要的问题是启蒙问题,而知识精英(elite)必须担当这个责任。

但是,在构成改造国民性的主体方面,有一个突出现象为梁启超所注意到,那就是"晚清西洋思想之运动,最大不幸者一事焉,盖西洋留学生殆全体未尝参加于此运动,运动之原动力及其中坚,乃在不通西洋语言文字之人"①。这就把19世纪改造国民性的主体问题点明了,知识分子并不是整体地都属于启蒙主体,除了旧式科举仕途的绝大部分士人以外,新式知识人也区分为思想精英与技术精英。而当时留学西欧的大多是学海军、制造、采矿等等军事或技术类型,他们虽然懂外文,而且又曾亲历西方,但是他们并没有把这种外语优势和实地感受转化为一种启蒙力量,因此除严复等极个别外,第一代中国留学生仅仅只是充当了"技术精英"的角色,所以梁启超非常痛心地说:"就此点论,则畴昔之西洋留学生,深有负于国家也。"②陈天华的《警世钟》对此也感慨不已:"恨的是前次公使随员、出洋学生,不把外洋学说输进祖国。"因此构成这期间启蒙主体的便是"不通西洋语言文字之人",从旧营垒中分化、觉醒出来的新旧参半的康梁们,因此"稗贩、破碎、笼统、肤浅、错误诸弊,皆不能免"。梁启超这一说法毫无自歉之意,只要我们对照严复的《原强》《论世变之亟》诸文与梁启超的《新民说》等文字,我们就会从梁氏直接继承严复的关系中感受到二者思想深度的差距,事实上作为改造国民性的启蒙主体自身还处在转型和过渡中,因此就难免"稗贩、破碎"诸弊。

---

①② 梁启超:《清代学术概论》。

而作为改造的对象,虽然是"民"(所谓"开民智"),其实是官僚、士绅。郑观应在《易言》中就曾借古喻今,他说中国早在"三代"时期"列国如有政事,则君卿大夫相议于殿廷,士民缙绅相议于学校",只是后来"惟在上之人,权衡自秉,议毕即行,虽绅耆或有嘉言,未由上达"。到戊戌时期,梁启超说得更明确:"欲兴民权,宜先兴绅权,欲兴绅权,宜以学会为起点"①,"今欲更新百度,先自通上下之情始;欲通上下之情,则必当复古意、采西法、重绅权矣"②,又说:"今日欲开民智开绅智而假手于官力者,尚不知凡几也,故开官智又为办事之起点。"③因此启蒙的对象指的就是官、绅阶层。

"人"的崛起

大约从20世纪初到五四前期,在"民"的整体意识继续高扬之外,一股以"人"为主旋律的个体性思潮开始崛起。与此同时,关于改造国民性的目标选择、改造的主体与对象,都发生了一些变化。

首先,在改造国民性的目标选择上,美、法模式逐渐取代英国模式而为辛亥和五四前期一代志士所注重。对此,章开沅教授亦曾明确指出:"继续维持皇室地位的英、日君主立宪模式迅速失去吸引力,而美、法民主共和模式则日益增添光彩。"④

关于美、法模式的目标选择,在辛亥一代志士那里是非常明确的,孙中山在1904年《中国问题的真解决》一文中就曾把美国作为"自由与民主"的摇篮,并向美国人民发出呼吁:"因为你们是西方文明在日本的开拓者……因为我们要仿照你们的政府而

---

①② 《论湖南应办之事》,《饮冰室合集》专集之三,第43,45页。
③ 梁启超:《上陈宝箴书》,《戊戌政变记》附录,《湖南广东情形》。
④ 章开沅:《法国大革命与辛亥革命》,《历史研究》,1989年第4期。

缔造我们的新政府,尤其因为你们是自由与民主的战士,我们希望能在你们中间找到许多的辣斐德。"①发表在《国民报》1901年第2期上的《说国民》一文,以美、法为例来解释作者所追求的"自由":"脱君权之压制而一旦自由者,法国是也;脱外权之压制而一旦自由者,美国是也"。杨度在谈到"自由"问题时,也肯定法国大革命的影响,"自法国大革命之风潮起,演成全欧革命,思想言论以自由而日发达,遂成今日如锦如荼之世界",而在众所周知的邹容的《革命军》中,则更明确地把目标选择在美、法模式上,"不宁惟是,而况又有大儿华盛顿于前,小儿拿破仑于后,为吾同胞革命独立之标本",邹容设计的"中华共和国"模式则明确强调"立宪法悉照美国宪法"。

同样,美、法文化模式作为选择目标,在五四前期也为思想界所追求。陈独秀在1915年创办《青年杂志》,他的《法兰西人与近世文明》就明确表示了他的目标选择是法国的"人权说",至于美国文化对于胡适等人的影响则更是尽人皆知的。

目标选择从英国模式到美法模式的转向,其原因大致可归纳如下:

第一,清政府从《南京条约》到《辛丑条约》的一系列丧权辱国行径和戊戌变法运动的流产,使新一代知识精英不同于戊戌志士,对专制王朝不存在任何幻想,并且认为,只有推翻专制王朝,尤其是推翻满清异族统治的王朝,才能拯救中国。因此,保留君主的英国式立宪方式失去了魅力,代之而起的便是法、美式激烈的民主革命方式和人权说,这才更适合于他们的革命要求。

第二,辛亥五四时期的大量留学生留学于日、美,在日本,法国卢梭思想、人权宣言等风行一时,相对于比较稳健、平和的英国文化和学说,显然更适合于那些留日的热血青年,而一代革命

---

① 《孙中山选集》,人民出版社1981年版,第69页。

家孙中山等人长期辗转于日、美一带,受美国文化影响之深,是不难理解的。

第三,美国到 20 世纪,无论是政治、经济还是军事等各方面,国势旺盛,显露出取"日不落"帝国而代之的势头,因此这也使 20 世纪中国的目标选择逐渐向美国转向。

过去人们一向认为,从英国模式到美法模式,从改良到革命的过渡,标志着一种进步(思想认识上的),在一定意义上说,这并不错,但是只要仔细考察,我们就会发现这只是一种相当表层的"进步"。它掩盖的是人们对英、美民主自由实质的根本误解,也就是说无论是改良派还是革命派都以"政体至上"为原则而忽视了主权原则,他们始终围绕的是"君民共主"君主立宪形式还是民主共和形式展开政治角逐。实际上,尽管英国政体形式与美国政体形式的差别是相当大的,但是在主权(Souvaineté)原则上却有着一致性,那就是作为个体的基本人权(如财产、言论、人身和自由等权利)的不可转让性,这是民主政治的最高原则,离开了这个主权原则,就根本谈不上民主政治。至于是采取君主立宪还是民主共和,那都是次一级的问题。然而在改良派和革命派之争中,关注的重心恰恰相反,主权原则从属于政体形式,在这一点上,改良派和革命派在政治实践中并无二致。

其次,从改造国民性的内涵看,个体的"人"的自我意识开始崛起。

笔者在第一章中谈到,中国的古典语汇中,个体概念极不发达,而整体概念语词却异常丰富,这从语言上折射着古典民本主义传统。"人"在古典时代也是一个类概念,以致中国进入启蒙时期,个体意识竟没有一个统一的语词来表达,所以出现了"小己"、"自主"、"自营"等蕴含个体意识的多种语词,到 20 世纪初,"人"才真正具有个体意义并出现"个人"一词。

严复思想的最高目标虽然指向"大群",然而他却是中国近代个体意识的最早表述者。首先,他最早提出"天赋人权"与基本人权问题。"彼西人之言曰:唯天生民,各具赋畀,得自由者乃为全受。故人人各得自由,国国各得自由,第务令毋相侵损而已。侵人自由者,斯为逆天理、贼人道,其杀人伤人及盗蚀人财物,皆侵人自由之极致也。"①这里基本上表述了"天赋人权"(唯天生民,各具赋畀)和人权的基本内容(人身安全、生命财产和自由等权利)。其次,是经典自由主义的真正诠释者,西方自由派可分为洛克派的英国理性自由主义和卢梭派的浪漫自由主义,浪漫自由派追求个人的绝对自由和对现存一切秩序的反叛,而洛克派自由主义严格要求法治下的理性自由即个人与群体的划界问题,既反对任何群体对个人基本权利的无限制剥夺,也反对个人自我的无限制扩张。严复指出:"贵族之治,则民对贵族而争自由;专制之治,则民对君上而争自由;乃至立宪民主,其所对而争自由者,非贵族非君上。贵族君上,同束于法制之中,固无从以肆虐,故所与争者乃在社会、乃在国群、乃在流俗。穆勒此篇,本为英民说法,故所重者,在小己国群之分界,然其所论,使其事宜任小己之自由,则无间君上贵族社会,皆不得干涉者也。"②又说:"人得自由,而必以他人之自由为界。"③突出的是小己、国群之间分界线的明确,也就是说,个体的基本权利是不可转让的,不论是对他人还是对整体。所以他谈到中国的"絜矩"与西方的"自由"的区别时,把握得十分准确:"中国恕与絜矩,专以待人及物而言。而西人自由,则于及物之中,而实寓所以存我者也"④。第三,他提出了"自由"、"自营"、"自利"、"自治"、"自得"以"自"为中心的个体意识体系。

就在严复翻译《群己权界论》的同期,大量的西方社会政治

---

①④ 《严复集》第1册,第3页。
②③ 《群己权界论·译凡例》。

学说传入中国,其中最重要的是《美国独立檄文》(1901年《国民报》第1期译载)和《法兰西人权宣言》的翻译出版(1903年小颦女士译,支那翻译会社出版),从此"人权"概念开始流行,"个人"概念也同期产生。青年鲁迅在《文化偏至论》中曾明确指出:"个人一语,入中国未三四年,号称识时之士,多引以为大垢,苟被其谥,与民贼同。"①鲁迅的《文化偏至论》发表于1907年《新河南》杂志,而所谓"个人"概念入中国未三四年,与《人权宣言》的翻译刚好吻合。这说明,在中国,直到1903年左右,富有近代个体意识的"个人"或"人权"概念才开始在中国传播开来,鲁迅的《文化偏至论》和《摩罗诗力说》是继严复以后,最系统呼唤"人各有己","朕归于我","任个人而排众数"的思想家。随后近代意义的"人格"概念也出现了,笔者在第一章中谈到中国"人格"意义主要是道德伦理人格,梁启超曾从"立身处世之道"对这一意义予以说明,他认为孔子教义在于"养成人格",并认为"人格之纲领节目及其养成之程序惟孔子所教为大备,使人能率循之以自淑而无所假于外"②。但张东荪在1914年创刊的《甲寅》杂志中提出近代意义的"人格"即"独立人格"说。他认为,近代民主社会"发源于国民之有独立人格,故政治之美恶,犹属第二问题,其第一问题,惟在使人民独立自强,而不托庇于大力者之下",并强调"人格"不仅包含着独立实体意义,而且还包括"自我实现"问题:"自我实现者,以小己之自觉,而求为合乎世界之发展也,其前提则为有发展之能力,与自觉之活动。于是凡有发展与自觉之能力,得为自我实现者,是为有人格"③。陈独秀在1915年《青年杂志》第1卷第1号发表的《敬告青年》一文发展为"自主

---

① 《鲁迅全集》第1卷,人民文学出版社1956年版,第185页。
② 梁启超:《孔子教义实际裨益于今日国民者何在》,《大中华》1卷第2期。
③ 张东荪:《行政与政治》,《甲寅》1卷第6号。

自由之人格",他指出:"解放者,脱离夫奴隶之羁绊,以完其自主自由之人格之谓也。我有手足,自谋温饱;我有口舌,自陈好恶;我有心思,自崇所信;决不认他人之越俎,亦不应主我而奴他人。"他尖锐指出,如果青年"以其是非荣辱,听命他人,不以自身为本位,则个人独立平等之人格,消灭无存",正是在这个意义上,陈独秀强调要"以个人本位主义,易家族本位主义",强调"科学与人权并重",甚至把"人权"学说视为近代西方三大学说之一。与此同期的周作人发表《人的文学》,从而推动了文学革命中重新肯定人的价值、个性和"人的一切生活本能"的合理性的人本主义文学思潮。所以胡适后来在30年代回忆时说:"《新青年》的一班朋友在当年提倡这种淡薄平实的'个人主义的人间本体',也颇能引起一班青年男女向上的热情,造成一个可以称为'个人解放'的时代。"①

第三,改造的主体与对象均发生了相应的变化。在19世纪后期,改造的主体是"不中不西"的新学家,第一代留学生基本没有加入启蒙队伍。但从20世纪初到新文化运动,大批留学生构成了改造国民性的真正主体,辛亥时期主要是留日学生,而五四时期则以留日学生为主,还包括大量留欧美学生,构成了当时思想启蒙和"革命开民智"的真正的"新青年"。对此,当时的留学生是有明确的自我意识的,李书城于1903年发表的《学生之竞争》一文就强调留学生必须担当起承上启下、开启民智的启蒙主体责任,他认为,"学生介于上等社会、下等社会之中间,为过渡最不可少之人",因此,"为今日之学生者,当豫勉为革新之健将,使异日放一大光彩,以照耀于亚洲大陆之上"。留学生不仅"对上等社会所负之责任重也",而且更主要地是启迪和改造"下等社会","使完其人格,使尽其天职,必养其独立自营之精神,而后

---

① 胡适:《中国新文学大系·建设理论集》,第28—30页。

能为世界之大国民",因此,"二十世纪之中国,学生之中国也。其兴也惟学生兴之,其亡也惟学生亡之"①。同年发表的《民族主义之教育》一文,更明确认为,作为启蒙主体的留学生属于"中等社会",应该"结集特别之团体"、"流通秘密之书报"、"组织公共之机关"、"鼓舞进取之风尚",必须担负起对"下等社会之教育"责任,尤其不能忽视对三种社会力量的启蒙教育,"一曰与秘密社会为伍,转移其旧思想而注入之以新思想";"一曰与劳动社会为伍,改革其旧智识而注入之以新智识,变易其旧习惯而注入之以新习惯";"三曰与军人社会为伍,破坏其旧势力而耸动之以新势力"②,这样便为留学生作为启蒙主体的责任和行动指明了方向。

与此同时,改造对象也不再是官、绅,而是整个国民性、整个全民族。最系统地、详细地解剖国民性的是伟大的思想家、文学家鲁迅先生。鲁迅的好友许寿裳曾回忆他与鲁迅经常谈论的话题有三个:"(一)怎样才是理想的人性?(二)中国民族中最缺乏的是什么?(三)它的病根何在?"③鲁迅关注的"理想的人性"实际上指重建国魂、民族魂(或国民新人格)。重建国魂的思想从严复开始,明确召唤"国魂"最早的当推 1899 年梁启超发表在《清议报》上的《自由书》中一篇《中国魂安在乎?》,他强调"今日所最要者,则制造中国魂是也",不过他把"国魂"归结为"兵魂"。进入 20 世纪,呼唤国魂便成为一种时代的声音,如 1903 年刊于《浙江潮》的《国魂篇》和刊于《江苏》杂志的《国民新灵魂》等就扩展为"山海魂"(冒险魂)、"军人魂"(武士魂)、"游侠魂"、"宗教

---

① 李书城:《学生之竞争》,《湖北学生界》第 2 期。
② 《民族主义之教育》,《游学译编》第 10 期。
③ 许寿裳:《回忆鲁迅》(1944),《亡友鲁迅印象记·六·办杂志·译小说》。

魂"、"魔鬼魂"、"平民魂"(社会魂)等等①。到新文化运动时期，那就是对自由独立的个体人格的追求即鲁迅所谓"首在立人"，鲁迅对后两个问题的关注，则突出体现在他的文学创作中，他以此来揭示出"每个中国人的身上都有阿Q和祥林嫂的影子"②，揭示中国家族制度下的那盘"吃人的筵席"(《狂人日记》)，揭示阿Q所生活下的封闭、愚昧的历史文化土壤——"未庄"文化圈。因此，在鲁迅的思想视角下，改造的对象不仅是人，也是社会，更是整个文化体系和积淀下来的文化无意识。

启蒙的转向

从五四后期开始，中国近代人文精神的历史演进出现了重大转折，那就是从个体人权的崛起，很快转向阶级意识的宣传，"人"作为整体的"民"分裂了，"人"作为"个体"也淡化了，淡化在阶级关系之中，而阶级意识的强化则由下列变化所组成。

首先，在改造国民性的目标选择上，美法模式逐渐被苏俄模式所取代，"向西方学习"至此告一段落，而转为向东方(苏联)学习。列宁领导的1917年10月社会主义革命，推翻了俄国地主资产阶级统治，建立了无产阶级专政的国家政权。十月革命的胜利在中国引起了巨大反响，也为中国知识分子寻找新的理想、确立新的目标选择提供了一个新的参照系，李大钊等人以极大的热情开始了这种目标选择的大转向，他写于1918年的《法俄革命之比较观》、《庶民的胜利》、《布尔什维主义的胜利》等文章标志着这种转向的开始。即使早期推崇法国精神的陈独秀也转而推崇"俄国精神"，"我以为我们徜能将俄国精神和德国科学合

---

① 参见章开沅：《辛亥革命与近代社会》，天津人民出版社1985年版，第31页。

② 刘再复、林岗：《传统与中国人》，三联书店1988年版，第381页。

而为一，就用不着美国资本了"①，所以，毛泽东指出："十月革命一声炮响，给我们送来了马克思列宁主义。十月革命帮助了全世界的也帮助了中国的先进分子，用无产阶级的宇宙观作为观察国家命运的工具，重新考虑自己的问题，走俄国人的路——这就是结论。"②苏联模式——"俄国人的路"从此以后成为中国知识分子目标选择的主流，影响了中国半个多世纪。

那么，从美法模式转向苏联模式的原因何在呢？

其一，西方政治、经济和文化的全面危机导致了世界性的新转向。西方资本主义经过长达三四百年的发展，其社会弊端日益暴露，经济垄断、工业异化、国际争夺、劳资矛盾，在第一次世界大战中总爆发。一次世界大战暴露了前期资本主义的根本危机，也似乎宣告了"西方的没落"，于是导致了世界性的大转向，即社会主义运动的世界化，俄国无产阶级在"帝国主义最薄弱的一环"打开缺口，从而建立了社会主义制度。

其二，同样，第一次世界大战也打破了中国的"西方梦"。三四百年的工业文明的遗产原来不过就是一场毁灭自身的世界大战，这对于全心向西方学习的中国知识分子来说，无疑导致了一场取向危机，而十月革命却是迄今为止尚未试验过的崭新的社会革命，它那尚未证实的美好未来的许诺，无疑正好填补了战后美梦破灭了的中国人的价值真空，于是又在中国鼓起了一种新的理想追求的热情。

其三，苏联理论模式的核心是社会主义学说，这对于长期信奉民本主义传统的中国知识人来说，并没有多大的文化心理障碍。从康有为的大同学说、孙中山的民生主义，到1920年梁启

---

① 陈独秀：《俄国精神》，《独秀文存》，安徽人民出版社1987年版，第585页。

② 《毛泽东选集》，第1360页。

超的"社会主义商榷"(《欧游心影录》),我们都找不到西方洛克、孟德斯鸠等人那种对财产的深情关注,贯穿在他们思想中的共同点却是整体主义、平等主义、民本主义伦理精神,他们并不希望在中国看到一个强大的中产阶级,不愿意看到社会的分化,这在章太炎的《五无论》和刘光汉的《悲佃篇》中亦是如此。非常令人惊奇的是中国资产阶级思想家、政治家缺乏其西方前辈们那种为本阶级利益摇旗呐喊和赤裸裸辩护的党性精神,反而"限制资本"以避免社会分化和阶级对抗,甚至他们为中国的普遍贫穷和没有中产阶级而感到高兴,因为这样易于"平均地权"(如孙中山),这的确是中国资产阶级特色。而且他们更多的是开始反对个体竞争的进化论而倾向于互助——博爱的进化论,这无疑都保留了浓厚的古典仁本主义色彩和平均主义色彩。因此,一旦社会主义传入中国,便获得了广泛的传播,它那关注社会协作、社会平等、对劳动人民和平民百姓(无产阶级)利益的保护的思想很快就为中国知识分子所接受。李大钊正是在家族伦理意义上来接受社会主义的:"一切形式的社会主义的根萌,都纯粹是伦理的。协会与友谊,就是人类社会生活的普遍法则……就可以发觉出来社会主义者共同一致规定的基础……这基础就是协会、友谊、互助、博爱的精神,就是把家族的精神推及于四海,推及于人类全体的生活的精神。"①

第二,在改造国民性的内涵上,强烈的个体意识和人权意识被阶级意识所取代。大约从 1917 年以后,陈独秀就很少谈到"人权"问题,而是谈"民主"问题,从"人权"到"民主"的转向,标志着"个体主义"向整体主义、社会主义的转向。李大钊是中国最早系统阐释马克思主义理论的人,他说:"马氏社会主义的理论,可大别为三部:一为关于过去的理论,就是他的历史论,也称

---

① 李大钊:《阶级竞争与互助》,《每周评论》1919 年 7 月 6 日。

社会组织进化论;二为关于现在的理论,就是他的经济论,也称资本主义的经济论;三为关于将来的理论,就是他的政策论,也称社会主义运动论,就是社会民主主义。离了他的特有的唯物史观,去考他的社会主义,简直的是不可能,因为他根据他的史观,确定社会组织是由如何的根本原因变化而来的……预言现在资本主义的组织不久必移入社会主义的组织,是必然的运命……他这三部理论,都有不可分的关系,而阶级竞争说恰如一条金线,把这三大原理从根本上联络起来。"①这里的阶级意识就是"庶民"阶级、"劳工"阶级,所以,李大钊把第一次世界大战的结束视为"资本主义失败、劳工阶级战胜",而"劳工主义的战胜,也是庶民的胜利"②。

第三,改造的主体与对象发生了互换现象,原来作为被改造、被启蒙的对象——国民尤其是没有经受启蒙的农民和工人,现在成为改造的主体,而原来作为改造主体、启蒙主体的知识精英现在开始要接受改造,要向劳工阶级学习。请看李大钊的呼喊:

"在都市里漂泊的青年朋友们啊!你们要晓得:都市上有许多罪恶,乡村里有许多幸福;都市的生活,黑暗一方面多,乡村的生活,光明一方面多;都市上的生活,几乎是鬼的生活,乡村中的活动,全是人的活动,都市的空气污浊,乡村的空气清洁。你们为何不赶紧收拾行装,清还旅债,还归你们的乡土?……早早回到乡里,把自己的生活弄简单些,劳心也好,劳力也好,种菜也好,耕田也好,当小学教师也好,一日把八小时作些与人有益与己有益的工作,那其余的工夫,都去作开发农村、改善农民生活

---

① 李大钊:《我的马克思主义观》,《李大钊选集》,人民出版社 1978 年版,第 176 页。
② 李大钊:《庶民的胜利》,《新青年》第 5 卷第 5 号。

的事业。一面劳作、一面和劳作的伴侣,在笑话间商量人向上的道理,只要知识阶级加入了劳工团体……只要青年多多的还了农村……那些掠夺农工、欺骗农民的强盗,就该销声匿迹了。

"青年呵!走向农村去吧!日出而作,日入而息,耕田而食,凿井而饮,那些终年在田野上作的父老妇孺,都是你们的同心伴侣,那炊烟锄影鸡犬相闻的境界,才是你们安身立命的地方呵!"①

这是一种大转向的信号,从鲁迅笔下那封闭、落后的"未庄",那"苍黄的天底下,远近横着几个萧索的荒村,没有一些活气"②的"故乡"到李大钊笔下的"幸福"、"光明"、"空气清洁"、充满"人的活动"的乡村,充满着田园牧歌的乡村;从鲁迅笔下那些被"哀其不幸"、"怒其不争"、麻木愚昧并且保留着诸如精神胜利法的闰土、阿Q形象到李大钊开始的"劳工神圣"的呼喊,这不仅标志着中国知识人情感取向的大转移,更主要的是历史角色的互换,钱杏邨在20年代写的《死去了的阿Q时代》中便明确意识到:"现在的农民不是辛亥革命时代的农民,现在农民的趣味已经从个人走上政治革命的一条路了!"钱氏宣布:"阿Q时代早已死去了!阿Q时代是死得已经很遥远了!"③这样,一方面,阿Q们不仅不是被启蒙、被改造的对象,反而成为改造中国知识分子的主体力量,成为对知识分子进行"再教育"的历史角色。周君南的《中国实行平民政治之研究》亦认为,世界潮流"由'法国式'革命变而为'俄国式'革命,于是社会阶级易位,而劳动者变为主

---

① 李大钊:《青年与农村》,《李大钊选集》,第149—150页。
② 鲁迅:《故乡》,《鲁迅全集》第1卷,第61页。
③ 《文学运动史料》第二册,上海教育出版社1979年版。刘再复曾对此作过阐发,详见《两次历史性的突破》,载《人民日报》海外版,1989年4月27日。

体"①。李大钊在《平民主义》一文中也强调这种转向:"现在的平民政治,正在由中产阶级的平民政治向无产阶级的平民政治发展的途中。"而另一方面,经受过现代民主教育作为启蒙主体的中国知识精英,开始要"走向农村",在那种"日出而作、日入而息、耕田而食、凿井而饮"的田园牧歌中,来改造、来净化"有许多罪恶"的"都市上"带来的"肮脏"的灵魂,五四后期的工读主义思潮便带有某种改造知识分子"肮脏"灵魂的色彩,工读主义要求人们打破"劳心"、"劳力"的区分,"工和学并立,做工的是一定要读书,读书的人一定要做工,绝对反对做工的人可以'目不识丁,蠢如鹿豕',读书的人可以'高其身价,坐享福禄',一心想把我国几千年来'贵学贱工'的一种谬见,一扫而空"②。一般的提倡"工读"并没有错,通过勤工俭学来培养青年学生的经济独立能力,培养动手能力,甚至对身体健康、增长见识改造社会都有好处。但是仔细考察,就会发现工读主义的一种偏向,美化农村、工厂,夸大农民、工人的革命性和道德觉悟,从而贬低知识分子的职业,忽略中国知识精英的启蒙作用,工读主义者反问道:"做工的穷人没有力量读书受教育,这不是民智发达上的一种缺憾吗?读书的人不能做工,教育越发达,没有职业的流氓越多,这不是一种危机吗?"③教育本来作为衡量一个民族文明开化程度的标志,竟被视为制造"没有职业的流氓"的工具,人们甚至认为,读书可耻,当工人最光荣,"我很惭愧,我现在还不是一个工人"④。在20世纪20年代的工读主义思潮中,似乎已经胎动着60年代文革时期"上山下乡"、"接受再教育"的因子。

至此,改造国民性的主体和对象发生了互换,启蒙便发生了

---

① 周君南:《中国实行平民政治之研究》,《新群》第1卷第3号。
② 《工学会旨趣书一》,《五四时期的社团》(二),第501页。
③④ 《五四时期的社团》(二),第373、439页。

转向，而进入另一个时期了。纵观中国近代人文精神的历史演进，试作表格如下。

	19世纪后期至 1903年左右	辛亥（1903年后）至五四前期（1919）	五四后期（1919年后）
目标选择	英国模式（君民共主，议院制）严复的"中英合璧"	法美模式（民主共和，人权）孙中山、胡适之（中美合璧）、陈独秀	苏联模式（社会主义，庶民主义）李大钊
改造的内涵	"民"的高扬 整体主义、民本主义	"人"的崛起 "人权"、"人格"、"个人"概念的近代意义	启蒙的转向——阶级意识、劳工神圣
启蒙主体与对象	主体："不中不西"的新学家（康、梁）严复的意义 对象：开官智、开绅智	主体：中等社会（留日、留欧美学生）、陈独秀 对象：国民整体、民族劣根性（农民）	主体与对象的易位：知识分子开始与劳工易位

中西近代人文精神之比较

中西"人的近代化"各有一个术语,西方谓之"人的发现",中国谓之"新民"("新"作动词),亦称之"改造国民性"。瑞士学者布克哈特曾说过:文艺复兴有两大发现:一是外部世界的发现,一是人的发现。"文艺复兴于发现外部世界之外,由于它首先认识和揭示了丰满的完整的人性而取得了一项尤为伟大的成就"①,但是"人的发现"并不仅局限于15－16世纪文艺复兴运动,它至少应该包括从15－18世纪的文艺复兴、宗教改革、启蒙运动等内容,而中国"新民"思潮自从严复在1895年天津《直报》上发表《原强》提出"鼓民力、开民智、新民德"的"三民"思想,经梁启超的《新民说》,辛亥时期的国魂铸造运动,到五四时期改造国民性运动,最后至孙中山的"心理建设",构成了一股强大的改造国民性思潮。这两股思潮展现了中西方人的近代化的普遍必然的共性特点,又展示了中西方人的近代化丰富多彩的个性特色,对这两股思潮的比较研究,可以加深我们了解中西方走出中世纪的艰难历程。

---

① 布克哈特:《意大利文艺复兴时期的文化》,商务印书馆1979年版,第302页。

"人的发现"与"新民"思潮的相近点

中西"人的近代化"有着某种共同的特质和相似的规律性。

首先,中西方近代都有着"外部世界的发现"与"人的发现"的趋同性。布克哈特曾经把"外部世界的发现"作为西方近代"人的发现"的基本前提,而中国近代也几乎走过了同样的历程。我们知道,中世纪天主教神学把自然宇宙改造为一个人格化的宇宙,如多明我会僧侣托马斯·阿奎那认为:日月星辰是以地球为圆心、绕地球旋转的,最高处是上帝和天使们居住的天堂,地层深处则是撒旦居住的地狱。因此,中世纪人们的宇宙观念便是托勒密的地球中心说的神学化,确认地球中心论也就是确认人类中心主义,而人类不过是上帝创造的作品,于是地球中心论最终不过是确认上帝作为宇宙的中心主宰地位。这样,西方"人的发现"的一个前提便是发现人类所居住的地球的真正面目及其在宇宙中的真实位置,唯其如此,才能使"人"从神学化宇宙秩序中解放出来,而这却是通过"地理大发现"和自然宇宙的发现而得以完成的。

1487年,迪亚士抵达非洲最南端好望角,从此便揭开了地理大发现的序幕,随后葡萄牙人达·伽马抵达印度、哥伦布发现美洲、麦哲伦完成环球航行,从而使地球以一个完整的面貌出现在世人面前,人类生存的环境——地球被发现了。而另一方面,宇宙的观念也开始改变了,"哥白尼革命"导致了人类中心主义的失落,以地球中心论为基础的神学化宇宙秩序开始被"太阳中心说"突破了,而伽利略以他所发明的科学仪器望远镜证实了哥白尼的假设,到牛顿,则把一切日月星辰的运行、物体运动、潮汐涨落和物质的微观结构,纳入到一个数学——力学的和谐体系中,从而使自然界成为可以根据最简单的几条数学和力学原理加以精确描述和计算的对象。这样,上帝便从宇宙秩序中被放逐出去,宇宙的神学的、宗教的、唯灵的色彩褪去了,人们看到的只是一个机械的、力学的自然宇宙。"外部世界的发现",使西方近代人不是用神的眼光,而是用人的眼光来观察自己及其所处的宇宙世界了,人们从神的宇宙秩序中回到了人的自然世界、世俗世界中。

近代中国"人的发现"虽然不是走出神学宇宙秩序,却也有着相近的历程:走出伦理宇宙、走出中国中心的华夷秩序圈,回到真实客观的现实世界。在古典人文精神的"天人合一"命题中,宇宙自然万物的生成发展都展示着某种伦理目的论,董仲舒说:"仁,天心"①,"察于天之意,无穷极之仁也。人之受命于天也,取仁于天而仁也"②,宇宙与伦理合而为一。而且"天亦有喜怒之气、哀乐之心,与人相副"③,虽然是茫茫宇宙,林林万物,它们都是为着人间的伦理属性(仁)而生成,甚至动物野兽的虎狼蜂蚁也禀受着"天理"而成为"仁兽"、"义兽",反映着"万物有伦"的倾向,这便使宇宙世界烙上了泛伦理主义色彩,成为一种非自然性质的伦理宇宙。与此同时,由于人们一直生活在一种以中国为中心的华夷秩序圈中,因此就不仅在地理观念上将自己居住的地方视为"中心之国"(世界的中心),四周则是蛮夷之邦,而且在文化心态上则自认华夏文化第一。这样,到近代,"人的发现"的一个根本前提也和西方一样,首先便从"世界的发现"开始。

鸦片战争中国的惨败,首先导致了一部分觉醒的士大夫的"地理大发现",不过与西方不同的是,他们不是为了寻找黄金和香料,不是一种经济本能的驱使,而是为了富国强兵。从林则徐的《四洲志》、魏源的《海国图志》到徐继畬的《瀛环志略》、梁廷枏的《海图四说》、姚莹的《康輶纪行》,从王韬的《法国志略》、《漫游

---

① ② 董仲舒:《春秋繁露·俞序》,《春秋繁露·王道通三》。
③ 《春秋繁露·阴阳义》。

随录》、张德彝的《航海述奇》到容闳的《西学东渐记》、黄遵宪的《日本国志》、康有为的《欧洲十一国游记》等,便开始了中国"走向世界"的过程,人们开始感受到"四海万国具在目中,足破数千年茫昧"①,这样,以中国为中心的华夷秩序圈便被打破了,盲目自大的华夏文化优越感也在这种"世界的发现"中逐渐失落。与此同时,西方自然科学在洋务运动时期也开始传入中国,经过江南制造局、京师同文馆以及外国教会办的墨海书馆、盖智书会等机构的大量译介,数学、物理学、化学、天文、地质、地理、生物、医学等西方科技知识便涌进中国,随之而来的便是伦理宇宙向自然宇宙的转化以及人类起源进化论的广泛传播。

在康有为的《诸天讲》、唐才常的《质点配成万物说》、谭嗣同的《仁学》、章太炎的《菌说》、《视天论》等著作中,更多的已经不是"天人合一"的儒家伦理宇宙,而展现在人们眼前的是一幅由"质点"、"以太"、"电"、"热力"等组成的微观宇宙和"星云浮游"(康有为)、"质力相推"(严复)的宏观宇宙,宇宙大自然不是展示一种伦理目的论而是因果必然论趋向(即"不遁必然之理"),即从"万物有伦"走向"万物有因",从"天人合一"走向近代意义的"天人相分",宇宙自然的神灵的、伦理的色彩褪去了,自然宇宙裸露了。进化论则描述了一个生物不断演化、从细胞向人类递进的自然过程,尤其当儒家文化一次又一次制造关于人类先天良知、仁义道德的儒家神话时,进化论却揭开了人类过去那段卑琐的、下贱的、低劣的爬行动物的历史,"人"身上那种道德的、伦理的神圣光圈消失了,原来人的祖先不过是四足的哺乳动物——猿猴。这种把人还原为猿猴的科学虽然近乎残酷和不近人情,然而却是实实在在的真理,科学使人们发现了自身的兽性和自然本质。

---

① 《康輶纪行》卷 16。

马克斯·韦伯(Max Weber)曾把文艺复兴以来的现代化过程,阐述为社会文化趋向"理性化"(Rationality)过程,并形象地表述为世界在"解除魔咒",也即世界正由传统的文化理想、宗教观念、道德价值观中解脱出来,走向理性申张的时代。可以说,中西方"世界的发现"正是一个走出传统价值观念的"解除魔咒"的过程,外部世界的神秘的"魔咒"的解除,也正是人的"魔咒"的解除、"人的发现"的前提。

其次,西方"人的近代化"思潮与中国"新民"思潮都发现了某种相近的人性三结构。

西方"人的发现"乃是对人性三结构"知、情、意"的发现。文艺复兴运动的主要贡献就在于,恢复了人的感性存在(在文学艺术领域),人首先就是肉体感性生命和青春力量,人性的丰满首先是人的情感、自然情欲和本能的充盈。按照中世纪神学家圣·奥古斯丁的"双城"理论:上帝之城,由上帝决定得救的选民组成,"按照精神生活";而"人间之城"则由那些充满欲望的人组成,"按照肉体生活",实际上是魔鬼统治的地狱。中世纪神学从根本上鄙视肉体鄙视情欲,因此,文艺复兴的最大成果就在于恢复了人的感性存在——"情"的存在,充斥在文艺复兴文学艺术作品中的是青春、生命和力量的主题。当时理想的人格"首先是天然的人体,就是健康、活泼、强壮的人体"①,"强壮的身体、鲜艳的皮色、英俊的姿势"②构成了当时的审美追求。因此说,文艺复兴确认了人性结构的基本要素——"情"即感性(美)的存在。而宗教改革则是"意志"(意)的解放,路德改革的"因信称义"理论,排除了上帝与选民之间的中介——教皇教会,从而使外在的束缚转化为内在的信仰,只要你信仰上帝,灵魂就可以获

---

① 丹纳:《艺术哲学》,人民文学出版社1986年版,第75页。
② 丹纳:《艺术哲学》,人民文学出版社1986年版,第29页。

得"救赎";而加尔文教的"命定说"救赎理论亦确认,人的获救与否,根本与教会和"圣事"无关,而是"命中先定"的,人们只有通过现实世界中的禁欲苦行和勤奋工作,以此岸的成功来确证自己来世的得救(即尽"天职")。宗教改革破除了意志的他律性,即受外在的教会教皇控制,而确立了意志凭自我良知的自律性,信仰上帝与否完全属于自我意志的良知判断,也就是"意志自由"原则,这样便鼓励人们凭自己的信念去行动、去创造,成功就是善。从自然哲学中发展出来的科学,随着"哥白尼革命"和哲学中的"培根式革命"发展到法国的启蒙运动,最终确立了理性的权威,这就正如马克思曾经说过的:"在法国为行将到来的革命启发过人们头脑的那些伟大人物……他们不承认任何外界的权威……一切都受到了最无情的批判,一切都必须在理性的法庭面前为自己的存在做辩护或者放弃存在的权利,思维着的悟性成了衡量一切的唯一的尺度。"①这样,西方"人的近代化"过程便完成了人性三要素的发现,即"知"(理性)、"情"(感性)、"意"(伦理)的发现,而康德的《纯粹理性批判》、《实践理性批判》和《判断力批判》三大批判哲学则对真(认识论)、善(伦理学)、美(美学)作了一次综合性总结,这恰恰展示了近代上升时期充满活力的资产阶级对完整的知情意的人性之结构的发现。

中国近代思想家在"新民"思潮中也几乎提出了与西方相近似的人性三要素,那就是"德"、"智"、"力"的发现。严复最早提出"新民德"、"开民智"、"鼓民力"思想,这个思想严格说来,出自斯宾塞的《明民要论》(即《教育论》),在斯宾塞那里,是一种典型的教育思想,即德育、智育、体育思想。当然,在严复这里,也未尝不是一种教育思想,即中国最早的德、智、体思想的表述者,但是其意义却溢出了教育范围。"开民智"的根本意义就在于提倡

---

① 《马克思恩格斯选集》第3卷,人民出版社1982年版,第404页。

近代理性精神,反对盲从古人和圣人,提倡"自竭其耳目、自致其心思、贵自得而贱因人、喜善疑而慎信"①的怀疑精神和自我意识。正是在这个意义上,严复才积极提倡近代实证科学和逻辑学,以改造国人的智力结构;"新民德"强调的是对旧有的泛道德主义的批判,而提倡一种"开民自营"的功利主义伦理观,合理的"自营"就是"善";"鼓民力"一方面是对外在体质、肉体生命的追求,另一方面,在鲁迅的《摩罗诗力说》、《文化偏至论》等文中,"意力"、"强力"、"诗力"则体现为对审美化了的生命情感意志力量的肯定和追求。因此德、智、力的发现,和西方人的近代化一样,也是对人性三结构(知、情、意)的中国式表达。

第三,从"关系"范畴走向"实体"范畴,也是中西人的近代化的一个共同主题。在西方,"走出中世纪"是通过反对天主教的世俗统治——教皇教会和神学经院哲学开始的。在中世纪神学看来,人不过是处在一个以神为中心的等级秩序中占有一个被固定的和被决定的位置,"人类只是作为一个种族、民族、党派、家族或社会的一员——只有通过某些一般的范畴而意识到自己",也就是说,人不过是某种"关系",并且隶属于某种关系网络,并且使自己成为某种关系网上的一个附属部件。但是随着文艺复兴时代的到来,"这层纱幕最先烟消云散……主观方面也相应地强调表现了它自己:人成了精神个体"②。人文主义者比科·德拉·米兰多拉在《演说·论人的尊严》(1487)中认为,人的位置并不是固定的和被决定的,人有决定其自己处于更神圣或更低贱的位置的自由意志,路德在注释经书中认为,"我们看见,人是一种特殊的被造物,是为了分享神性和不死而被创造出

---

① 《严复集》第 1 册,第 29 页。
② 布克哈特:《意在利文艺复兴时期的文化》,第 125 页。

来的,因为人是比天地间所有一切东西都更好一些的一种被造物"①,宗教改革使"人们向良知呼吁,而不再诉诸教父和亚里士多德,诉诸权威,鼓舞着、激励着人们的,是内在的、自己的精神,而不再是功德"②,人从外在的教会神学转向"自我"复归,也就是从"关系"走向"实体"。人作为实体范畴,本身便具有某种"不可入性",这种"不可入性"便突出体现为个体的生命、财产、言论和思想的自由权,这个"实体"也就是马克思所称道的伊壁鸠鲁的"自由原子"。原子作为"实体"并不仅做一种被规定好了的必然的"直线运动",原子的自我"偏斜"运动,恰恰就是为了反抗某种宿命式的必然,马克思在《博士论文》中高度赞扬这种"偏斜运动""表述了原子的真实的灵魂、抽象的个体性概念"③。而在中国,"走出中世纪"的根本任务是打破伦常名教的人伦关系网,这一点严复深有感受:"西国言论,最难自由者,莫若宗教……中国事与相方者,乃在纲常名教,事关纲常名教,其言论不容自由,殆过西国之宗教。"④纲常名教也是一个关系网,君臣、父子、夫妻、朋友、兄弟等三纲五伦构成了一个严格的尊卑定位的宗法关系网,个体不过是这个网络中一个无足轻重的纽结,个人的命运是前定的、不可改变的。因此,"走出中世纪"促进人的解放,首先就要打破这个宗法关系网,使作为"纽结"的人从关系网中解放出来。谭嗣同的"冲破网罗"、梁启超的"道德革命",到五四时期蓬勃发展为以鲁迅、吴虞等人为代表推倒"吃人的筵席"、"打倒孔家店"的思想劲旅。他们强调打破宗法伦理关系网,使个体从"关系"范畴走向"自由原子"、走向实体范畴。然而五四以后,作

---

① 转引自《费尔巴哈哲学著作选集》(下册),三联书店1962年版,第773页。
② 黑格尔:《哲学史讲演录》卷4,第4—5页。
③ 马克思:《博士论文》,人民出版社1961年版,第21页。
④ 严复:《群己权界论·译凡例》。

为独立实体的个人最后又湮没在"民族救亡"的大群关系中,从而导致"人的近代化"的中断。

"人的发现"与"新民"思潮的相异点

由于文化背景、历史条件以及民族文化心理等的差异,又使中西近代人文精神表现出明显的不同。

第一,从文化渊源看,西方"人的发现"主要吸收了两大传统:古希腊—罗马文化传统与基督教传统,而"新民"思潮却是三种人文精神时空交错的结果。

西方"人的发现"首先是从文艺复兴运动开始的,"人文主义"这个概念体现了典型的古希腊罗马文化传统,Humanism 源于意大利文 Humanista 或 Studia Humanitatis(人文学科),而人文学科起源于西塞罗提出的培养雄辩家的教育纲领,尔后成为古典教育的基本纲领,后又转变为中世纪基督教的基础教育,这时的人文学科包括数学、语言学、历史、哲学和其他学科。文艺复兴时期,人文研究与神学研究相对立,正是在这个基础上开始了人文主义运动[①],古典希腊、罗马文化在建筑、造型艺术、语言、文学、诗歌、讲演、教育等方面,都深刻地影响了文艺复兴,尤其是文艺复兴对世俗文化(世俗主义)的重视,对人体的赞美、对青春、力量和自然情欲的歌颂(感性主义),都可以在古典文化中找到源头活水,所以布克哈特在"古典文化的复兴"一篇中指出:"自14世纪以来,在意大利生活中就占有如此强有力地位的希腊和罗马的文化,是被当作文化的源泉和基础、生存的目的和理想。"[②]而西方"人的发现"的另一个文化渊源却根植于基督教文化中,不仅基督教文化中"上帝面前人人平等"的观念可以转化

---

① 参见《简明不列颠百科全书》第6卷,第760页。
② 布克哈特:《意大利文艺复兴时期的文化》,第167页。

为近代"法律面前人人平等",基督教"博爱"原则可以转化为近代资产阶级"博爱"原则,最突出的是"资产阶级人格"问题,基督旧教(天主教)中的"救赎"理论、禁欲观念、"前定说"都被转化为新教伦理精神,从而导致资本人格的产生。在旧教即天主教看来,个人的"救赎"取决于人的善行和禁欲,而禁欲则意味着个人从现实世界中退隐下来,以苦身修行为目标,以隐居独处为特征,韦伯称之为出世的禁欲观。而加尔文教的"前定说"则强调以世俗职业中的成功确证自己是上帝的选民,从而把教徒引往现实世界的救赎之路,这样就把基督教的出世的禁欲观转化为"入世的禁欲观"。因此,在现实世界中的禁欲苦行和勤奋工作获得了"尽天职"的荣耀和成为上帝选民的资格,于是,清教徒"砰的一声关上了身后修道院的大门,大步跨入了市场生活"①。一旦这种入世禁欲主义的天职观风行开来并积淀为普遍的社会心态,构成近代人行为的内在驱动力时,"最终导致形成了冷静、禁欲、勤勉、刻苦、进取、工于计算且具有强烈的劳动能力和欲望。坚信劳动是上帝指派的人生义务的'职业人'的人格特征,这就是资本积累时期中产阶级的人格特征"②。

而中国近代"新民"思潮则是三种人文精神交错、融合的结果,即古典民本主义思潮与近代启蒙主义思潮与现代人本主义思潮相互作用的结果,尤其是决定"新民"思潮目标取向的西方近代启蒙主义与现代人本主义的交错与融合。18世纪曾被卡西尔称为"启蒙时代",这个时代是以平等的个人主义和天赋人权论为根本特征,而19世纪则出现了强烈的反个人主义的国家主义思潮和反平等的天赋人权的强权竞争理论。19世纪的德国理

---

① 马克斯·韦伯:《新教伦理与资本主义精神》,四川人民出版社1984年版,第139页。
② 参见苏国勋:《理性化及其限制》,上海人民出版社1988年版,第124页。

性主义哲学上承卢梭的"总意志"学说而发展出一种国家主义思潮,费希特、黑格尔都把民族、国家摆在第一位,个人附属于国家,国家是目的,而个人不过是实现目的的手段而已,铁血宰相俾斯麦的显赫政绩导致了德意志帝国的崛起,从实践上强化了国家主义理论,与此同时,英国斯宾塞的社会达尔文主义,从根本上摧毁了18世纪那种所谓理性的自然状态的天赋人权的神话,生存竞争和"优胜劣汰"构成了对18世纪平等博爱学说的严峻挑战,再加上19世纪末期尼采等人的强力意志,更是对那种18世纪"少数服从多数"的民主制的"多数专制"发起了全面反击。中国近代同时面临着这两个独立世纪两种对立的人文精神的选择,要18世纪平等式的法国个人主义还是19世纪德国式的国家主义,要平等博爱还是要强力竞争,这是一种典型的历史时差效应,启蒙的世纪与反启蒙的世纪同时撞入了近代人文思想界,再加之古典民本主义,使近代"新民"思潮表现出空前的复杂性和选择的困惑,它不同于西方"人的发现"那种上升时期的单向性发展。

第二,人文重心的差异。西方"人的发现"从主流来说是以"人"(个体)为重心,最主要关注的是个体的"自由";而中国"新民"思潮从根本上来说,还是以"民"(整体)为重心,最主要关注的还是"平等",这一偏差导致了中西方走上了各自不同的道路。

西方虽然曾出现了卢梭式的"总意志"的整体主义和"平等"观念,但是仍以个体和"自由"为重。从文艺复兴开始,强调的便是"个人的发展"、"自由人格的发展"[①],主张"独特的人"和"唯一的人"[②],并以个人的完美为追求目标:外在肉体生命、力量、风度、气质、个人的自然情欲等等,宗教改革呼唤的是个人的意志自由。洛克那种对基本人权如生命、自由、财产的神圣不可侵

[①②] 布克哈特:《意大利文艺复兴时期的文化》,第125页注①。

犯的深切关注,都体现出对个体的尊重和突出,正是这样才奠定了英美为代表的民主社会。而中国虽曾出现过严复那种对"自由"的关切和对"小己"、"开明自营"的尊重,梁启超、鲁迅、陈独秀等人也曾对西方以个体为基础的人本主义思潮和人权学说表示过兴趣,但是,构成近代中国人的近代化的主流的还是对"民"的关注,对"平等"的关注。康有为的《大同书》设计的恰恰是一个"天下为公、无有阶级、一切平等"①的没有剥削、没有压迫的"平等"社会,谭嗣同虽曾有过"冲破网罗"的个性呐喊,但更关注的还是一个"均贫富"的经济平等理想:"然无论百年千年,地球教化极盛之时,终须达到均贫富地步,始足为地球之一法"②;孙中山的"民生主义"的核心便是既要发展社会生产力又要避免资本主义残酷竞争所导致的社会不平等,他思考的中心兴趣仍然是"人民"、仍然是整体的社会平等;严复为了"国群自由",不惜牺牲和放弃一切"个人自由"。到五四后期,"民主"更成了平民主义、民本主义、庶民主义的同义语,变成了社会平等、反对压迫的代名词,如青年毛泽东便认为:"各种对抗强权的根本主义,为平民主义(德莫克拉西——作民本主义、民主主义、庶民主义)。宗教的强权、文学的强权、政治的强权、社会的强权、教育的强权、经济的强权、思想的强权、国际的强权,丝毫没有存在的余地,都要借平民主义的高呼,将他打倒。"③从个体出发,必强调"自由";从整体出发,必强调"平等"。这便是中西方近代人文精神的根本差异所在。形成这种差异的主要原因还在于:西方"人的近代化"过程是在没有外部威胁的环境下自然进行的,而中国"人的近代化"则由于民族救亡问题,使人的解放与国家民族的

---

① 康有为:《大同书》,第240页。
② 《谭嗣同全集》,第444—445页。
③ 毛泽东:《创刊宣言》,《湘江评论》创刊号(1919年7月14日)。

解放两大课题混在一起,后者压倒前者。处于战争状态的非常时期,民族救亡似乎更多需要的是强有力的领导、军营式铁的纪律约束和集团合作精神,这样,个体的自由、存在和价值就被忽视了,民族的解放在某种意义上限制、冲淡甚至挤掉了人的解放,而某些政治野心家则往往利用这一点而建立专制独裁统治。因此,中国"人的近代化"便是一次没有完成的近代化。

第三,心态不同:西方"人的近代化"过程被称为"人的发现",而中国人的近代化过程则常被称为"改造国民性"或"新民"思潮,这实际上反映了两种非常不同的心态。所谓"发现",则意味着在人身上已然存在着真、善、美,只是由于各种社会原因被埋没而没有发现,法国雕塑家罗丹曾说"生活中不是缺少美,而是缺少发现",也就是说,"美"只是被遮盖了,一旦揭开,美便存在。历史也的确是这样发展的,在中世纪,人是被鄙弃的,人的此岸世界、世俗生活就是假恶丑的渊薮,是魔鬼的世界,这个观念一直支配着人们的精神世界。只有到文艺复兴时代,人们才惊喜地发现,"人是一件多么了不起的杰作,理性是多么高贵,力量是多么无穷!仪表和举止是多么优雅多么出色!论行动,多么像天使!论知识,多么像天神!宇宙的精华,万物的灵长"①,"人的高贵超过了天使的高贵"②,支撑着这种"发现"的是昂扬向上的乐观主义情绪,一种自信和自豪。同样,当人们发现自身的理性科学的巨大威力时,培根便发出感叹:"知识就是力量。"他在《新大西岛》更抑制不住这种乐观主义情绪:"具有辉煌成就的新时代即将到来,伟大的事物即将诞生,大地和社会的面貌行将改变。"

然而支撑着中国近代改造国民性思潮的是一种什么样的心

---

① 莎士比亚:《哈姆雷特》。
② 但丁:《神曲》。

态呢?"改造"(或曰"铸造"、"自新")这个词本身就意味着,在"人"本身上就存在着某种不好的或者是劣根性的东西,只是被掩盖而没有意识到(如天朝上国的文化优越感),而现在已经意识到,所以要进行人为的改造,使之趋向好的方面。"改造"和"发现"刚好相反,"改造"确认了自身的劣根性前提,而这种劣根性一直被遮盖了而没被发现出来,只有在这时,人们才真正发现了自身的劣根性。因此充溢于近代国民性思潮中的往往是悲愤多于乐观、忧患多于自信,"改造"的背后多少含有一种忍辱负重、卧薪尝胆式的忧患与发愤、压抑与扩张、自卑和自强的混合心态。在乾隆皇帝接见英国公使马戛尔尼时,支撑着他的是一种傲慢、虚骄、狂妄和无知的"天朝心态",这种心态实际也是国人在鸦片战争前所普遍保留的心态。然而到了晚清思想界,这种心态失落后便产生了一种强烈的"病夫意识",梁启超曾痛心疾首地指出:"二千年之腐气败习……遂使群国之人,奄奄如病夫","其人皆为病夫,其国安得不为病国也"。① 蒋百里在《军国民之教育》中亦满怀痛苦地承认:"东方病夫国二:支那与土耳其是也。"② 目睹着"民力已苶、民智已卑、民德已薄"的现状,富于理性的严复也感叹道:"中国者,固病夫也。"③ 这种强烈的"病夫"意识,正是促使严复、梁启超们最早提出"新民"和改造国民性的心理动源,充溢在他们内心的那种悲愤是西方"人的发现"过程中不曾见到的。也可以说,西方"人的发现",是在近代西方人的生命情感、意志和理性已经发展到呼之欲出时,而对宗教神学教会统治的自然冲破,而在中国,"改造国民性"则是在中国国民的人格精神已经沦落到"东方病夫"的境地而人为发起的拯救

---

① 梁启超:《新民说·论尚武》。
② 蒋百里:《军国民之教育》,《壬寅新民丛报》汇编本,中册,第579页。
③ 《严复集》第1册,第13页。

运动,这也就决定了中国人的近代化的艰难性和悲壮性。

在中西方近代人文精神比较中,我们发现,西方最终完成了人的近代化,而中国则没有能完成"人的近代化",这突出表现在如下几方面:首先,西方"人的近代化"过程有着广阔的空间跨度,席卷了几乎整个西欧、北美;也有广阔的时间跨度,从15世纪文艺复兴到18世纪启蒙运动,有三四百年时间,人们有充分的时间,反复地实践,这样"人的近代化"过程便是一种有着内在驱动力的自然发生过程,整个人文启蒙便达到成熟的水平。而中国人的近代化过程从空间跨度上看,主要集中于东南沿海省会城市,而广大的乡村与中小城市几乎没有受到人文启蒙的影响,在时间跨度上则浓缩在戊戌到五四的不到半个世纪的时间内,而且主要是在外在的民族危机的刺激下开始的,以西方为榜样,便带有外铄的特征而缺乏内在驱动力。其次,西方"人的近代化"几乎影响到各领域,波及社会各层面,在文学领域中人的感性生命的发现,哲学、科学领域中理性权威的确立,伦理领域中自由意志的弘扬,另外,经济领域中那种勤俭禁欲、工于计算的资产阶级人格精神、工人中的自由雇佣,农民在圈地运动中土地的丧失,这种社会经济结构的大变动正是人的近代化得以实现的基础;而中国"人的近代化"只影响到知识层面,中国农民、广大小市民基本没有走出古典人格结构,实质上中国"人的近代化"只是近代知识分子的观念形态上一次不成功的近代化,整体的深层结构并没有得到转换。第三,由于中国"人的近代化"是一次没有成功的观念近代化,因此其成果远逊于近代西方,中国近代无论是文学艺术创作、思想理论和科学研究等,都缺乏成熟的、系统的、具有独创性的文艺作品、思想体系和科学发明,因此,近代中国就没有诞生文艺复兴时代但丁、达·芬奇、莎士比亚那样伟大的文学家、艺术家,没有诞生哥白尼、牛顿、培根、笛卡尔、巴斯噶那样伟大的科学家、哲学家。当然,我们不能苛求于前人，因为毕竟是在一个有着几千年历史文化积淀的古老民族中开始的近代启蒙，毕竟是在一个需要抛头颅、洒热血、需要行动和献身的救亡时代。

然而，即便是一次不成功的短时期的"人的近代化"，也给后人留下一笔非常可观的文化遗产，这便是由严复开始的近代人文精神的重建。

近代理性自由思想与浪漫自由主义

"民主"作为中国知识人追求的目标,曾经在近代中国产生了持久的魅力,并在五四后期与"科学"并列为两大口号。然而延续了几十年的近代民主启蒙,却并没有将中国导向民主法制的现代轨道。除了当时各种客观因素如民族危机等等外,是否近代民主启蒙思潮理论本身从一开始就有误导的倾向呢?也就是说,中国没有步入现代民主社会,有没有根本的理论失误呢?这的确是一个引人深思的课题。笔者认为,民主作为现代政治运作形式仅仅只是手段。"民主"真正的目的是"自由"。现代西方民主制度的理论基础根源于近代西方两大自由思想体系,即洛克体系和卢梭体系。洛克体系貌似英国保守风格却孕育了现代英美民主自由体制,卢梭体系貌似激进民主却在近代西方带来了始料未及的负面效应并在一定程度上反而构成了对自由与民主的否定。而在近代中国,洛克体系却影响甚微,评价甚低。而卢梭体系尤其是卢梭精神却在中国产生了持久的影响。中国近代以中国式民本主义传统接纳了卢梭精神而排斥了洛克体系,浪漫自由主义压倒了理性自由。

西方两大自由体系的分野

西方世界第一个以法律形式颁布的人权宣言是美国独立战争时期由杰弗逊起草的《独立宣言》(1776年),被马克思称之为

"第一个人权宣言"。但这个宣言很大部分是讨论民族独立与自由问题。真正影响最大、最完整的人权宣言则是1789年法国大革命时期的《人权和公民权宣言》(La Déclaration des droits de L'homme et du citoyen)。

人们普遍认为《人权与公民权宣言》体现了法国启蒙思想,这自然有一定道理。但仔细考察就会发现,《人权与公民权宣言》之所以在欧洲引起强烈反响,并不仅在于它是法国启蒙思想的产物,而是在很大程度上,融合了西欧两大自由思想体系精神,也就是洛克体系(法国伏尔泰、孟德斯鸠实际更接近于这一体系)和卢梭体系。洛克派强调"人权论",而卢梭强调"人民主权论"。洛克关心的是独一无二的个体"人",而卢梭关注的是"人民"或"公民"。正如美国学者萨拜因指出的,在卢梭思想中,"正是由于社会,他们才成其为人;基本的伦理范畴是公民而不是人"①。与此十分吻合的是《人权与公民权宣言》标题就包含了两个部分:人权与公民权。这不啻是说宣言就是洛克(人权)+卢梭(公民权)。

《人权与公民权宣言》,全文条文共17条。前面两条作为基本原则强调的是人的自然权利即人权。后十五条则是对主权性质以及公民的权利、义务等的基本规定。《宣言》第二条规定"保存人的自然的和不受时效约束的权利是任何政治结合的目的。这些权利是自由、财产、安全以及对压迫的反抗";第十七条重申"财产是神圣不可侵犯的权利。除非在公众必需,经合法认定并系显然需要,且在公平和预先赔偿的条件下,不得剥夺任何人的财产"。这两条对个人财产、自由的关注不属于卢梭体系,而是洛克自由思想的精髓所在。其中比较典型反映卢梭体系的是第三、六条。第三条规定:"整个主权(Toute souveraineté)原则本质

---

① 萨拜因:《政治学说史》下册,商务印书馆1986年版,第652页。

上属于国民（Nation）。"第六条规定："法律表达总意志（La volonté generale）。"①前者是"主权在民"，后者是卢梭的"总意志"说。

总的来说，洛克侧重的是"人权"（Les droits de L'homme）。卢梭关注的是"主权"（Souverainete）。其思想分野在于：

第一，洛克强调的是个体（individu）的人权，他把个体视为自由的实体，强调个体的开明的自利性，而卢梭关注的是"总意志"（La volonté generale），是"集体"（Communauté），是"人民"（Peuple），是"公共之我"（Moi commun）。萨拜因指出，在洛克派看来，"是以完全成熟的个人为出发点，赋予他们一整套利益和筹划盘算的能力——追求快乐的欲望、所有权的观念，同别人交往讨价还价、订立协议的能力……"②，而卢梭强调的恰恰相反："我们每个人都以其自身及其全部的力量共同置于总意志的最高指导之下。并且我们在共同体中接纳每一个成员作为全体之不可分割的一部分。"③于是就产生了一种"公共之我"，"这一由全体个人的结合所形成的公共人格（Personne publique），以前称为城邦（cité），现在则称为共和国（Republique）或政治实体（Corps Politique），当它是被动时，它的成员就称它为国家（Etat）；当它是主动时，就称它为主权者（Souverain）；而以之和它的同类相比较时，则称它为政权（Puissance）。至于结合者，他们集体地就称为人民（Peuple）；个别的，作为主权权威的参与者，就叫作公民（Citoyens）；作为国家法律的服从者，就叫做国民（Sujets）。但是这些名词往往互相混淆，彼此通用"④。卢梭首先关注的是人的"公共性"（即"公共人格"），并且在他看来，公共人格

---

① La Grande Encyclopédie Vol. 7. Larousse, P. 3080.
② 萨拜因：《政治学说史》下册，第651页。
③ Rousseau Oeuvres Complètes Vol. 2. Editions du Seuil, 1971, P. 522.
④ Rousseau Oeuvres Complètes Vol. 2, P. 522—523.

和国家、政权、人民、公民是合二为一的。在这里他几乎排斥了个人的"私人性"、排斥了个体作为独立的实体的"不可人性",他把"人格"赋予"公共性"从根本上说是反欧美传统的。

第二,洛克强调从自然状态走向契约社会,个体的基本人权是不可转让、不可委托的,洛克所谓人权就是指"生命、健康、自由和财物"①的神圣性,这些基本人权任何人都不能以任何名义(无论个人名义还是诸如人民"大多数人"名义)予以剥夺。而卢梭强调的是"平等",尤其在结成契约社会后,必须把自由、财产等基本人权无保留地、一次性地全部转让给人民的"总意志"。卢梭强调:"每个人都把自己全部地奉献出来。所以对于所有的人条件便都是同等的。"②英国哲学家罗素一针见血地指出,卢梭的民主思想中恰恰包含了最不民主的思想,即"取消自由和全盘否定人权说的意思"③,因为"总意志"在实际操作中只能是大多数人的意见,只要"人民"(大多数人)同意,就可以取缔人权。卢梭对待财产更是反洛克式的,"共同体的每个成员,在集体形成的那一瞬间,便把当时实际情况下所存在的自己——他本身和他的全部力量,而他所享有的财富也构成其中的一部分——献给了共同体"④,卢梭明确反洛克原则的私有财产神圣不可侵犯性,实质上是反中产阶级财产私有制。

第三,洛克强调个体的自利性,从某种意义上也就是强调人性非道德论,并从非道德论推出民主政治的非神圣性。马基雅弗里、霍布斯、洛克等人几乎都从人性本恶的角度,来推出民主政治。在洛克看来,"堕落的人的腐化和罪恶"⑤总是存在的。

---

① 转引自罗素:《西方哲学史》下卷,第158页。
② Rousseau, ibid, P. 522.
③ 罗素:《西方哲学史》下册,第238页。
④ Rousseau, ibid, P. 524.
⑤ 洛克:《政府论》下册,商务印书馆1964年版,第79页。

人的本质总是自私的，个体总是不断地追求金钱、地位和权力，因此在政治社会中，权力总是一种诱惑，一种腐蚀剂。权力冲动几乎是人的一种本能，用学者阿克顿的名言说："权力就是堕落，绝对权力就是绝对堕落。"因此，政体政治从本质上说，没有理想类型，而只能追求最低要求，也就是说不存在最理想、最好的政治类型，只能寻找比较不坏的政治类型，民主政治不是最好的政体形式，它可以是一种比较不坏的政体形式，这也就是美国著名政治哲学家罗尔斯《正义论》中的著名原则"最大的最小值"（Maximinrule），即"选择那种其最坏结果相比于其他选择对象的最坏结果来说是最好结果的选择对象"。因此，"人民"首先必须以个体为前提，个体的基本人权在任何条件下都不能委托或转让给任何个体自身之外的人或群体，一旦"人民"成为一种偶像，它就会掏空个体，必将产生暴政，个体人权将丧失殆尽。

而卢梭则将"人民主权"论立足于道德论、伦理论基础之上。萨拜因教授认为，卢梭从柏拉图那里接受了两点影响：首先，政治基本上属于伦理性质，法律和权力只是第二位的；其次，一切城邦的内在原则是，社会必须主要是一个道德感化机构。因此，卢梭强调"个人乃是从社会得到精神和道德的能力的"①，萨拜因进而指出，卢梭的《论人类不平等的起源和基础》恰恰认为，人是能够"超越于自利思想之上，人们有一种固有的感情，即厌恶别人受苦，社会交往的共同基础不是理性而是感情，除了反常的人以外，无论什么地方有苦难，总是直接令人感到痛苦的。就这一点而言，人是'天生'性善的"②。卢梭"总意志"的结果便是"产生了一个道德的与集体的共同体（Un corps moral etcollec-

---

① 萨拜因：《政治学说史》下册，第 652 页。
② 同上，第 654 页。

tif),以代替每个订约者的个人"①。卢梭又说:"什么是公共人格?我回答说,它就是人们所称之为主权者的,由社会公约赋之以生命而其全部的意志就叫做法律的那个道德人格。"②卢梭之所以相信"人民"的"总意志"是正确的,代表公意的,其基础就在于他相信人性本善,相信人的道德力量。因此,"总意志"恰恰是一个道德集合、道德化身,是不会失误的。

  第四,洛克的"自由"观是一种"划界"的自由,是一种理性自由。所谓"划界",强调在个体与群体(如国家、人民等等)之间,有一条不能逾越的界限,属于个体基本人权范围的可以自由行使,任何他人或群体都不能干涉。所谓"理性自由",强调的是政治社会中理性秩序的自由,即法治下的自由,除了法律之外,个体不服从任何法治外的权威。在法律之下,个人放弃了某些任意妄为的权利,是为"消极自由",即一种操作上的最低要求。而卢梭"自由"观的深刻矛盾就在于,它一方面提倡情感上的浪漫自由,卢梭作为"浪漫主义运动之父,是从人的情感来推断人类范围以外的事实这派思想体系的创始者"③,而浪漫主义自由观实质在于"把人的人格从社会习俗和社会道德的束缚中解放出来",它鼓励一种"狂纵不法的自我"④。它表现为对一切秩序的愤恨和冲破,体现为一种理想的最高要求,是谓"积极自由";而另一方面他又强调"总意志"高于个体。他说:"任何人拒不服从'总意志'的,全体就要迫使他服从'总意志',这恰恰就是说,人们要强迫他自由(On le forcera d'être libre!)。"⑤"强迫"(forcer)从本质上就是反"自由"(Libreté)的,在卢梭这里,反而成为达到"自由"的手段。罗素在评价卢梭这种浪漫自由与总意志的矛盾

---

  ① Rousseau ibid,P. 522.
  ② 卢梭:《社会契约论》,注[4],商务印书馆1963年版,第25页。
  ③④ 罗素:《西方哲学史》下册,第225页、第224页。
  ⑤ Rousseau, ibid,P. 524.

集合物时,一针见血地指出,卢梭不过是"那种与传统君主专制相反的伪民主独裁的政治哲学的发明人"①。

卢梭体系的根本问题就在于:第一,把"总意志"视为一种超越一切个人之上的实体和神圣物,并抬出一个无所不有的绝对至上的主权者——人民。这样,当个体将其基本人权拱手上交"人民"的"总意志",个体便被掏空了一切,个体便成为一个被"强迫自由"、强迫作直线下降运动而不能作"偏斜"运动的必然之网上的原子。"总意志"是近代的整体优先原则的整体主义,或整体专制主义;第二,当法律赋予"人民"、"总意志"、"国家"以无限权力而对"人民"、"总意志"本身却不能实施一种约束、制裁机制时,"人民"公意便会转化为"人民"暴政,"人民"就会成为某些政治野心家、政治集团偷运专制暴政的护身符。卢梭精神在法国大革命中便被转化为雅各宾恐怖专政,罗伯斯庇尔接过了卢梭"总意志"宣称:"我们的意志就是总意志。"又说:"那么是不是我们的政府跟专制主义没有两样呢?说得对!正像自由的英雄手中挥舞的刀剑与暴政的帮凶所武装起来的刀剑毫无二致一样……革命政府是自由反对暴政的专制主义。"②这种露骨的专制主义口吻正好证明了恩格斯所说的:"卢梭的社会契约在恐怖时代(指雅各宾暴政)获得了实现。"③到十九世纪,卢梭的"总意志"便转化为德国的国家主义,"他对集体意志和参与公共生活的思想在黑格尔的唯心主义哲学中得到了充分的体现"④,这就是黑格尔的"民族精神"实际上即是普鲁士容克精神,最终发展为希特勒法西斯主义,这是"总意志"提倡者卢梭本人所始料未及的。

---

① 罗素:《西方哲学史》下册,第 225 页。
② 转引自萨拜因:《政治学说史》下册,第 663 页。
③ 《马克思恩格斯选集》第 2 卷,第 297 页。
④ 萨拜因前揭书,第 666 页。

而洛克那种貌似保守的英国风格的自由民主体系,反而在英美等地区导致了一种民主的良序政治,从而避免了那种动乱频繁、暴力流血的非理性的巨大社会震荡,造成了一种既有社会活力又保持社会动态和谐稳定的连续性的良序社会状态。

所以,英国大哲罗素直截了当地指出:"希特勒是卢梭的一个结果,罗斯福和丘吉尔是洛克的结果。"①

两大自由体系在近代中国的偏失

当我们认为两大自由体系在近代中国发生偏失时,一方面是指,真正在中国近代激起大潮的是卢梭体系,而洛克体系除了在严复那里能看到一些痕迹外,几乎没什么影响;另一方面是指,洛克精神所代表的那种对个体基本人权如自由、生命、尤其是财产的不可转让问题的深切关注以及对理性自由的重视的精神,在近代民主启蒙中却远远被忽视,而卢梭精神所代表的那种对"平等"的关注,尤其是对财产平等、经济平均和人民主权的整体主义精神以及那种浪漫自由主义精神,却在近代民主启蒙中,成为具有持久魅力的主题。

十九世纪后期,中国民主启蒙的目标选择虽然趋向于英国模式,但人们仅仅只是皮相地看到了英国的议会制和所谓"君民共主"思想,根本没有触及到英国民主政治的内在实质,更没有触及洛克体系。下面这段史料曾经被给予相当高的评价,认为是中国近代最早提倡资产阶级君主立宪制,我们不妨来讨论一下:

"泰西列国……其都城设有上下议院,上院以国之宗室勋戚及各大员当之,以其近于君也;下院以绅耆士商,才优望重者充之,以其迩于民也。凡有国事,先令下院议定,详达之上院,上院

---

① 罗素前揭书,第225页。

议定,奏闻国主。若两议院意议符合,则国主决其从违;倘彼此参差,则或令停止不议,或覆议而后定,故泰西政事,举国咸知,所以通上下之情。期措施之善也……即此一事,颇与三代法度相符。所冀中国,上效三代之遗风,下论泰西之良法,体察民情,博采众议,务使上下无扞格之虞,臣民泯异同之见,则长治久安之道,有可预期者矣。"①

笔者认为,这段文字不仅没有触及到洛克体系的政治精神,而且提及的议院制度,其内在精神,仍然是古典民本主义:第一,在郑观应看来,议会制设立的目的是"长治久安"。那么谁"长治久安"呢?从上下文的内在逻辑看,郑氏离开主权论来论议会制,其结果只能是专制君主的"长治久安"。按照洛克体系,最高目的是人权问题,进入政治社会,人权即成为"主权"问题即涉及"主权者"一系列权利义务问题,主权论解决后,才是政体的权力制约与均衡问题,政体的权力制衡原则恰恰是手段,即维护"主权者"(公民)利益的手段,在制衡问题上才出现两权(洛克)或三权(孟德斯鸠)分立,于是立法、司法、行政分立,立法机构便是议院,议院等政体形式仅仅只是实现人权的手段。郑观应离开目的谈手段的引进,议会制就完全可以还原为"三代之治":"列国如有政事,则君卿大夫相议于殿廷,士民缙绅相议于学校。"②近代议员也可还原为汉之议郎、唐之台谏③。

第二,因为视君主的"长治久安"为目的,这样,"民情"、"众议"便只是作为手段而供君主"体察"、"博采"而已,君主仍然高高在上,俯视一切,议院制充其量不过是使昏君变为贤君的手段而已。

第三,在郑氏看来,议院可以"泯异同之见",而没有看到有

---

①② 郑观应:《易言》上卷《论议政》。
③ 郑观应:《盛世危言增订新编》卷1。

"异同之见"恰恰是近代民主社会言论自由、思想自由的标志。在早期改良派这里,看不到洛克体系那种对人权的深切关注,在戊戌改良派那里,也遭到了几乎同样的命运。在梁启超的系列"学案"中,培根、笛卡尔、达尔文、孟德斯鸠、卢梭、边沁、颉德等人,都以专篇论及。但洛克却遭到了冷落,仅在"卢梭学案"中一笔带过"民约之义,起于一千五百七十七年……其后霍布士、陆克(即洛克)皆祖述此旨,渐次光大,及卢梭,其说益精密,遂至牢笼一世,别开天地"①。梁启超并没有意识到洛克、卢梭的根本冲突,而是将洛克置于卢梭的阴影下,严复是典型的"中英合璧",但他似乎也没有对洛克本人过分地看重:"至于今,自英之洛克,法之孟、卢诸家说出,世乃以庶建民主,为治国正轨。"②又说:"专制之民,以无为等者也,一人而外,则皆奴隶,以隶相尊,徒强颜耳。且使谛而论之,则长奴隶者,未有不自奴隶者也。汗德(kant)、洛克、孟德斯鸠、斯宾塞诸公,皆证论之矣。"③然而,严复对洛克精神的把握,却在近代中国唯此一人。他最早提出"天赋人权","唯天生民,各具赋畀,得自由者乃为全受";最早表述了对基本人权的关注:"侵人自由者,斯为逆天理,贼人道。其杀人伤人及盗蚀人财物,皆侵人自由之极致也。"④自由,生命和财产恰恰是洛克精神的根本。同时,他把《自由论》(密尔)翻译成《群己权界论》,意在探求大群与小己之间的自由度即划界问题,表明他对洛克式理性自由的深刻领会,尤其是把"自由"当作目的、本体(自由为体),把"民主"作为手段工具(民主为用),可谓准确把握了洛克派自由体系的精髓。不仅如此,严复对洛克体系的后承者如穆勒、亚当·斯密、斯宾塞均十分关注,即使孟德

---

① 《饮冰室合集》文集之六。
② 《严复集》第 4 册,《法意》按语,第 944 页。
③ 《严复集》,第 954 页。
④ 《严复集》第 1 册,第 3 页。

斯鸠,其思想也更接近于洛克派英国风格。然而,严复对卢梭却十分冷淡,他宁愿翻译孟德斯鸠的《法意》却冷落卢梭《社会契约论》,这并不是一种偶然的遗漏,而是对卢梭体系的某种排斥所致。

严复早在1899年动手翻译而于1903年出版的《群己权界论·译凡例》中就批评卢梭说:"卢梭《民约》其开宗明义,谓'斯民生而自由',此语大为后贤所呵。亦谓初生小儿,法同禽兽,生死饥饱,权非己操,断断乎不得以自由论也。"而在1904～1909年出版的《法意》按语中亦说:"往者卢梭《民约论》,其开卷第一语,即云斯民生而自由,此义大为后贤所抨击。赫胥黎氏谓初生之孩,非母不活,无思想,无气力,口不能言,足不能行,其生理之微,不殊虫豸,苦乐死生悉由外力,万物之至不能自由者也,其驳之当矣。"①到1914年,严复在《庸言》杂志发表《民约平议》更对卢梭展开了系统的批判。第一,卢梭所谓人生而自由平等,无论人类历史早期还是个体历史早期(儿童期),都不存在所谓"自然之境"的自由平等。他认为,没有自治能力的小孩不存在所谓"自由",草昧时期初民混沌状态更不存在"自由""平等",他强调自由平等是一种理性秩序下的自由(法律下的),"是故自由平等者,法律之所据以为施,而非云民质之本如此也"②。十九世纪西方自由主义者和进化论者已经否定了"自然状态"的历史存在,而认为"自然法"或"自然状态"只能是一种逻辑假设,严复将卢梭理论斥之为"华胥、乌托邦之政论",显然具有十九世纪眼光;第二,强调理性自由,反对浪漫自由,强调竞争原则的平等,反对竞争结果的平等。他认为卢梭"言自由而日趋于放恣,言平

---

① 《严复集》第4册,第986页。
② 《严复集》第2册,第337页。

等而在在反于事实之发生"①,表现出对"放恣"的浪漫自由的鄙视,而强调自由本身乃是一种理性要求,它只能对于"力、智、德"相对发达的民众才能实现。"且夫自由,心德之事也……吾未见民智既开,民德既丞之国,其治犹可为专制者也"②。他从介绍进化论以后,更多的是强调竞争,而反对"平等",他指出,不平等是一种普遍的历史存在,从个体来说,"贤不肖智愚勤惰异耳",这本身就是一种先天的自然不平等,由这种个人"自然不平等"造成的社会的不平等结果并不应该否定,因为"均是人也,或贵焉,或贱焉,或滋然而日富,或塌然而日贫,此不必皆出于侵陵刮夺之暴,亦不必皆出于诡谲机诈之欺也"③。这就是说,由合法手段达到的贫富、贵贱悬殊的竞争结果的不平等,恰恰是人类进化的正常现象,所以严复说:"由此言之,则社会最后之事,固必出于竞争。"④而"平等"的关键不在于卢梭的社会平均主义,而在于"平等"的竞争原则,这就是法律,"至于平等,本法律而言之,诚为平国要素,而见于出占投票之时"⑤,公众"投票",它只保证竞争原则的平等(公平竞争),但不保证竞争结果的平等(有入选者,也有落选者);第三,反对卢梭财产平均说。严复认为,"卢梭所以深恶不齐者,以其为一切苦痛之母也……由是深恨痛绝,一若世间一切主产承业之家,皆由强暴侵陵诪张欺诈而得之"⑥,把一切财富的起源全部归结为人的欺诈所得而忽视人的勤奋积累和艰苦创业,严复认为完全是"动于感情,悬意虚造,而不详诸人群历史之事实"⑦。事实上"无论何国,其产业起点,皆由于草莱垦辟者为最多,而不必尽由于诈力"⑧,因此,财富并不

---

①⑤ 《严复集》第 2 册,第 337 页。
② 《严复集》第 4 册,第 986 页。
③ 《严复集》第 2 册,第 336 页。
④ 《严复集》第 2 册,第 339 页。
⑥⑦⑧ 《严复集》第 2 册,第 340 页。

是罪恶,创造财富更应该提倡,鼓励"以勤业而富、以知趋时而富、以节欲而富",鼓励"以有德而贵、以有功劳而贵、以多才能而贵"。但是如果认为"是皆不道,吾必铲之以与吾平,夫如是,则无富贵矣,而并亡其所以为富贵者矣。夫国无富贵者可也,无所以为富贵者不可也。无所以为富贵者之民,而立于五洲异种之中,则安能不为其至贫,又安得不为其至贱者乎?"①

严复《民约平议》发表后,很快受到思想界的反对,如章士钊曾在《甲寅》月刊第1期上著文《读严几道民约平议》予以反驳。在这种情况下,严复作为启蒙思想家对卢梭的批评在近代中国几乎成为绝响。

然而与洛克的冷落恰好相反,卢梭体系自十九世纪最后几年开始,到二十世纪则大行其道,卢梭在中国获得了一批又一批狂热的信徒。1898年上海同文译书局将日本思想家中江笃介用汉文翻译的《民约论》第一卷印行出版,改名为《民约通义》。1900年江苏留日学生杨廷栋又据日译本转译此书,在《译书汇编》第一、二、四、九期连载发表。1901年梁启超的《卢梭学案》在《清议报》第九十八册、第一百册发表。1902年,上海文明书局出版杨廷栋译的四卷本《路索民约论》,1905年《卢梭魂》亦出版,卢梭思想在辛亥至五四前期蔚为大潮。严复1914年在给熊纯如信中,谈到卢梭在中国的影响时说:"自卢梭《民约》风行,社会被其影响不少,不惜喋血捐生以从其法,然实无济于治,盖其本源谬也。刻拟草《民约通议》一通,以药社会之迷信。"②章开沅教授在最近一篇文章中亦明确指出:"中江兆民的《民约通义》、《开智录》及《译书汇编》上连载的《民约论》中译本、杨廷栋的《路索民约论》全译本广泛流传。仅以一些进步报刊作者的署

---

① 《严复集》第4册,第957页。
② 《严复集》第3册,第614页。

名而言。如卢梭之徒、卢梭魂、亚卢、平等阁主人……可见当年爱国志士对民主革命发源地法国迷恋之深。"①

然而,人们更感兴趣的是卢梭的浪漫自由主义,即推翻现存一切秩序,一种"彻底来过"的革命思想和经济平均主义,人民主权论思想等等。

在陈天华的《猛回头》中,完全是一种革命浪漫主义激情:"法国之人……闻了卢梭这一篇言语,如梦初醒,遂与国王争了起来……连革了七八次命。"《狮子吼》中亦说"(卢梭)做了这一本《民约论》,不及数十年,法国遂连革了几次命"。南社诗人柳亚子给自己改名人权,字亚卢(亚洲的卢梭),在《放歌》中吟道:"我思欧人种,贤哲用斗量。私心窃景仰,二圣难颉颃。卢梭第一人,铜像巍无闻。民约创鸿著,大义君民昌。胚胎革命军,一扫秕与糠。百年来欧陆,幸福日恢张。"人们看到的只是卢梭的正面效果,而根本没有像严复那样注意其负面效应。直到1924年孙中山发表《民权主义》讲演时,仍然只提卢梭而不提洛克,"讲到民权史,大家都知道法国有一位学者叫做卢梭,卢梭是欧洲主张极端民权的人,因有他的民权思想,便发生法国革命,卢梭一生民权思想最要紧的著作是《民约论》,《民约论》中立论的根据,是说人民的权利是生而自由平等的,各人都有天赋的权利。不过人民后来把天赋的权利放弃罢了"②。又说:"至于说到卢梭提倡民权的始意,更是政治上千古的大功劳。"③

除了卢梭的直接影响之外,更主要的是近代思想界的那种整体主义和浪漫自由主义思想,与卢梭思想体系冥然相通,具有某种精神上的一致性。

我们先看整体主义思潮。由于民本主义古典精神的长期存

---

① 章开沅:《法国大革命与辛亥革命》,载《历史研究》1989年第4期。
②③ 《孙中山选集》,第703页、第705页。

在,因此整体主义在国人心中有了历史积淀,加之民族救亡的迫切任务,因此近代思想家恰恰吸取了西方整体主义思想。梁启超的国家主义思想便是一例。梁启超虽曾高喊过自由、个性、独立,但在"人"(个体)与"民"(整体)之间,他仍然是一个整体优先主义者,人民、国家、民族仍然是第一位,他吸收了德国国家主义者伯伦知理的国家主义思想,并且在考察西方国家思想的变迁时指出:西方国家思想主要有两派:"一曰平权派,卢梭之徒为民约论者代表之;二曰强权派,斯宾塞之徒为进化论者代表之。""平权派之言曰:人权者出于天授者也,故人人皆有自主之权。人人皆平等;国家者,由人民之合意结契约而成立者也,故人民有无限之权,而政府不可不顺从民意。是即民族主义之原动力也","民族主义者,……不使他族侵我之自由。我亦毋侵他族之自由"①。在这里,他巧妙地把"人权"转换成"国权"。本来在西方是"人人自由,而以他人之自由为界",到中国实际变成"国国自由,而以他国之自由为界",从卢梭的"人民"到伯伦知理的"国家"再到梁启超的"民族主义"、"国家主义",展示了梁启超"国家主义"发展轨迹,有趣的是他用"孟子之言"所代表的中国古典民本主义精神来阐释卢梭→伯伦知理以来的西方民族——国家主义线索:

"十八世纪以前

君为贵、社稷次之,民为轻;

十八世纪末至十九世纪

民为贵、社稷次之,君为轻;

十九世纪末至二十世纪

社稷为贵、民次之,君为轻。"②

这个进化序列的根本问题便是"人"的空缺,"人"和"民"不

---

①② 梁启超:《国家思想变迁异同论》。

是一个概念,不能把"人"合并在"民"里。这恰恰是西方进化的一个核心主题。然而他强调的却是"民为贵,社稷为贵"的整体优先原则。即使是曾经对个体"小己"给予十分关注的严复,最后仍然回到整体优先原则:"西士计其民幸福,莫不以自由为唯一无二之宗旨。试读欧洲历史,观数百年百余年暴君压制,贵族之侵凌,诚非力争自由不可。特观吾国今处之形,则小己自由,尚非所急,而所以祛异族之侵横,求有立于天地之间,斯真刻不容缓之事。故所急者,乃国群自由,非小己自由也。求国群之自由,非合通国之群策群力不可,欲合群策群力,又非人人爱国,人人于国家皆有一部分之义务不能。"①孙中山先生一生追求民主,然而即使到了晚年,他对"自由"的误解仍是相当惊人的,他仍然认为中国自古以来就有自由,他把"日出而作、日入而息、凿井而饮、耕田而食"作为"先民的自由歌",因此,他认为中国不是自由太少,而是自由太多,他的"自由"观强调的仍是群体自由:"个人不可太过自由,国家要得完全自由,到了国家能够行动自由,中国便是强盛的国家,要这样做去,便要大家牺牲自由。"甚至强调:"我们的革命主义,便是集合起来的士敏土。能够把四万万人都用革命主义集合起来,成一个大团体,这一个大团体能够自由,中国国家当然是自由,中国民族才真能自由。"②也就是说,他的"民权主义"实际上服从"民族主义","民权"只是手段,为的是"民族自由"。所以孙中山直言不讳地指出:"三民主义就是救国主义。"③"国家"成为衡量一切的最高原则,其余一切都是手段。

无论是改良派,革命派还是五四青年,整体优先原则大行其道,国家第一、民族第一、人民第一,在民族救亡的特殊环境里,

---

① 《严复集》第 4 册,第 981 页。
②③ 《孙中山选集》,第 721—722 页,第 616 页。

这个原则应该说是必要的。但是国群与个体的界限究竟在哪里？严复虽然意识到这个问题，但没有自始至终起而捍卫之。而在整个思想文化界，虽然呼喊了"人权"，但"划界"问题始终没有引起足够重视，于是个体最后无保留地、一次性地把自己全部转让或交给了"人民"、"国家"、"民族"，而恰恰在这时，一些政治野心家接过了"人民"、"国家"、"民族"的旗号，用自己的意志作为"人民"的"总意志"，近代中国比较典型的如袁世凯，其登基的理论根据就借用整体主义、道德主义来反对法律制衡，实行独裁。他首先强调的便是"国家"、"道德"，他声称："古今立国之道惟在整饬纪纲，修明法度"，"建行国家之威信"。他强调要"力谋国权之统一"，要求"人人以国为本位，勿以一身一家为本位"，个体应该"屈小己以利大群"，"其要在轻权利重义务，不以一己之权利，妨害国家之大局"①。他也引用西学："西儒恒言，立宪国重法律，共和国重道德，顾道德为体，而法律为用。"②以此来反对《约法》，他甚至宣称他本人便代表了"四万万同胞"："本人总统一人一身之受束缚于《约法》，真不啻胥四万万同胞之身命财产之重，同受束于《约法》。"③袁世凯正是通过"国家"、"人民"的"总意志"，来剥夺个体的基本权利，掏空个体的灵魂，正是在"人民"、"国家"的炫人眼目的神圣光环下，踏着个体的累累白骨，走向皇帝宝座的。这的确是近代启蒙思想家所始料不及的。

英国哲学家罗素指出，卢梭的浪漫自由主义"鼓励一个新的狂纵不法的自我，以致不可能有社会协作，于是让它的门徒面临无政府状态或独裁政治的抉择"④。梁启超也曾认为卢梭所代

---

①② 《袁世凯莅任宣言书》，参见荣孟源主编《近代稗海》第 3 辑，第 56 页。

③ 袁世凯：《增修〈约法〉案》，《近代稗海》第 3 辑，第 59 页。

④ 罗素：《西方哲学史》下册，第 224 页。

表的"平权派","及其弊也,陷于无政府党,以坏国家之秩序"①,可以说,卢梭是近代无政府主义的不祧之祖。而近代中国的自由主义恰恰缺乏的是一种洛克派的理性自由,更多的是偏向卢梭派的浪漫自由主义,无政府主义思潮在中国的泛滥,恰恰展示了中国近代的浪漫自由主义。

中国的浪漫自由主义思潮从康有为的《大同书》就已开始了。《大同书》明确提出的"去国界"、"去级界"、"去种界"、"去形界"、"去家界"、"去产界"、"去乱界"、"去类界"、"去苦界",就体现了这种否定一切秩序追求自由的浪漫心态;随后在章太炎的"五无"思想中得到反映;二十世纪初由刘师复等留日学生和李石岑等留法学生组织的无政府主义团体的相互鼓荡,便磅礴为一股无政府主义思潮。中国无政府主义(Anarchisme)思潮,从最直接的思想渊源来说,与卢梭似无关系,而是肇始于高德文(Godwin)、施蒂纳(Stirner)、蒲鲁东、巴枯宁和克鲁特金等无政府主义思想家,但在自由浪漫主义这一主题上却与卢梭思想是一致的。

第一,中国近代无政府主义不是主张理性自由,而是主张绝对自由,他们强调"无政府主义的妙理,就是自由两个字"②,刘师复组织的"心社",提倡"绝对自由主义,无章程、无规则、亦无一切组织,各凭一己良心相结合"③,正因为主张绝对自由主义,因此对现存一切秩序采取无情批判和虚无主义方式,章太炎的"五无"强调的是"无政府"、"无聚落"、"无人类"、"无众生"、"无世界",卢梭开其端的浪漫主义运动,也是鼓舞一种"狂纵不法的自我",以无限扩张的自我为中心,导向的只能是对一切秩序、理

---

① 梁启超:《国家思想变迁异同论》。
② 《告非难无政府主义者》,《民声》第30号(1921年3月15日)。
③ 《师复启事》,《晦鸣录》第2期(1913年8月27日)。

性的否定,当然无政府主义者以更加极端的形式,来宣泄一种情感上的"天马行空"精神。这对于打破封建秩序固然有一定作用,但它在本质上又是反近代理性民主社会的。

第二,对财产的憎恨,对经济平均主义的向往。"资本制度者,平民第一之仇敌,而社会罪恶之源泉也。土地资本器械均操之不劳动之地主资本家之手,吾平民为服奴隶之工役,所生产之大利,悉人少数不劳动者之囊。而劳动以致此生产者反疾苦穷愁,不聊其生。社会一切之罪恶,匪不由是而起"①。和卢梭一样,把私有财产,资本视为万恶之源,从而要求社会经济平等。而从康有为的大同理想,孙中山的"平均地权"的民生主义思想到无政府主义中对"资本制度"的憎恨,这本身就是反近代化的,然而只有对财产所有权的神圣性的确定,才有利于建立一个民族资产阶级(中产阶级),而近代中国却缺乏这一思想环节。

第三,自由浪漫主义总是高悬着一个理想社会。"无政府共产主义,乃光明美善主义,出汝等于地狱,使人正当愉快之社会者也","无政府之社会,人人自由,人人自治,以独立之精神,以互相之大道,其组织之美善,必远胜于政府之代谋"②。洛克式自由主义是在确认最低原则来谈自由的,也就是说,人类不存在尽善尽美的社会,任何政治社会,无论采取何种形式,都无法消除腐败和不平等,权力只能带来堕落,但是人类最大的勇气不是逃避现实去憧憬未来,而是正视现实,打破未来的幻梦,在多种坏的政治形式中,选择一种相对不坏的政治形式,尽可能把堕落和腐败压缩在最低限度。而在无政府主义者那里,则是确认一个理想的尽美尽善的社会存在,这个理想社会就是"无地主、无资本家、无首领、无官吏、无代表、无家长、无军队、无监狱、无警

---

①② 刘师复:《无政府共产主义同志社宣言书》,《民声》第 17 号(1914 年 7 月 4 日)。

察、无裁判所、无法律、无宗教、无婚姻制度之社会"①，对美好幻想的追求，恰恰是对现实社会的回避。

无政府主义者以"绝对自由主义"相标榜，实质却是以"平等"为基础的自由浪漫主义，它以无限扩张的自我企图去达到一个理想乌托邦社会，其结果却恰恰是反自由、反理性的无序社会。只有以划界为基础的适度自由，才能建立一个良序社会，所以严复"以洛（克）为限制主义（Constitutionalism）"②，强调的便是群、己的适度"限制"，这是英美式经典形态的近代民主的根本特征，而"绝对自由"的无政府主义却常常发生在最专制、最不民主的社会。

在内忧外困的近代中国，应该承认整体主义在某种意义上是有利于民族救亡的，而自由浪漫主义也对封建专制禁锢的冲破，具有一定的积极意义，然而却无助于建立一个理性民主的良序社会。一个较健全的社会，必须在群己之间保持一定张力，其中最重要的便是群体与小己之间的划界问题，没有划界，就无法保证对整体的制约。"国家"、"民族"、"人民"无疑都是不容亵渎的神圣实体，唯其神圣，也才最容易被野心家利用起来，当作实现个人野心的工具。因此，整体与个体之间的划界便是必要的，个体的基本权利不能一次性地全部转让给自身之外的实体，包括他人或"祖国"、"人民"，这才是一个良序社会的基本保证。如果没有"划界"问题，便只能出现近代中国这种整体主义与浪漫自由主义的两极思潮。整体主义是对个体的抹杀，而浪漫自由主义则是对整体主义的一种反动。

整体主义越专制，浪漫自由主义反抗和无限扩张就越强烈。

---

① 刘师复：《无政府共产主义同志社宣言书》，《民声》第17号（1914年7月4日）。

② 严复：《民约平议》，《严复集》第2册，第335页。

因此,整体主义与浪漫自由主义常常是相随而行的,成为病态政治社会的一个基本特征,而这恰恰又是中国近代民主启蒙的最大偏失之处。

严复与近代文化转型

在中国文化从传统走向现代的转型过程中,严复的文化阐释成为一个"界标"。作为中国近代第一个能娴熟运用两种语言(古汉语和英语)、且受过严格科学训练的中西兼通的思想家,严复在文化阐释方面作出了重要贡献。

严氏话语系统与近代文化载体转型

按照现代解释学理论,语言文字不仅是一种表意符号,而且"是储存传统的水库"①,是文化的载体,它保存着人与传统、人与历史的联系。因此,语言文字形式的变化,无不折射着文化的变迁和转型。

严复的成就和影响,很大程度上是由他的翻译所奠定的,据统计,严复译著共计 11 部,达 170 万字②,当时就被公认为"清季输入欧化之第一人"③。但是,仅仅把严复视为一流翻译家,显然低估了他在思想文化史上的地位,严复的成功,不仅是他彻

---

① 伽达默尔:《人与语言》,转引自殷鼎《理解的命运》,三联书店 1988 年版,第 176 页。

② 商务印书馆编辑部编:《论严复与严译名著》,商务印书馆 1982 年版,第 17 页。

③ 梁启超语。见《严译名著丛刊·严群序》,商务印书馆 1981 年版。

底打破了长期以来由西人口译、华人笔录的两人翻译模式,而且创造了一套独特的严氏话语系统来对西学进行新的文化释读,推动中国文化载体的转型。

所谓严氏话语系统,是指严复在译介西学著作时通过创造性阐释而形成的一整套独特的表达方式和语句系统。它包括:(1)意译+按语的翻译方式。严复自己说《天演论》主要采取"取便发挥"的"达旨"①方式,鲁迅也说严复"做"了一部《天演论》。据统计,严复译作中的按语达17万字,占了其译著的1/10。严复这一独特的"做"的方式,实际上为超越文本进行文化阐释留下了空间;(2)"先秦文体"。严复曾经自己谈过这套话语的特点是"用汉以前字法、句法"②,桐城名师吴汝纶称之为与"晚周诸子相上下"③,梁启超更明确地说它是"摹仿先秦文体"④;(3)中西两种文化的融合导致现代话语的产生。这套用古老文体包装出来的话语系统,却成了近代文化载体转型之先声。

第一,严复话语系统的出现,实际上是为了让西学获得与中学对等的文化阐释的正统地位,同时也使西学传道者获得与科举士子同等的文化阐释权。长期以来,国学垄断了文化阐释的正统地位,成为"治身心"的"内学",科举士子则垄断了文化阐释权,而西学充其量只能成为"应世事"的"外学",只不过是"汽机兵械之伦"等"形下之粗迹",而懂西学的留学生,一如鲁迅所说的"没有现在这么阔气,社会上大抵以为西洋人只会做机器——尤其是自鸣钟——留学生只会讲鬼子话,所以算不了'士'人的"⑤。为了打破国学一统的文化霸权,严复采取了两个办法:

---

① 严复:《天演论·译例言》。
② 严复:《天演论·译例言》。
③ 《天演论》吴汝纶序。
④ 《壬寅新民丛报汇编》,《绍介新著(原富)》,第851页。
⑤ 鲁迅:《二心集·关于翻译的通信》。

一是他所阐释的西学必须能回答当下国学所不能回答的救亡图存的热点问题。民族危机呼唤新的救亡理论，成为严复阐释西学的原始起点和前结构，这也就导致严复的意译＋按语必然是对文本的"误读"。于是，反对社会达尔文主义的《进化论与伦理学》就变成了鼓吹社会达尔文主义以宣传"自强保种"的《天演论》；一本捍卫个人自由和个人独特价值的《论自由》变成了一本国家自由高于个人自由的《群己权界论》。正是在严复对文本的合理"误读"中，"物竞""天择"的"自强"理论很快激起了强烈反响，梁启超自称读严著"据案狂叫，语人曰：不意数千年闷葫芦，被此老一言揭破"①。可以说，如果严复阐释的西学满足不了人们的期待，是不可能打破国学一统的文化霸权地位的。二是文体形式的讲究。只有通过典雅的先秦文体才能适应传统士大夫们的阅读习惯和兴趣，才能让他们逐步认识西学并非"形下之粗迹"。对此，桐城派吴汝纶的看法可为佐证。他认为，赫胥黎"欲侪其书于太史氏、扬氏之列，吾知其难也；即欲侪之唐宋作者，吾亦知其难也"，但是经过严复的文化包装，"其书乃骎骎与晚周诸子相上下"②。也就是说，在吴汝纶眼中，赫胥黎著作是不能与司马迁、扬雄的著作相比的，但经过严复的包装，赫胥黎的著作可以获得先秦诸子的地位，这说明严氏话语在西学进入中国，尤其是进入中国士林文化中发挥着桥梁作用。正是在严氏话语的影响下，西学迅速进入中学的阵地，进而与中学平分天下。

第二，严复对先秦诸子文体的"返古"本身，也是对占据统治地位的科举八股、试帖文体的超越。八股在长期使用过程中逐渐程式化，陷入起承转合的死板、僵化的套路中。非正途出身的严复对此必然进行猛烈的抨击："今日之经义八股，则适足以破

---

① 《严复集》，中华书局 1986 年版，第 5 册，第 361 页。
② 《天演论》吴汝纶序。

坏人材,复何民智之开之与有耶?"①在《救亡决论》中,严复力陈八股文"锢智慧"等三大弊害,这直接开启后来胡适之《文学改良刍议》批判八股文之先声。对现实的批判,激发了严复对极富原创性思想而且流畅、清新的先秦文体的推崇。"复古"是为了"开新",这在世界文化史上亦是通例。意大利文艺复兴的最大成就之一,乃是一批人文主义学者从被神职人员所垄断的"笨拙的、累赘的""中世纪拉丁语的泥坑中摆脱出来"②,从两方面开始了文化载体的转型:一是从古罗马的西塞罗、维吉尔等人的名作中寻找拉丁语最富活力和魅力的生命之源;二是大胆运用被教会所歧视的意大利俚语和方言进行创作。正是从这两方面的突破,才导致了中世纪文化载体的转型,开创了不朽的文艺复兴时代。因此,严氏文体的"复古"在一定程度上是对现实文体(八股之类)的超越,《天演论》以"赫胥黎独处一室之中,在英伦之南,背山而面野……"作为开场白,读来"音调铿锵,使人不自觉其头晕"③,与僵死的八股文体形成鲜明的对照。

第三,严复经过对中西两种文化的融合,独创了一套新的现代话语,在客观上加速了白话文时代的到来。由于文化语境不同,文化释读往往困难,严复曾认为,读"本文"则"一举其形声,则章别源流,靡不具焉,不独易为称而便记忆也"。但是一到读译文则"一名之转写,辄聚佶屈钩磔雅俗互有之字以为之,少者一文,多至八九,羌无文义,而其音又终不相肖。虽有至敏强识之夫,尚犹苦之"⑤。因此,只有通过西学术语的中国化与中学术语的西学化,才能推陈出新,严复正是通过中西互释,创造了大量包含现代意识的语汇。西学术语中国化的有"天演"、"天

---

① ⑤ 《严复集》第 1 册,第 29 页,第 153 页;第 3 册,第 516 页。
② 丹尼斯·哈伊:《意大利文艺复兴的历史背景》,三联书店 1988 年版,第 88 页。
③ 鲁迅:《二心集·关于翻译的通信》。

择"、"计学"、"群学"、"泉币"、"生货"、"熟货"等;中文西化或欧化语言有:拓都(total)、么匿(unit)、版克(bank)、叶科诺密(economi)、费拉索非(philosophi)等;而更多的是渗透着现代意识和思想的词组,如"开民智"、"鼓民力"、"新民德"、"自由为体,民主为用"、"小己"、"爱力"、"莫破"、"吸力"、"阻力"、"离心力"……正是这一套具有强烈时代气息的话语,给读者打开了一个崭新的世界。这套话语很快不胫而走,甚至还未正式出版,梁启超等人即已代为传播。严复以先秦文体译书,本意"非以饷学僮而望其受益也,吾译正以待多读中国古书之人"①,而结果却不仅影响一代"多读中国古书之人",更影响了一代又一代"学僮"②。胡适、鲁迅、毛泽东等人都是在中小学时期开始接受《天演论》的,"物竞"、"天择"甚至"拓都"、"么匿"都曾成为中小学时期的胡适、郭沫若的作文习题③。现代话语的广泛流布,开了白话文运动的先河。

近代白话文运动渊源有二:西学和中国俗文学。梁启超、胡适、陈独秀等人深知西方也有"文言"(拉丁文)和"白话"(近代各民族语言),而西方的"白话"是近代文明的产物。伴随大规模翻译的出现,必然带来文体变化。佛教典籍之翻译和传播,带来中国古代的白话文运动;而西学著作的翻译,则加速了中国近代白话文运动的到来。严复虽然拒绝使用白话来翻译,但由于大量西学话语、音译语汇的传入,历史将不会按个人意愿前进。严复话语对"俗"的回避,恰好给梁启超留下了发展空间。梁启超正是在严氏话语影响下接受西学的,并与严复讨论"文体革命"问

---

① 《严复集》第1册,第29页,第153页;第3册,第516页。
② 如梁启超的《新民说》是严复"三民"思想的拓展,章太炎的"善恶俱进"的《俱分进化论》,在严复《天演论·演恶篇》中可寻到踪迹。
③ 参见鲁迅《朝花夕拾·琐记》,胡适《四十自述》,郭沫若自传《少年时代》。

题,从而创造了一种迥异于严氏话语的笔端常带感情的准白话体"新民体"。与此同时,留日学生中大量白话、俗话报刊的出现,使白话进入知识界书面文字,而且通俗易懂的日式西学术语也开始取代严氏话语。五四新文化运动做了一次白话理论总结,白话文体遂成文化载体的主流。

严氏"三民"思想与中国人文精神的近代转型

以儒家文化为主体的古典人文精神,是一种泛道德主义的人文精神。其一,把个体的道德完善作为人性论的目的。孔孟的"仁"、"性善"论自不必说,荀子的"性恶"也不具有西方性恶论中的原罪意识,而是强调一个"伪"(人为),通过人为的努力使本性恶逐步臻于"善",其目的仍指向"善";其二,把个体的道德完善的"内圣"当作"外王"的基础,"格"自然之"物","致"伦理之"知",人们只要正心诚然,修身齐家,也就标志着人格完成,把"治国平天下"的实现,建立在"太上立德"的个体道德完善基础上;其三,将伦理道德向宇宙、社会、人生领域泛化,从而把宇宙伦理化,确立一种伦理本体论,使古典人文精神成为一种泛道德主义和伦理中心主义人文精神。①

19世纪中期以来的西方殖民侵略,在造成中华民族生存危机的同时,也带来了古典人文精神的根本性价值危机,即把统一在泛道德主义原则基础上的"内圣"与"外王"之道无情地撕裂开来。如果"内圣"就能"外王",那么,鸦片战争以来的历次中外战争,那些"内圣"的君子们何以屡战屡败,不仅没有治国平天下反而误国失天下,终至于贻笑于蛮夷之邦?严峻的民族危机使一些先觉的中国知识人开始认识到传统的"内圣"之道支撑不了

---

① 参见拙著《中国人文精神的重建:约戊戌～五四》(博士论丛),湖南教育出版社1992年,第8—17页。

"外王"，必须寻找支撑"外王"的新的人文精神。

如果说，在康有为的《实理公法全书》的人文思想中，康有为还在试图以传统人性论的概念、范畴和基本框架来接纳西方一些新的价值理念而扮演第一个近代"新儒家"角色的话，那么，正是在严复"三民"思想中，传统人性论的基本概念、范畴和框架，被阐释为人的全面发展的现代概念范畴体系，从而使近代人文精神开始突破古典人文精神的泛道德主义。

1860年，英国实证主义哲学家斯宾塞出版了《教育论：智育、德育和体育》，而严复于1895年3月在天津《直报》上发表《原强》一文，将该书译为《明民论》或《明民要论》，并将其"三育"的教育思想释读为"鼓民力、开民智、新民德"的"三民"文化思想。"三民"思想的提出，对于中国近代人文精神的重建具有划时代的意义。

第一，它超越了传统人性论中的泛道德主义精神，第一次提出人的德智力全面发展的近代人文精神。这样，传统意义上的那个无限膨胀泛化、覆盖一切、甚至主宰一切的至高无上的价值理念"德"开始从本体地位跌落下来，受到必要的限制，并获得明确的定位，即"德"不过是和"智"、"力"并列的人的全面发展的三要素之一。"德"的泛道德主义神话的打破，为人性的开放和自由，为个体的知识、能力和意志力量的提升提供了前提和可能性。

第二，人的全面发展理论的提出，不仅动摇了无限膨胀泛化的泛道德主义神话，而且也为"治国平天下"的"外王"确立了新的"内圣"之道。传统的"治国平天下"是落实在道德完善的个体践履上，而严复"三民"思想则强调："所谓富强云者，质而言之，不外利民云尔。然政欲利民……必自皆得自由始，……尤必自其各能自治始……顾彼民之能自治而自由者，皆其力、其智、其德诚优者也。"①也就是说,中国的"富强"(治国平天下)将不再是按照"格物致知——正心诚意——修身齐家——治国平天下"的传统内圣外王的"大学之道"逻辑地展开,而是按照"富强—利民—自利—自由—自治—鼓民力、开民智、新民德"的新的逻辑展开。这样,中国的"富强"(治国平天下)将不再是建立在个体的道德完善上,而是建立在国民整体的综合素质的提高上,这是一条新的现代的"内圣"之道。

第三,新的"内圣"之道的确立,使严复成为中国关于现代国民素质的最早的阐释者。严复关于国民素质的讨论是从鸦片战争到甲午战争的历次中外战争的反思开始的,他认为中国的惨败既不是洋务派所说的归结于武器不如人,也不是维新派一般人所说的政治制度不如人,从根本上说,乃是一个国民整体素质问题,即"民力已茶、民智已卑、民德已薄",这种国民素质虽有"富强之政,莫之能行"②。正是在这种认识下,严复在士林文化中,第一次把孔子以来(子不语怪力乱神)遭受鄙弃的"力"抬高到与"开民智"、"新民德"的同等地位,国耻重新唤起了严复对尚武冒险精神和力量的肯定和追求,唤起了对体育和军国民精神的重视,并由此引发了一个长达半个世纪的尚力思潮。③"开民智"则是对中国传统智力结构和思维方式中那种"半部论语治天下"的求同、崇圣、崇古的封闭被动式注经思维方式和单纯从书本上求学问的致思方式的根本性批判,而强调一种独立思考、亲身实践、怀疑求异的理性精神和"以宇宙为简编、民物为文字"的向书本外的大自然和社会求知识的新的致思方式和科学实证精神。"新民德"中的"德"已经不再是传统意义上的个体完善的道

---

①② 《严复集》第3册,第516页;第1册,第27页。

③ 参见拙文《近代尚力思潮述论》,香港《二十一世纪》,1992年第3期。

德意义上的"德",而是强调"自由"、"平等"基础上的"各私中国"的一种现代公民意识、一种现代政治伦理。严复认为,中国传统道德实质上是一种"以奴虏待吾民"和"奴虏自待"的奴隶道德,而现代公民道德强调只有当国民不再是"奴虏"而是主人承担相应的权利和义务时,才会把中国视为自己的中国。严复的"三民"思想所要求的国民整体素质,必须具有健康强壮的体魄和坚毅冒险的精神气质;必须具有独立思考,敢于怀疑求异、敢于向权威挑战的理性批判精神和勇敢地探索大自然和社会的科学精神;必须在自由平等基础上享有相应的权利和义务的现代公民意识。

严复"三民"思想的提出,展示了中国人文精神从传统向现代的转型。当中国被卷入整个资本主义世界体系时,传统人文精神出现全面的价值危机。资本主义近代化,是一场历史性的大竞赛。这场大竞赛包括军事、商业、工业和科技等全方位的竞争,对此,道德完善几乎无济于事,正心诚意,修身齐家不仅不能治国平天下,甚至连保种保国都成问题。正是在这种道德困境中,能力与知识、体魄与冒险被突出地提出来。严复"德、智、力"的人的全面发展论模式的提出,是对这种世界性潮流的积极回应,标志着中国传统人文精神向现代人文精神的结构转型。在严复之后,梁启超接过了严复关于国民素质的理论,著《新民说》、《十种德性相反相成义》等。辛亥时期出现了"陶铸"国魂思潮,鲁迅等一批新文化主将更突出改造国民性问题,孙中山后期也强调"心理建设",从而汇成近代改造国民性思潮,推动着近代人文精神、近代国民素质的重建和转型。

严氏"群学"思想与传统学术的现代转型

传统学术以经史子集为文本,以儒、释、道精神为旨归,以汉学宋学为学派,以义理辞章考据为方法,形成了源远流长的国学传统。严复以"统新故而视其通,苞中外而计其全"①的宏大气魄,置国学于"古今中西"大融合中,以国学科学化推动了传统学术向现代社会科学的转型。

中国近代学术转型是在"存亡危急之秋"开始催生的。甲午战争前,中国士大夫一直谨守着"变器不变道"的原则来学习西学。甲午战争中,中国以泱泱大国败于日本"蕞尔小邦",使天朝上国一变而为"病夫之国"。觉醒的知识分子开始了根本反思,严复将批判矛头直指中国传统学术,"四千年文物,九万里中原,所以至于斯极者,其教化学术非也,不徒嬴政、李斯千秋祸首,若充类至义言之,则六经五子亦皆责有难辞;嬴、李以小人而陵轹苍生,六经五子以君子而束缚天下"②。因此,严复认为中国传统学术有几大弊端:一是"无实"、"无用"。严复认为中国"学术末流之大患,在于循高论而远事情,尚气矜而忘实祸",汉学宋学,义理考据辞章一类"所托愈高,去实滋远","其高过于西学而无实,其事繁于西学而无用",只可以"怡情遣日",不足以"救弱救贫"③;二是"崇圣"、"崇古",重学术继承,缺乏学术创新。中国学术往往"夸多识"而不似西学"尊新知",而且中土之学,必求古训,其结果是"古人之非,既不能明,既古人之是,亦不知其所以是",靠记诵辞章、训诂注疏,只能是"事资强记,何裨灵襟"④!三是缺乏科学实验精神。严复认为陆王之学,"自以为不出户可以知天下",实际上是闭门造车、向壁虚造,是"师心自用而

---

①②③ 《严复集》第3册,第560页;第1册,第53—54页,第44页。
④ 《严复集》第1册,第29页。

已"①。

为了推动传统的学术转型,严复极力推崇近代科学方法。在严复看来,这类方法,一是实证方法,包括"考订"、"贯通"、"试验"3个层次。"考订"又叫"观察"或"演验",经过观察收集整理材料,"乃会通之以求所以然之理",形成"公例"。严复认为"中西古学,其中穷理之家,其事或善或否,大致仅此两层",因此公例"往往多误",于是"近世格致家乃救之以第三层,谓之试验。试验愈周,理愈靠实矣"。而"试验"不是在书本上试验,而要走向自然和社会,因此,"为学究理,志求登峰造极,第一要知读无字之书",他引用赫胥黎的话说:"能观物观心者,读大地原本书,徒向书册记载中求者,为读第二手矣。"②这是对近代实证方法的第一次系统介绍。二是逻辑方法,"于格物究理之用,其涂术不过二端。一曰内导(归纳),一曰外导(演绎)"③。严复对逻辑方法的重视,曾被美国学者史华慈教授评价为"具有阿基米德式高瞻远瞩的能力"④。

除了引入科学方法外,严复在《西学门径功用》一文中推出了他的科学分类,并从科学分类中正式提出了社会科学——"群学"分类和概念。

这个科学分类包括5类。玄学:名学(逻辑学)、数学;玄著学:力学、质学(化学);著学:天学、地学、人学(生理学、心理学);群学(社会科学):政治、刑名(法学)、理财(经济学)、史学;专门之学:农、兵、御舟、机器、医药、矿务……

严复的科学分类有两点值得注意:一是将社会科学置于科学范围内,使社会科学享有与自然科学平等的地位。这虽然反

---

①② 《严复集》第1册,第44页,第93页。
③ 严复:《西学门径功用》,《严复集》第1册,第94页。
④ Benjamin Schwartz. In Search of Wealth and Power Yan Fu and West. Cambridge, Mass, 1964, P. 142.

映了早期"文理不分家"的特点,但实际上比起后人将社会科学纳入意识形态范围充当一般宣传工具的做法,仍有其相当的合理性;二是未将社会科学与社会学严格区分。严复的"群学"概念在这个分类表中是指社会科学,但是在翻译斯宾塞《群学肄言》时又是指"社会学"①。严复曾对"群学"下过一个定义:"群学何?用科学之律令,察民群之变端,以明既往测方来也。"②这个"群学"定义与其说是对"社会学"而言,倒不如更准确地说是对社会科学下的定义。这大概是近代关于社会科学的一个最早的经典定义,它基本把握了社会科学的对象、性质、方法和作用。

严复属技术出身,却没有译过一本科技方面的著作,其主要精力用在译述西方近代社会科学名著,其译著涉及了社会科学的绝大部分学科。严译的11种著作中,涉及哲学伦理学(《天演论》)、经济学(《原富》)、法学(《法意》)、社会学(《群学肄言》)、政治学(《社会通诠》、《群己权界论》)、逻辑学(《穆勒名学》、《名学浅说》)、史学(《欧战缘起》、《支那教案论》)、教育学(《中国教育议》)。他通过译述大量介绍西方社会科学各学科著名学者、思想家及其学术思想,为国学的改造提供了一个参照系。

综上所论,严复以其"学贯中西"的气魄,通过对中西学术异同之比较,提示了传统学术"无实"、"无用"、缺乏创新和实验的三大弊端,提出了学术走向近代的"实"、"用"之道,即以自然、社会为文本,以科学实证精神为旨归,以"考订"、"贯通"、"试验"的实证方法与"内导"、"外导"的逻辑方法为基础,确立了经济学、哲学、法学、史学、政治学的"群学"(社会科学)分类,并揭示了近代社会科学的基本特征,从而为社会科学确立了第一个近代定

---

① 严复在《政治讲义》中亦说:"政治者,群学一门",亦可佐证"群学"即指社会科学。
② 《严复集》第1册,第123页。

义。严译的 11 种译作也奠定了他作为中国近代第一位具有现代意识的百科全书式社会科学奠基人的地位。

但是,严复并没有来得及运用科学方法研究国学以取得近代意义上的社科成果,于是这个空白就由后人来填补了。梁启超运用严复提供的西学素养开始了对西学大规模的学案式介绍;胡适用实验主义科学方法研究哲学、文学,从而取得了《中国哲学史大纲》、《中国名学史》、红楼梦研究等公认的近代成就;王国维、顾颉刚运用科学方法研究甲骨文、古史考辨和文学、民间文学,亦取得了一批近代意义上的社科成果,从而使国学真正走上了向现代社会科学的转型之路。

新 德 卷

严复提出了本书要阐述的第一个命题:新民德。

1860年,英国实证主义哲学家斯宾塞出版了《教育论:智育、德育和体育》(Education: Intellectual, Moral and Physical),而严复于1895年3月在天津《直报》上发表《原强》一文,将该书译为《明民论》或《明民要论》,并将其"三育"思想转译为"鼓民力、开民智、新民德"的"三民"思想,从此开始了斯宾塞"三育"思想在中国的传播。然而正如现代"接受理论"告诉我们的,任何文化传播都不过是根据接受者本身的文化心理结构、需要和价值取向而进行再创造的结果,都不可能是原封不动地传递和引进。斯宾塞的"三育"思想基本上是一种教育思想,而严复的"三民"思想却远溢出教育思想范围之外,而且有典型的文化重建意义。具体地说,其意义就在于开始了中国近代伦理精神、感性生命与理性精神的三大重建。

"新民德"是19世纪末20世纪初一个影响深远的口号,从严复的"新民德"到梁启超的"道德革命"到1916年在上海创刊的《新民德》杂志和陈独秀的"伦理的觉悟",都表明道德价值观念的重建并不是一个孤立零星的现象。本卷没有遵照一般近代伦理思想史那种从人物到人物的思想描述式方法,而是突出从古代伦理精神向近代伦理精神的范型转换的分析,即人性论、经济伦理和政治伦理三结构的转换。其中强调严复、梁启超的伦理范型革命的意义,然后更进一步剖析了近代伦理重建过程中的两种模式的分野、变奏和汇流,以此展示近代伦理重建的复杂性、丰富性、艰难性和最后的转向。

严复"三民"思想的提出

在讨论严复思想的诸多专著论文中,严复《原强》篇提出的"鼓民力、开民智、新民德"思想(姑谓之"三民"思想)往往被忽视,或被贬之为"西学救国论"、"教育救国论"①,思想"落后于"康梁②,"温和的改良主义"③等等。笔者认为,恰恰就是严复的"三民"思想,在从社会学到文化心理学的角度变换过程中,率先提出改良深层的土壤问题,即改造国民劣根性问题,从而把中国主体文化——心理结构的近代化即人的近代化问题突出地提了出来。这是把握严复思想的历史地位的关键。

"淮桔"如何"为枳"

鸦片战争中英国的大炮,轰开了"保存在密闭棺木里"的"天朝"的大门,也震醒了一部分官僚士大夫,林则徐、魏源们首先看到了对手的"船坚炮利",提出"师夷之长技以制夷",但这时的"长技"不过三大件:战舰、火器、养兵练兵之法④。"师夷之长

---

① 王栻:《严复传》,上海人民出版社1976年版,第109页。
② 李泽厚:《中国近代思想史论》,人民出版社1979年版,第282页。
③ 张岂之、杨超:《论严复》,《中国近代人物论丛》,三联书店1965年版。
④ 魏源:《海国图志·筹海篇》三议战。

技"思想在洋务运动中得到了更加广泛的展开和现实化:引进社会化大生产的机器设备、办船政、武备、工艺、电报、铁路、矿务、同文馆……生产力的改变,标志着中国客体(经济社会结构)近代化的开始,而且也起到了某些文化学意义上的进步作用,马克思说过:"在再生产的行为本身中,不但客体条件改变着……而且生产者也改变着,炼出新的品质,通过生产而发展和改造着自身,造成新的力量和新的观念,造成新的交换方式,新的需要和新的语言。"①但这相对于中国传统文化几千年来在社会心态上的积淀渗透而言,其作用显然是有限的,而且洋务派首领在主观上根本就不想越出"中体西用"这个框架。这样,当中法战争、中日战争把中华民族推向更加深重的灾难深渊时,就引发了严复对洋务运动的重新反思,他列举了洋务派举办的近二十件洋务事业,然后说:"此中大半皆西洋以富以强之基,而自吾人行之则淮桔为枳,若存若亡,不能实收其效者,则又何也?"②

学界在探讨严复思想渊源时,往往大谈达尔文的生物进化论的影响。但是对上面这个问题的解答,确切地说,主要渊源于英国社会学家斯宾塞的"生物社会学"③。"生物社会学"主要是把生物机体的结构——功能原理与历史进化观结合起来研究社会而建立的社会学理论。大致有四方面内容:

第一,把社会理解为生物有机体。如他认为社会有三个系统:保持系统、分配系统、调节系统,相当于生物机体的营养、循

---

① 《马克思恩格斯全集》卷 46(上),第 494 页。
② 《严复集》第一册诗文(上),中华书局 1986 年版,第 26 页。
③ 严复从社会学问题切入,进而探讨文化的心理学问题,此说似为主观,其实不然。严不一定读过斯宾塞《心理学原理》,但在"光绪六、七年之交"读过《群学肄言》(见该书《译余赘语》),而该书《智绘》第六、《情瞀》第七、《述神》第十五等,"皆言群学人心之梗"即心理学问题,这是严复探讨文化心理的重要思想来源,《原强》不仅思想,甚至很多原话均出自《群学肄言》,"墙砖"之喻便出自《喻术》第三。

环、神经三系统。

第二,社会进化思想。是一种"平面进化论",社会进化中有矛盾,但基本上是平稳的、渐进的、自动的过程,不容许有意识的"加速"或"人为的"干预。

第三,社会是由具有多功能的各种局部结构组成的统一整体。

第四,与孔德强调社会存在先于个人存在不同,他强调个体的独立自由,认为社会是个人的集合体。他说:"凡群者,皆一之积也,所以为群之德,自其一之德而已定。"①因此社会被归结为个体。

那么,严复是怎样继承和发扬斯宾塞的思想呢?我们知道,洋务派"求富"、"求强"的视野集中在"汽机兵械之伦";戊戌维新派大部分人则表现为政治学的眼光,着重于政治体制的改革;而严复则利用他的"学贯中西"的优势,从斯宾塞理论中得到启发后独辟蹊径,他认为国家盛衰的根本问题是一个社会学问题,他说:"故学问之事,以群学(社会学)为要归,唯群学明而后知治乱盛衰之故,而能有修齐治平之功。"②而这又主要集中在社会群体与个体、主体与客体的关系问题上。

"且一群之成,其体用功能,无异生物之一体,小大之宜,官治相准,知吾身之所以生,则知群之所以主矣;知寿命之所以弥永,则知国脉之所以灵长矣。一身之内,形神相资,一群之中,力德相备,身贵自由,国贵自主,生之与群,相似如此。"③

"而其本单之形法性情,以为其总之形法性情,欲论其合,先考其分。"④

---

① 严译丛刊本《群学肄育·喻术第三》,第38页。
② 《严复集》第一册(上),第18页。
③④ 《严复集》第一册(上),第17、18页。

这是不折不扣的"社会有机体论",社会的机制功能与生物个体是一样的,因此了解了生物个体也就了解了社会群体,要研究社会整体,必先考察个体。他说:"大抵万物莫不有总有分,总曰拓都(total),译言全体,分曰么匿(unit),译言单位……国拓都也,民么匿也,社会之变象无穷,而一一基于小己之品质,是故群学谨于其分。"①接着他进一步把社会群体与个体关系喻之为墙和砖的关系,他说,如果砖"坚而廉,平而正,火候得而大小若一,则无待泥水灰粘之用,不旋踵而数仞之墙成矣",假如砖块"欹嵚蠦𧃠,小大不均,则虽之遇至巧之工,亦仅能版而筑之,成一粪土之墙而已矣"②,因此社会群体被归结为个体,这与斯宾塞思想是一致的。

社会(或国家)就其与有理智、情感和意志的人即主体而言,又是对象客体。严复认为主体人的优劣决定了客体国家的盛衰,因此,他说:"贫民无富国,弱民无强国,乱民无治国。"③这样,客体又被归结为主体。

既然社会群体、客体被归结为个体、主体,而个体、主体就其实质而言,就是现实的、社会的人,严复谓之"生民",那么,由此就必然逻辑地得出一个结论:"淮桔为枳"的深层原因就在于主体人的问题没有解决。

"三民"思想述评

主体人的内涵是什么?在严复看来,这里的人不是指生物学意义上的人,而是在时间(历史)的迁延中积淀着传统文化的心理学意义上的人,体现为斯宾塞所说的民力、民智、民德,这才是治国的根本。1860年,斯宾塞的《教育:智育、德育和体育》

---

① 《群学肄言·译余赘语》。
②③ 《严复集》第一册(上),第18、25页。

(Education: Intellectual, Moral and Physical)出版,严复的"三民"思想就来自斯宾塞"三育"的教育思想,严复将其书名译为《明民要论》。在严复看来,斯宾塞著述颇丰,卷帙浩繁,只有《劝学篇》和这本《明民要论》"以卷帙之不繁而诵读者为尤众"①,在修订《原强》时,严复又补充强调说:"《明民论》者,言教人之术也","其教人也,以瀹智慧、练体力、厉德行三者为之纲"②,斯宾塞的"三育"思想基本上服从于其社会达尔文主义思想体系,在斯宾塞看来,物质的匮乏与人口的膨胀,必然导致生存竞争,而自由竞争则必然导致进步,所以"生齿日繁,过于其食者,所以使其民巧力才智,与自治之能,不容不进之因也;惟其不能不用,故不能不进,亦惟常用故常进也"③,这是根据达尔文生物进化的"用进废退"原理来解释社会进化,解释德、智、体的发展,所以"人欲图存,必用其才力心思,以与是妨生者为斗,负者日退,而胜者日昌。胜者非他,智、德、力三者皆大是耳,三者大而后与境相副之能恢,而生理乃大备"④。也就是说,按照"用进废退"原理,只要加入竞争,才能促进德、智、力的进化,严复十分赞赏斯宾塞的理论,"斯宾氏之说,岂不然哉!"⑤

严复将斯宾塞的教育思想作更进一步的发挥,将之视为治国的根本。他说:"至于其本,则亦于民智、民力、民德三者加之意而已。果使民智日开,民力日奋,民德日和,则上虽不治其标,而标将自立……"⑥在严译八种名著按语和相当一部分文章、书信中,"三民"思想构成严复思想的核心。兹举几例:在一封致梁启超的信中,严复指出:"发明富强之事,造端于民,以智、德、力三者为之根本,三者诚盛,则富强之效不为而成,三者诚衰,则虽

---

①② 《严复集》第一册(上),第6、17页。
③④⑤ 严译丛刊本《天演论》,第38、37、38页。
⑥ 《严复集》第一册(上),第14页。

以命世之才,刻意治标,终亦隳废"。接着又强调必须以"德、智、力"为经,以格致科学为纬,"是以今日之政,于除旧,宜去其害民之智、德、力者;于布新,宜立其益民之智、德、力者,以此为经,而以格致所得之实理真知为纬,本既如是,标亦从之"①。又如在《原富》中谈到德智与法的关系时说:"自古无无弊之法,方民德未进,民智未宏,则法之为弊尤众"②;谈到逻辑学的归纳法时说:"西学之所以翔实,天函日启,民智滋开,而一切皆归之于有用者,正以此耳"③,"但民智既开之后,则知非明道则无以计功,非正谊则无以谋利"④;谈到言论自由与真理时说:"使中国民智民德而有进今之一时,则必自宝爱真理始"⑤;谈到保留君主时,"乃今将早夜以孳孳求所以进吾民之才德力者,去其所以困吾民之才德力者……吾将悉听其自由"⑥,当然,"三民"思想最集中的还在《原强》篇中。那么进一步的问题,就是探讨严复"三民"思想的性质和内容了。

第一,"三民"思想触及到了中国历史文化的心理积淀问题。严复认为:"盖欲救当前之弊,其事存乎人心风俗之间,夫欲贵贱贫富之均平,必其民皆贤且少不肖,皆智而无甚愚,而后可。"⑦他在分析管仲、商鞅变法时指出:"管商变法而行,介甫变法而弊,在其时之风俗人心与其法之宜不宜而已矣"。因此他预言:"由今之道,无变今之俗,十年以往,吾恐其效将不之贫与弱而止也。"⑧后来,严复在《论中国之阻力与离心力》中,进一步揭示了

---

① 《严复集》第三册,第 514 页。
② 严译丛刊本《原富》,第 392 页。
③ 严译丛刊本《穆勒名学》部,第 66 页。
④ 《天演论·群治》。
⑤ 《群己权界论·译凡例》。
⑥ 《严复集》第一册,第 35 页。
⑦⑧ 《严复集》第一册,第 25、26 页。

这种"人心风俗"中的"离心力"特点:"不在大端,而在细事,不在显见,而在隐微,故有……不可见之弊,并有不可思及之弊……此病中于古初,发于今日,积之既久,疗之实难"①,这实际就是指中国传统文化在历史的变迁中,渗透积淀在普遍的社会心态中所形成的一种心理定势、一种集体潜意识,它似乎无所不在,但又看不见,甚至有些不可思议,可又处处受其掣肘。严复已经敏锐地意识到了这种历史积淀下来的文化劣根性,腐蚀着中华民族活的机体,使得"民力已苶、民智已卑、民德已薄"②,使国民有如"病夫",他感受到,在这种国民精神状态下,"虽有富强之政,莫之能行"③。

第二,"三民"思想提出了主体文化——心理结构问题。就形式而言,文化心理结构表现为思维方式、行为方式、价值判断、审美判断等因素;就结构而言,它又包括智力结构、伦理结构、审美结构④以及整体的国民精神状态(民族性格或心理素质)。严复"三民"思想基本上包括了这三要素,当然"力"的问题在严复这里主要还只是外在肉体生命即体质问题,但后来就上升到审美问题(详见《尚力卷》),这就基本上构成了文化心理结构的主要要素。

第三,"三民"提出了一个"土壤改良"问题。近代西方社会化大生产移植到中国来所发生的"变异"、"变态"现象,严复认为是人的问题,而且是人的文化心理结构的问题。因此他提出要进行改造国民心理中的文化劣根性即"土壤改良"的工作,"盖政如草木焉,置之其地而发生滋大者,必其地之肥硗燥湿寒暑,与

---

① 《严复集》第二册,第467—468页。
②③ 《严复集》第一册,第20、26页。
④ 可比较李泽厚所言智力(知),伦理(意)、审美(情)三结构,参见《李泽厚哲学美学文选》,湖南人民出版社1985年版,第148—163页。

其种姓最宜者而后可也,否则萎悴而已,再甚则僵槁而已"①。严复进而分析了"土壤改良"问题的特点,由于中国是一个长期缺乏民主传统的国家,去掉国民奴性,培养自治能力等,不能"期之以骤",而是一个长期的潜移默化的过程。笔者认为,不能简单地把严复的这个思想斥之为庸俗进化论,这个思想源于斯宾塞,但也包含有严复对中国现状的冷静观照和分析,就其对主体文化心理近代化的认识而言是相当深刻的,他把握了不同于经济、政治的文化心理意识形态的相对独立性特点。他曾估计这种"土壤改良"工作大致需要60年才能使中国富强起来②。事实上,60年后,今天当我们感受到传统文化心理结构、观念形态对当前的改革产生的巨大阻力而重温严复这一思想时,仍引起我们思想上的强烈共鸣。当然,真理跨出一步,往往就是谬误,严复的错误就在于把渐进性特点扩大到其他各个领域。

这样,我们就可以清楚地看出严复"三民"思想是怎样一步步展开的:严复首先用社会学的眼光,"沿流讨原,执因责果",把国家社会的盛衰归结为个体或主体即现实的社会的人的问题,而当他探讨"人"的力、智、德时,就把社会学的探讨方法转换为文化心理学的方法,即从社会的、现实的人进而探讨主体人的深层的文化心理结构,尤其是着重探讨潜藏在"人心风俗"中的文化劣根性问题。这样,就把被人忽视的近代中国的两大课题之一——主体文化心理结构近代化的问题,突出地提了出来。

严复把"土壤改良"工作即人的近代化集中在:"一曰鼓民力,二曰开民智,三曰新民德"。

第一,鼓民力。"民力"提出的现实根据是甲午战争的刺激,"日本以寥寥数舰之师,区区数万人之众"而大败中国,而中国

---

① 《严复集》第一册,第26页。
② 《严复集》第一册,第35页。

"猛虎深山,徒虚论也"①,国耻重新唤起了严复对久已不为国人所齿的尚武冒险精神和力量的肯定和追求;其次,严复考察了中国历史,认为中国是一个农业文明古国,以"耕凿蚕织"、"礼乐刑政"、"养生送死"、"君臣之分"等为特征,重文治而轻武事,是"文胜之国",所以"其民偷生而畏法……是以及其末流,每转为质胜者之所制"②,即为周边游牧部落民族所统治。而且长期以来,统治者"崇柔让之教,则嚣凌之氛泯"③,"民力无由以图",造成"病夫"式国民精神状态。因此,必须改变重文轻武、"君子劳心,小人劳力"的传统价值观念。他说:"有最胜之精神,而后有最胜之智略,是以君子小人劳心劳力之事,均非体气强健者不为功。"④"民力"问题在后来之所以引人注目,严复首倡之功是不可没的。

第二,开民智。有两点是值得注意的,首先,他认为中国"顾功名之士多有,而学问之人难求,是则学问贵也"⑤。中国传统智力结构、思维方式带有强烈的实用性和急功近利性,这突出地表现为中国人只关心与伦理人生密切相关的知识,即表现为"为人生而智慧"、"不为功名不读书",而缺乏古希腊和近代西方那种"为智慧而智慧"的"爱智"的求知精神和科学精神,所以严复慨叹"学问之人难求",直观地把握到了这点。其次,中国文化中缺乏西方那种独思考、冷静观照的批判意识和怀疑求异的理性精神,而表现为盲从古人依赖圣人,"中土之学,必求古训,古人之非,既不能明,既古人之是,亦不知其所以是,记诵词章既已误,训诂注疏又甚拘,江河日下,以至于今日之经义八股,则适足以破坏人才,复何民智之开之与有耶?"⑥所谓"半部论语治天

---

① 《严复集》第一册,第19页。
②③ 《严复集》第一册,第22、2页。
④⑤ 《严复集》第一册,第28、29、30页。
⑥ 《严复集》第一册,第29页。

下"正是这种求同、崇古、崇圣的封闭被动式思维结构的典型概括。而西方则是"使自竭其耳目,自致其心思,贵自得而贱因人,喜善疑而慎信"①,也就是说,西方思维方式更重视亲身体验、冷静观照和积极主动的求知精神。而且严复对那种一味强调书本上学问的传统观点表示异议,他借用赫胥黎的话说:"读书得智,是第二手事,唯能以宇宙为我简编、民物为我文字者,斯真学耳。"②因此,严复大声疾呼:"欲开民智,非讲西学不可;欲讲实学,非另立选举之法、别开用人之途,而废八股试帖策论诸制科不可。"③因此他积极宣传近代西方实证科学和逻辑学。可以说,他平生所致力的译介西学名著,正是他的"三民"思想的实践产物。

第三,新民德。洋务派和早期改良派都大谈"变器不变道"、"以中国之伦常名教为原本",张之洞强调使人们"熟知孝悌、忠信、礼义、廉耻、纲常、伦纪、名教、气节以明体"④,而严复的"批判的武器"就集中在这个"中体"上。我们知道,中国传统伦理结构是建立在宗法家族共同体基础上,作为体现宗法共同体意志的家族伦理,随着专制主义的不断渗入、强化,实际已成了个体异己的对立物,表现为"道德专制",形成了对个体的压抑、束缚,于是产生了没有责任感、主人感的奴隶道德(奴性),这样一旦国家有难,"则独知有利而已"。而近代西方伦理结构是奠基在天赋人权、自由平等原则基础上,表现为一种强调"自我防卫"、自我保存、"追求我们自己的好处"、以个人为本位的功利主义伦理

---

① ② ③ 《严复集》第一册,第 29—30 页。
④ 《劝学篇·明纲》。

观①。因此,严复特别强调个体的自由,"侵人自由者,斯为逆天理、贼人道"②和个体自由基础上的"各私中国"。在这里,他认为个人的权利自由(利己)是义务责任(利群)的前提。也就是说,只有当国民不再是"奴虏"而是主人时,才会把中国视为自己的中国,才会承担主人翁的责任:"是故居今之日,欲进吾民之德,于以同力合志,联一气而御外仇,则非有道焉使各私中国不可也。"③因此,严复提倡既利群又利己的"开明自营"的合理利己主义和功利主义伦理观。这标志着中国近代"价值转换"的开始。

从上可看出,严复"三民"思想主要通过中西对比的方式,提出了三个方面的内容:"鼓民力",实际上提出了用"壮佼长大"的强健体魄和"骁猛坚毅"的尚武冒险精神来改造国民"病夫"般精神状态和羸弱体质;"开民智"就是一方面用近代实验科学来代替中国"无实"、"无用"的八股之类,另一方面则是提倡用科学的思维方式、批判理性和进化的世界观来取代中国那种被动消极、封闭繁琐的思维方法和急功近利的实用理性;"新民德"则是用既利群又利己的"开明自营"式功利主义伦理观来冲击那些摧残压抑个体的宗法家族伦理名教。这标志着中国主体文化心理结构近代化的开始。

近代人文精神的揭幕

马克思说过:"世界史不是过去一直存在的,作为世界史的

---

① 见严译《群己权界论》首篇,可对看商务1982年新译本《论自由》第1章第11页:"在一切道德问题上,我最后总是诉诸功利的,但是这里所谓功利必须是最广义的,必须是把人当作前进的存在而以其永久利益为根据的。"

②③ 《严复集》第一册,第3、31页。

历史是结果。"①历史形成为世界史,即从古代的、分散的、封闭的纵向发展向全球性的横向发展,形成为整体性、统一性世界史的过程,也就是资本主义近代化过程。当工业社会逐渐从中世纪封建社会母胎中孕育成熟而在西欧的地平线上升起后,由蒸汽机所启动的资本主义巨轮便迅速越过易北河,自西徂东向东方、向整个世界扩展,资本主义不仅"使一切国家的生产和消费都成为世界性的了",而且"精神的生产也是如此"②。古老的中华民族从鸦片战争后也开始纳入整体性、一体化的资本主义世界体系,并开始了近代化过程,这个过程无疑体现了人类历史的进步。但是人类历史往往是在一种"血与火"的悲剧性"二律背反"中前进的,这在近代就突出表现为:一方面,中国要走出中世纪,顺应世界潮流,迈向近代化,就有赖于西方近代文明;另一方面,中国作为一个民族实体,它又不能无视西方近代文明对自己的挑战、冲击和辗压,它必须在应战和反抗中,保存和确证自己。因此,近代中国就在救亡图存的焦点上凝聚着两大课题:作为客体的经济——社会政治结构(包括经济基础、上层建筑各部分)的近代化和作为主体的文化——心理结构的近代化(即人的近代化),这是一个双重近代化过程,用梁启超不确切的表述便是"环境之变迁与心理之感召"③,在马克思主义传入中国之前,可以这样说,中国在何等程度上完成了双重近代化,也就决定了中国在何等程度上获得解放、独立和富强,这是一条积极救国的途径,舍此别无出路。

从洋务运动到戊戌维新到辛亥革命,这是中国客体近代化进程,即从引进社会化大生产、解放生产力,到变革政治体制上

---

① 《马克思恩格斯选集》卷2,第112页。
② 《马克思恩格斯选集》卷1,第254—255页。
③ 梁启超:《清代学术概论》第1页。

层建筑到推翻旧的帝制政权,与主体近代化过程比较,这过程以其可见性大、影响之轰轰烈烈和急风暴雨式的群众斗争等特点而为世人所瞩目。各种中国近代史专著、教材,基本上是阐发这个过程,但是人们却长期忽视或误解了主体人的近代化过程。

我们知道,长期以来,不论客体环境怎样变化,中国传统文化总是以儒家文化为主体来同化消融新的客体因素。直到近代,所谓"中体西用",同样还是把新的客体因素纳入到原有的以儒家伦理名教为主体的框架内,这种同化方式成了严重阻碍中国近代化的桎梏。严复把握到了这一点,所以坚决反对"中体西用",并讥之为"牛体马用"①,而且集中抨击这种纲常名教的"中体"。因此,严复的历史地位就在于他在中国第一次有理论(生物社会学、社会进化论)、有方法(中西比较法、逻辑学)、有体系("三民"思想)的全面深刻地批判和反省了中国传统文化的劣根性,率先提出了改良深层土壤,即改造国民的智力结构、伦理结构和病态的国民精神状态等问题。他提出的"鼓民力、开民智、新民德"思想,标志着中国近代知识分子群体批判意识的开始觉醒,也就标志着中国主体文化——心理结构近代化即人的近代化的正式开始,也就是近代人文精神的正式揭幕。从此以后,梁启超继承并展开了他的"三民"思想而正式提出"新民"的口号,而他们的批判精神和思想又为五四新文化运动尤其为鲁迅所继承,鲁迅长期探讨"国民性问题"即是对这一问题的深化。而且,从事客体近代化的民主革命领袖孙中山先生在《建国方略》中也提出了"心理建设"问题。这样从严复到后期孙中山的思想发展历程就构成了中国主体文化——心理近代化发展的基本线索,它与客体经济社会政治结构的近代化构成了一种双重近代化的建构过程。因此,我们就不能把近代史看成是一种从农民革命

---

① 《严复集》第三册,第558页。

→洋务运动→戊戌维新→辛亥革命的单线进化过程,也不能仅仅看到革命派与改良派的对立的一面,在很大的程度上,这两派是互为补充的。革命派偏重于客体近代化,改良派偏重于主体近代化,正是在这种既互相对立又相互补充中,才展示了中国主客体双重近代化的既惊心动魄又丰富多彩、既有流血革命又有思想文化改良的整体历史发展行程。

不仅如此,严复的"三民"思想提出了近代人文精神的基本体系框架。从心理学角度看,人的心理结构不外是知、情、意的集合,知对应于人的智力结构,情对应于人的审美情感结构,意对应于人的伦理意志结构,因此严复"三民"思想放在整个近代文化背景考察,则涉及的是作为主体文化心理结构的智力结构、情感结构和意志结构的转型问题,在近代,重建智力结构的根本要求就是确立人的理性精神,重建情感结构的核心则是审美情趣和审美观念的转型,而重建意志结构则要求确立一种新的伦理精神。因此本书的基本框架便以三大重建为主线,以严复"三民"思想为起点,来论述从戊戌到五四前后的文化启蒙("力"的部分延至抗战)。

近代伦理精神的重建

道德是人们一定行为规范的总和。人们依照一定的标准、规范所选择的行为方式和人生观总是带有鲜明的时代特色,因为任何道德观念、伦理精神都不是超历史的,它作为一种意识形态总是与一定的经济基础和上层建筑保持着某种适应性,尽管它本身亦有某种相对独立性。在人类历史上,几乎每当重大历史转折时期或社会变革时期,经济的、社会政治结构的转型,总会伴随着一场人生价值观和伦理精神的革命。当旧的伦理精神、旧的道德观念构成对新的生产力解放的阻碍,构成对新的生产关系的阻碍时,新的伦理启蒙和伦理精神的重建便应运而生。近代伦理精神的重建正是在中国开始近代化的时候所进行的一场伦理启蒙。

进化论与伦理重建

自从 19 世纪末严复介绍并翻译《天演论》后,进化论思潮成为当时影响最大的一股社会思潮。伧父(杜亚泉)在《静的文明与动的文明》一文中深有感触地说:"生存竞争之学说,输入吾国以后,其流行速于置邮传命,十余年来,社会事物之变迁,几无一不受此学说之影响。"①陈兼善在《进化论发达略史》中亦谓:"无论什么哲学、伦理、教育以及社会之组织,宗教之精神,政治之设施,没有一种不受它的影响。"②从严复、康有为、梁启超始,及陈独秀、鲁迅、胡适、毛泽东等一代思想家、革命家的青年时代都无一不身受其赐而开始走向社会,以致当代学术界甚至有人把中国近代哲学主流概括为"进化唯物主义"③。

然而,学术界一般多注重于进化论所带来的政治影响和世界观的影响,这固然有其合理性,但我认为,从最深层的文化意义上考察,进化论输入的是一种全新的伦理精神、一种新的价值观念,它在近代伦理精神重建过程中,带来了如下观念的转换:

第一,从仁本论到自然本质论。正如笔者在《通论卷》中指出的,中国古典人文精神的核心是仁本主义,也就是说,古典人文精神是从"仁"、从关系来定义人的本质的。人的本质就在于人的群伦性,从而把仁义礼智信、温良恭俭让视为人的先天良知。儒家伦理认为"人之所以异于禽兽"的根本区别就在于"仁义":"禽兽有知而无义,人有气、有生、有知,亦且有义"④,又如所谓"物瘠疾莫能为仁义,唯人独能为仁义"⑤,所谓"故人为最灵,而备有五常之性,禽兽则昏而不能备"⑥,这样伦常道德便构成人的本质。然而在进化论看来,人不过是自然界进化的产物,严复介绍达尔文学说时指出:"自达尔文出,知人为天演中一境,且演且进,来者方将。"⑦,又说:"十九期民智大进步,以知人道

---

① 《东方杂志》第 13 卷第 10 号(1916 年)。
② 《民铎》第 3 卷第 5 号(1922 年)。
③ 参见《中国近代哲学史论文集》,天津人民出版社 1984 年版,第 128—155 页。
④ 《荀子·王制》。
⑤ 董仲舒:《春秋繁露·人副天数》。
⑥ 朱熹:《答余方叔》。
⑦ 《严复集》第 5 册,第 1325、1345 页。

为生类中天演之一境,而非笃生特造,中天地为三才,如古所云云者……达尔文《原人篇》、希克罗《人天演》、赫胥黎《化中人位论》,三书皆明人先为猿之理。"①这样,当儒家文化不断制造人类先天仁义良知的神话,以回避那种低等动物的卑琐、下贱和低劣的兽性而指向那高贵、神圣的"天使"般的伦理精神境界时,进化论却揭开了人类过去那段卑琐的爬行动物的历史,人的祖先不过是一种四足哺乳类的猿猴动物而已,人类在无情的科学理性面前,完全展示了无法掩盖的动物兽性的本来面目,人的自然本质就被揭开了。

第二,从自我完善到自我保存。儒家文化所规定的"三纲领八条目"所强调的正心诚意修齐治平,从根本上规定了个体的修养途径,也就是说,人的行为准则是以自我完善为前提,同时也是以自我完善为目的。所谓"克己复礼",所谓"寡欲",所谓"慎独",所谓"反求诸己身",强调的"己"不是自我实现原则而是个体完善的伦理原则,也就是梁启超所说的"私德"。强调自我道德完善,便必然否定竞争而强调"息争"、"不争",老子的"不敢为天下先"和儒家的中庸絜矩之道都强调的是这一点。然而,自我完善原则在近代面临的困境,首先就表现为"内圣"并不能导致"外王",也就是说"修身齐家"无法"治国平天下"。对于近代中国的首要任务,便是如何救亡如何使国家富强,而国家的富强又不可与个体自强须臾分离。"拓都"(total 总体)离不开"么匿"(unit 个体),这是严复引介的社会进化论的一个基本观点,而进化论提出的基本前提就是,人的自然本性和感性欲求首先是"自我保存",离开了这个前提而谈自我完善,不过是一种伪道德而已。进化论强调生物进化的机制,一个是"物竞",一个便是"天择","物竞者,物争自存也;天择者,存其宜种也,意谓民物于世,

---

① 《严复集》第 5 册,第 1325、1345 页。

樊然并生，同食天地自然之利矣，然与接为构，民民物物，各争有以自存，其始也种与种争，群与群争，弱者常为强肉，愚者常为智役，及其有以自存而遗种也，则必强忍魁杰，趫捷巧慧，而与其一时之天时地利人事最其相宜者也"①。物竞天择，"动植如此，民人亦然，民人者，固动物之类也"，"人欲图存，必用才力心思，以与是妨生者为斗，负者日退，而胜者日昌"②，人和一切生物一样，服从于人的自然本质。也就是说首先面临的是自我保存。要保存自己，就得加入竞争行列，竞争便会产生优胜劣汰的局面。这样，人一开始就被投入到一种险恶艰难的生死大搏斗的环境中，与儒家伦理比较，进化论显然更真实地直面人生那惊心动魄的一幕。

"自我保存"最早系统提出来的是英国哲学家霍布斯，他认为：人就其本性而言是利己的，人所应该服从的最高权威就是自我保护的自然本性，为了自我保存，不择手段是他的权利，但当人人不择手段时，人类便会陷入"每一个人对每一个人的战争"③的残杀状态，而这种残杀的战争状态又和人的自我保护不相符合，于是理性告诉人们：为了和平，人们彼此之间必须同等地放弃某些任意妄为的权利，限制某种行为的自由，于是就产生了契约。契约产生公道，公道产生道德。进化论在某种程度上承袭了霍布斯的思想，只不过是把"自我保存"放在自然进化过程中来考察。恩格斯曾指出："达尔文的全部生存斗争学说，不过是把霍布斯一切人反对一切人的战争的学说和资产阶级经济

---

①② 《严复集》第 1 册第 16 页，第 5 册，第 1351 页。
③ 霍布斯：《利维坦》，商务印书馆 1985 年版，第 94 页。

学的竞争学说以及马尔萨斯的人口论从社会搬到生物界而已。"①从自我完善转化为自我保存,更突出了人的自然本性,也更突出了人的能力的发展论而不是人性修养论,并且只有通过这种足以自存、自强、自主的个体,才能保存国家。这就是严复所谓"弱民无强国"的内在含义。

第三,从性善论到性恶论。中国古代人性论哲学中,虽然有各种对立的理论,如孟子的性善论(良知)、告子的性无善恶论、荀子的性恶论和韩非子的性恶论,但是韩非子的理论不过是赤裸裸的暴君统治理论,而荀子尽管看到人性自私的一面,但却又强调"人之性恶,其善者伪也",即把"伪"(人为)作为克制自私的手段来达到"善",也就是说荀子性恶论的最高目的仍是"善",因此在指向人性完善这个终极意义上,传统伦理观中的各种人性论并无多大分歧,基本上倾向于性善论。也可以说儒家伦理是通过弘扬人的"一半天使"来抑制人的另"一半野兽"的本性以达到"内圣";而进化论则冷静地揭示了人的"一半野兽"的性质即儒家伦理所谓性恶部分:欲望、激情、自私、利己、竞争……事实上,当时一些顽固派正是从性善论角度来攻击进化论的"性恶论"倾向,正如台湾学者郭正昭所言:"叶德辉之抨击达尔文主义,其重点也只及于维护儒家的性善论,而认为达尔文主义倾向性恶说。"②在进化论看来,自我保存、自私利己本身不过是人的自然本质,而且,如果忽视人的生存欲望,缺乏自强自利和竞争

---

① 《马克思恩格斯选集》卷 3,第 572 页。关于进化论与马尔萨斯人口论的关系,中国近代思想家也有认识,马君武在《社会主义与进化论》中指出,"欲论民数(指人口)问题,不可不先论马尔泰司 Malthus 之民数论(指人口论),马尔泰司之民数论,固达尔文主义之根据地也"(《译书汇编》第 2 年第 11 号 1903 年)。

② 参见姜义华编《港台及海外学者论近代中国文化》,重庆出版社 1988 年版,第 184 页。

的能力,个体就会被淘汰,而一个以这种个体集合的民族或国家就会停滞、灭亡。社会要前进,民族要生存,个体要进步,就必须具备"自我保存"的能力,这既是人类自身进化,也是社会进步的内在驱力。也就是说,恰恰是为儒家所不齿的"人性恶"的因素即费尔巴哈所谓"野兽的一半",推动了历史的前进。对此,一些敏锐的思想家都曾明确地表述过。卢梭就曾说过:"科学与艺术都是从我们的罪恶中诞生的。"①康德也说过:"自然的历史从善开始,因为它是上帝的工作。自由的历史从恶开始,因为它是人的工作。"②凯恩斯针对资本主义剥削等等"恶"说过:"至少在一百年内,我们还必须对己对人扬言美就是恶,恶就是美,因为恶实用,美不实用。我们还会有稍长一段时间要把贪婪、高利剥削、防范戒备奉为信条。只有它们才能把我们从经济必然性的地道里引领出来见到天日。"③同时,我们也想起恩格斯对黑格尔一段理论所作的评价:"在黑格尔那里,恶是历史发展的动力借以表现出来的形式。这里有双重的意思:一方面每一种新的进步都必然表现为对某一神圣事物的亵渎,表现为对陈旧的、日渐衰亡的、但为习惯所崇奉的秩序的叛逆;另一方面,自从阶级对立以来,正是人的恶劣的情欲——贪欲和权势欲成了历史发展的杠杆。"④所以严复表示出对孟子性善论的某种怀疑:"是故知其大本,则孟子性善之未必是,而荀子性恶而善伪之论亦不必非。"⑤当然他还没有看到荀子在终极意义上仍是指向性善和内圣的。然而,毕竟人的自然本质、人的自利自存等因素第一次以进化论形式在近代中国得到首肯并很快传播到社会,它标志着

---

① 卢梭《科学与艺术》。
② 康德:《人类历史起源推测》。
③ 转引自舒马赫:《小的是美好的》,商务印书馆 1984 年版,第 9 页。
④ 《马克思恩格斯选集》卷 4,第 233 页。
⑤ 《严复集》第 5 册,第 1473 页。

旧的伦理精神的危机和近代伦理精神的重建的开端。

乐利主义伦理观

作为辅助中国封建政治统治的意识形态——儒家伦理的一个突出特征便是泛道德主义的非功利主义特征。这样一种否定现世利益追求的价值观念，支配了中国人的行为方式达数千年之久。然而，只有到近代，才开始了中国伦理精神的系统重建，以营利为主的经济伦理的理论形态便是乐利主义伦理观，在近代中国开始获得名正言顺的合理肯定和弘扬。资本主义时代是一个重利益、讲实效的时代。它首先是对中世纪神学价值观念的反叛，这种中世纪价值观念强调人应该追求"至善"，追求上帝，因为上帝就是至善的道德化身，人应该回避尘世、回避物质欲望，在沉静冥想和修道中达到与上帝同一的精神境界。然而，随着资本主义生产方式的逐步确立，一个重视现世利益、重视实效的时代开始出现了。路德改革和清教伦理首先使在现世中追求财富和创造财富具有神圣的价值，而且此岸中的成功就成为获得"救赎"，成为上帝选民的根本标志。马克斯·韦伯认为宗教改革导致了一种"理性而有系统地追求利润的态度"的产生，因此，人们"把赚钱视为人有责任实现的目的本身，视为神的召唤的思想"①，这种通过严密计算利用交换机会取得预期利润的近代资本主义精神便构成了近代功利主义伦理观的现实基础。从此以后，"人生的目的不是去战斗、去祈祷、去沉思、去创造、去享乐，或者去变成什么样子，而是要去图利"②。特别是工业革命以后，马克思指出生产力的解放所带来的价值观念的根本变化："英国工业的这一番革命化是现代英国各种关系的基础，是

---

① 韦伯：《新教伦理与资本主义精神》，第 64、73 页。
② 哈孟德夫妇：《近代工业的兴起》，第 63 页。

整个社会发展的动力。它的第一个结果,就是利益被提升为人的统治者……换句话说:财产、物成了世界的统治者。"①一切都服从经济逻辑而去追逐利润和财富,功利主义伦理观就是对资本主义精神的理论概括。中国纳入资本主义世界体系,自然也同时迎纳了支撑资产阶级行为方式的价值观念——功利主义伦理观。

我们知道,义利之辨是儒家伦理的一个基本问题。孔子最早倡言"君子喻于义,小人喻于利";孟子见梁惠王时,劈头就说:"王何必曰利?亦有仁义而已矣。"荀子亦言:"义胜利者为治世,利克义者为乱世。"重义轻利,重视道德价值而轻视个人的利益,成为儒家伦理相标榜的理想价值。到西汉中叶,董仲舒发展了这种以"道"即封建礼教来裁定营利欲望的主张,在系统阐述所谓道义人伦的同时,通过性三品说强调人之所以有恶无善,乃在于一种充满情欲和营利冲动的"斗宵之性",为此,董仲舒揭橥"正其谊不谋其利,明其道不计其功"②的著名命题。到宋明理学时代,则更主张"存天理,灭人欲",并将利益视为"天下将乱"的标志③,而且认为:士大夫"劳身心以营鸡豚蔬果之务以为利",则"不足列于人类"④。

道德是人们用理性对行为所作的一种规范,重在行为、实践操作,所以被康德称之为"实践理性"。如果儒家伦理在理想与实践中一以贯之地坚持一种非功利主义精神,而表现出康德那种"位我上者灿烂的星空,道德律令在我心中"的道德的绝对命令,那么,这将是中国古典人文精神对世界伦理文明的重大贡献。然而,正如笔者在《通论卷》第一章中所指出的,儒家伦理的

---

① 《马克思恩格斯全集》第1卷,第674页。
② 《春秋繁露・深察名号》。
③ 即雍:《皇极经世观物内篇》。
④ 王夫之:《俟解》。

根本性问题首先表现在理想层面与实践操作层面的悖论性冲突。在理想层面倡言非功利主义,而在实践层面却是"学也,禄在其中"(孔子),"学而优则仕";在理想层面标举"明道正谊",在实践层面却是"内圣"必然"外王",这里的"外王",更多的不是"治国平天下",而是"治人得天下",即升官发财。因此,章太炎曾在《论诸子学》中表示鄙弃而斥之为"乡愿"、"国愿"之学,并明确指出:"儒家之病,在以富贵利禄为心","用儒家之道德,故艰苦卓厉者绝无,而冒没奔竞者皆是"。这种虚伪、乖巧的儒家伦理实际上却朝两极发展:一极发展为极端的道德专制主义、禁欲主义,即"礼教",为了维持家族宗法共同体,个体思想、言论和行为方式甚至举手投足都受到控制,所谓"坐如尸、立如齐","话莫高声,笑莫露齿","饿死事小,失节事大","存天理,灭人欲","以理杀人"……伦常名教以一种异化了的形式反过来压抑着人的自然本质和感性欲求;另一极则是绝大部分人的普遍禁欲主义则助长了极少部分人的极端功利主义和极端纵欲主义,而儒家伦理不过是为这极少部分人提供了欺骗、愚弄绝大多数人的工具而已。

严复对进化论和社会达尔文主义的介绍,构成了对传统人性论的根本挑战,从而揭开了人的自然本质即人的生存本能、欲望、激情、自利的一面。这种对人的自然本质的重新确认,实质上就为新的伦理观提供了一个人性论基础。乐利主义伦理观与自然人性论有着某种内在的因果关联。随后,严复通过对亚当·斯密《原富》的翻译介绍,梁启超《乐利主义泰斗边沁之学说》等文的发表以及章士钊等人在新文化运动前夕的《论功利》等文的问世,掀起了一股功利主义思潮。它大致包括以下一些基本内容:

第一,快乐原则。人的自然本性在于"自我保存",按照梁启超介绍边沁的功利主义解释,保存自我首先服从的是"趋利避害"、"去苦求乐"原则,能"使人增长其幸福者谓之善,使人减障其幸福者谓之恶","故道德云者,专以产出乐利预防苦害为目的"①。章士钊亦说:"苦者人性之所避也","以苦为则,断非人类共以为适之端。苦之对为乐,惟乐可语于是,故曰当易之以乐也",章氏明确表示:以"快乐"为原则,这是对儒家伦理的超越,"儒先治己之律曰苦,今当易之曰乐也"②。那么,苦乐怎样去确定呢?梁启超介绍了边沁的"苦乐计量之法","谓苦乐之量有大小,取大乐去小乐者谓之善,取小乐去大乐者谓之恶,其计量之法:(一)较苦乐之强弱;(二)较苦乐之长短;(三)较苦乐之确否;(四)较苦乐之远近……(五)较苦乐之增减……(六)较苦乐之纯驳……(七)较苦乐之广狭",而且各种苦乐各有不同。以快乐而论就有:

(一)感觉之乐,如味官之乐、酩酊之乐等九种;(二)富财之乐;(三)技巧之乐;(四)友交之乐;(五)令名之乐;(六)权力之乐;(七)信仰之乐;(八)慈惠之乐;(九)恶意之乐,(十)记忆之乐;(十一)想象之乐;(十二)预期之乐;(十三)联想之乐;(十四)救拯之乐。

以痛苦而论亦有:

(一)缺亡之苦;(二)感觉之苦;(三)拙劣之苦;(四)仇敌之苦;(五)恶名之苦;(六)信仰之苦;(七)慈惠之苦;(八)恶意之苦;(九)记忆之苦;(十)想象之苦;(十一)预期之苦;(十二)联想之苦③。

通过对以上两类苦乐的严密计算,衡量其量上的多少,以决定自己行动的选择,从某种意义上可以说,这是对以金钱计算的

---

① 梁启超:《乐利主义泰斗边沁之学说》,《饮冰室合集》文集之十三。
② 章士钊:《论功利》,《甲寅杂志存稿》下册,商务印书馆1921年版。
③ 梁启超:《乐利主义泰斗边沁之学说》。

资本人格精神的精致化和理论化。马克斯·韦伯曾经把资本主义精神概括为"以利用交换机会取得预期利润为基础的行动,却依赖(形式上)和平的营利机会而采取的行动",而且通过采用"现代簿记方法","在做出每项个别决策之前都要进行计算,以确定可能获得的利润"①。可以说苦乐计量法不过是这种合乎"理性的"严密计算利润的理论升华。这种赤裸裸的苦乐计量法遭到了人们普遍的呵斥,人们"以为是禽兽之教也"。于是梁启超又介绍约翰·密尔的"精神快乐论","谓别择苦乐不可不兼量与质之二者,不徒校其多少,又当校其高卑,因立出知力的快乐、思想的快乐、道德的快乐诸名目"②,在密尔看来,物质的快乐不如精神的快乐,而精神的快乐恰恰是人之于动物快乐的根本区别。章士钊谈到"快乐"原则时,又将之与近代国民的权利联系起来,他说:"国民者,宜享权利者也。何也,无权利不足以自行避苦趋乐也。"③这就使"快乐原则"直接为追求民主权利服务,而且把苦乐计量法扩展为人民权利程度和总数计量法。章士钊说:"闻人之言曰:'改造民国根本大法……首在为多数人谋幸福',何谓幸福,请有以语我来,斯则边氏功用之说尚矣。而哈氏[即霍蒲豪斯 L. T. Hobhouse(1864—1929)英国政治哲学家——引者]一言尤须记取:人群幸福云者,非以其分子所享权利之程度计之,不成意味。"④高一涵也强调说:人民幸福"必合一国全体人民系有权利者之总数计之,乃为有当"⑤,没有权利的计算,所谓幸福、快乐全部落空。

第二,"开明自营"原则。在儒家伦理观看来,个体不过是宗

---

① 韦伯:《新教伦理与资本主义精神》,第 16—17 页。
② 梁启超:《乐利主义泰斗边沁之学说》。
③ 章士钊:《国家与责任》,《甲寅杂志存稿》上册。
④ 章士钊:《国家与责任》。
⑤ 高一涵:《民福》,《甲寅》第 1 卷,第 4 号。

法伦理关系网上的一个纽结而已,个体只有通过对象化、群体化才具有其自身价值。严复提出"开明自营"原则,其意义就在于把个体从被家族群伦淹没的关系网中解放出来,为个体的生存价值、合理营利争得一席伦理上的正当地位,"自营一言,古今讳言,诚哉其足讳也,虽然,世变不同,自营亦异。大抵东西古人之说,皆以功利与道义相反,若薰莸之必不可同器。而今人则谓生学之理,舍自营无以为存,功利何足病?问所以致之之道何如耳,故西人谓此为开明自营,开明自营,于道义必不背也"①。作为个人利益的"开明自营"与"道义"并不相悖,事实上只有在"利"(物质生活)富足之后,才有所谓"义"(精神道德),"实且以多为贵而后其国之文物声明可以日盛,民生乐而教化行也。夫求财所以足用,生民之品量与夫相生相养之事,有必财而后能尽其美善者"②;其次,严复结合亚当·斯密的经济学说论证个人"自营"的正当性。比如他从生产与消费关系原理上,论证个人追求财富和享受(自营)完全符合经济发展规律,他指出:"夫民之所以盼盼勤动者,为利进耳,使靡所利,谁则为之?"利益刺激生产,而生产则带来了财富的积累和增长,必然导致人们对享受的追求,"今使一国之民,举孜孜于求富。既富矣,又不愿为享用之隆,则亦敝民而已。况无享用则物产半盈之后,民将漫然止足,而所以励其求益之情不亦废乎?"③也就是说,只有鼓励人们消费、享受,才能刺激生产,促进生产的扩大和财富的增加。严复以个人自利自营为原则的思想,继承了亚当·斯密的理论,即每个人在从事经济活动时首先考虑的是个人的最大利益,并不具有帮助别人和增进社会公共利益的动机,只是在通过竞争原

---

① 《严复集》第 5 册,第 1395 页。
② 《原富》部乙篇三按语,第 288 页。
③ 《原富》部丁篇九按语,第 550 页,部乙篇三按语,第 288 页。

则达到的自然平衡和调解,才产生彼此间的协作和互助,消除个人利益与社会利益之间的对立。严复认为这种"开明自营"思想"实能窥天道之全","为近世最有功生民之说"①;严复的"开明自营",不是绝对利己主义,不是损人利己,而是一种合理的利己主义,他强调"明两利为利,独利为不利","盖未有不自损而能损人者,亦未有徒益人而无益于己者"②;梁启超更把这种合理的利己主义视为一种基本权利:"故人而无利己之思想者,则必放弃其权利,驰掷其责任,而终至于无以自立。彼芸芸万类,平等存于天演界中,其能利己者必优而胜,其不胜利己者必劣而败,此实有生之公例矣。"③"自营"、"利己"的个体意识和经济营利原则构成了近代伦理观的核心。

第三,"最大多数之最大幸福"原则。人们很容易误解功利主义即绝对利己主义,而事实上,如果说"开明自营"强调的是个体价值的合理性的话,那么,"最大多数之最大幸福"原则,则把个体与群体结合起来,梁启超说:"近百年来于社会上有最有力之一语:曰最大多数之最大幸福,其影响于一切学理,殆与'物竞天择优胜劣败'之语同一价值。"④又说边沁"常言最大多数之最大幸福,是其意认为公道与利益常相和合,是一非二者也"⑤。严复在《天演论》按语中亦指出:"大利所存,必其两益,损人利己非也,损己利人亦非,损下益上非也,损上益下亦非。"⑥章士钊亦将"最大多数之最大幸福"原则作为立法原则,他指出:"自边沁之说出……而非之者率在伦理一面,谓以其说作为道义之准

---

① ② 《严复集》第 4 册,《天演论》群治十六案语,第 892、893 页。
③ 梁启超:《十种德性相反相成义》。
④ 《壬寅新民丛报汇编》,日本帝国株式会社,明治三十九年版,第 124 页。
⑤ 《乐利主义泰斗边沁之学说》。
⑥ 《严复集》第 5 册,第 1349 页。

绳，不无流弊。至用以立法原则，因由常人之所谓苦乐，以求最大多数之最大幸福，则无所容其非难。"①这样在合理利己主义理论中便渗入了利他主义因素，社会公道与个人主义原则有所融合。

乐利主义（功利主义）伦理观的提出，是中国近代伦理重建的理论化标志，它力图在个体的"自我保存"的自然本质基础上，建立起个体与群体、感性欲求与理性精神的新的统一和划界（所谓"群己权界"），这样就从根本上否定了传统伦理观中忽视个体的生存享受和发展的价值和意义，尤其对于反对儒家伦理所谓义利之辨的道德专制主义与禁欲主义具有极其重大的历史意义。严复就曾经明确说过："孟子曰：'亦有仁义而已矣，何必曰利？'董生曰：'正谊不谋利，明道不计功'。泰东西之旧教，莫不分义利为二涂。此其用意至美，然而于化于道皆浅，几率天下祸仁义矣。自天演学兴，而后非谊不利，非道无功之理，洞若观火，而计学之论，为之先声焉。"②严复明确说明了"天演论"和斯密的政治经济学中的功利主义精神对分为"二涂"的传统义利观的冲击作用。同时，它对于近代资本主义发展，商业和工业的近代化，尤其对于人的近代化提供了一种新的价值取向和新的行为模式。

但是，我们同时必须看到，功利主义伦理观作为一种外来文化虽然给近代中国带来了一定的伦理启蒙，但是这种伦理启蒙并没有完全取代中国传统价值观念，中国广大的农村依然按照旧的价值体系、行为方式的固有轨道运行着，一如鲁迅小说中所揭示的未庄文化、鲁镇文化一样。事实上，这种新的价值观念、行为方式只是在部分知识群、学生群和近代资本主义工商企业

---

① 章士钊：《国家与责任》，《甲寅杂志存稿》上册。
② 《严复集》第 4 册，第 858—859 页。

界聚集的沿海开放城市,才起到了某种解放或启蒙的作用。这就如同法国著名中国近代史研究专家白吉尔夫人所指出的,它构成了一种新的"海岸文明"(civilisation de la côte),白吉尔夫人对此指出:"这种地区性的外来移植,这种与世界市场的部分性一体化,导致各口岸之间产生了一种新的行为方式,即'海岸文明'。"也即是一种"面向大海、面向商业、受工商企业共同体的资产阶级价值所支配的"①新的伦理精神。因此,准确地说,中国近代伦理精神的重建,不过是在沿海一些开放城市的知识分子群和资产阶级群体中所确立的一种新的伦理观念和行为方式,而且即使在知识分子群中,也往往是两种或多种伦理模式的相互对峙与融合。中国的伦理重建仍是一个长期而艰巨的工作。

国民意识的诞生

如果说进化论主要是从人的本质的角度对旧的人性论的一种观念超越,功利主义伦理观主要体现为一种对个体营利的合理肯定的经济伦理的话,那么近代国民意识则主要体现为一种新的政治伦理、社会伦理,它要求解决的是人(个体)在社会、尤其在政治社会中(即作为公民)的地位和基本权利等问题。

(一)从"部民"到"国民"。严复《原强》中的"三民"思想尤其是其中的"新民德"思想,实际上已不是斯宾塞意义上的教育思想,而是一种政治伦理思想。严复谈到如何"新民德"时指出,中国文化与西方文化最大的区别就在于"西之教平等,故以公治众而贵自由。自由,故贵信果。东之教立纲,故以孝治天下而首尊亲。尊亲,故薄信果"。严复反复强调的是,自由的基础首先是个体权利问题,即"是民各奉其所自主之约,而非率上之制

---

① M.-C. Bergère, La Chine au XXe Siècle, Paris(Fayard),1989, P.295, P.298..

也",也就是使国家"私之以为己有而已矣","欲进吾民之德……则非有道焉使各私中国不可也"①,这里所谓"私"已经不是传统伦理观念,而是近代的政治参与含义,也就是说,只有当每个人具有参与政治、治理国家的基本权利,有做国家主人翁的资格,才谈得上所谓爱国等公德问题。梁启超接着这个向政治伦理转向的命题,在《新民说》中提出了"道德革命",通过道德革命而培养一种"新民"即近代国民意识,他说:"然则吾辈生于此群,生于此群之今日,宜纵观宇内之大势,静察吾族之所宜,而发明一种新道德,以求所以固吾群善吾群进吾群之道,未可以前王先哲所罕言者,遂以自划而不敢进也,知有公德,而新道德出焉矣,而新民出焉矣。"②在这里,梁启超将"道德革命"明确为培养"新民","新民"在梁启超看来就是"国民"。和严复一样,他以社会有机体论来阐释"国民":"国民者,以国为人民公产之称也。国者积民而成,舍民之外,则无有国。以一国之民,治一国之事,定一国之法,谋一国之利,捍一国之患。其民不可得而侮,其国不可得而亡,是谓国民"③,这样,国民就成为了权利主体。同时,他将"部民"与"国民"视为社会进化的两个阶段:"人群之初级也,有部民而无国民,由部民而进为国民,此文野所由分也,部民与国民之异安在。曰群族而居自成风俗者,谓之部民,有国家思想能自布政治者谓之国民,天下未有无国民而可以成国者也。"④也就是说,"部民"不过是那种聚族而居的农业宗法社会的产物,而"国民"则是近代民主社会的产物。以此而论,他认为中国正面临着从"部民"社会向"国民"社会的过渡:"昔者,吾中国有部民而无国民,非不能为国民也,势使然也。"那么现在这个"势"已经

---

① 《严复集》第 1 册,第 31 页。
② 《新民说·论公德》。
③ 《论近世国民竞争之大势》,《饮冰室合集》文集之四。
④ 《新民说·论国家思想》。

变化了,因此必须养成国民意识,"而以今日列国并立,弱肉强食,优胜劣败之时代,苟缺此资格(即国民资格),则决无以自立于天壤"①。因此争取国民的资格和权利关系到民族存亡的大问题。

(二)国民意识的基本内涵。梁启超提出培养"新民"即国民意识之后,就开始探索国民意识的基本内涵。以其《十种德性相反相成义》论,就包括五对范畴,即"独立与合群"、"自由与制裁"、"自信与虚心"、"利己与爱他"、"破坏与成立",而且还谈到公德与私德、权利与义务、进取与冒险、自治与自尊、毅力等。尽管梁启超的思想充满着"以今日之我斗昨日之我"的逻辑混乱和前后矛盾,但是他继严复之后,更系统全面地论述近代国民意识、近代国民所应具备的心理素质、价值观念,事实上他也是影响了一代又一代青年学生的启蒙思想家,并且由此奠立了一个新伦理范型。

(三)新的伦理范型的诞生。近代伦理范型是由严复首创而由梁启超奠立的,构成梁启超《新民说》的基本思想"鼓民力、开民智,新民德"直接继承了严复的思想,梁启超的社会有机体论也是通过严复译介而获得的。关于严复提出的伦理模式,我们将在下一章予以论述,先考察梁启超所完成的新的伦理范型。

梁启超认为中国传统伦理精神中,最大的缺陷是只有私德而无公德,"我国民所最缺者,公德其一端也","私德"与"公德"的区别就在于:"人人独善其身者谓之私德,人人相善其群者谓之公德。"中国古典伦理精神对"私德"的规定相当繁复:"皋陶谟之九德,洪范之三德,论语所谓温良恭俭让,所谓克己复礼,所谓忠信笃敬,所谓寡尤寡悔,所谓刚毅木讷,所谓知命知言,大学所谓知止慎独,戒欺求慊,中庸所谓好学力行知耻,所谓戒慎恐惧,

---

① 《新民说·释新民之义》。

所谓致曲,孟子所谓存心养性,所谓反身强恕,凡此之类,关于私德者,发挥几无余蕴。"但是以"中国旧伦理"与"泰西新伦理"相比较,则差异甚大:

第一,"旧伦理之分类曰君臣曰父子曰兄弟曰夫妇曰朋友,新伦理之分类曰家族伦理曰社会(即人群)伦理曰国家伦理";

第二,"旧伦理所重者,则一私人对一私人之事也,新伦理所重者,则一私人对于一团体之事也";

第三,旧伦理所重视的是"一私人之所以自处,与一私人之对于他私人",新伦理重视的则是"合公私而兼营之者也"①。

如果以图表示之则如下:

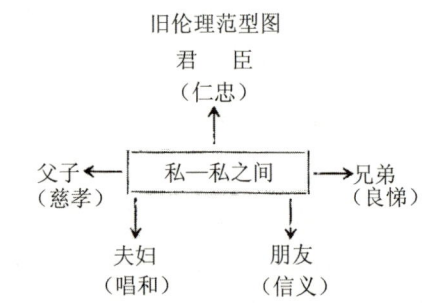

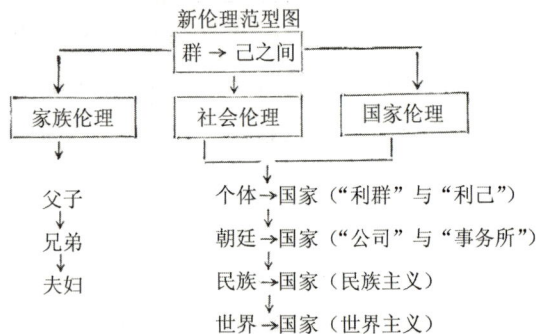

在梁启超看来,如以旧伦理中的"五伦"关系纳入"新伦理"中,除了"家族伦理"约略可保留传统"三伦"(父子、兄弟、夫妇、

---

① 《新民说·论公德》。

如上图)关系外,"朋友"一伦不足以概括"社会伦理",而"君臣"一伦更无法囊括"国家伦理"。因此"道德革命"的根本意义不仅在于道德内容的更换,如对"十种德性"的阐发等等,更主要是一种伦理结构、道德范型的转换,即在"家族伦理"之外,阐发新的"社会伦理"和"国家伦理"。

在梁启超看来,"国家伦理"主要表现为四对关系:"一曰对于个体而知有国家;二曰对于朝廷而知有国家;三曰对于外族而知有国家,四曰对于世界而知有国家。"①也就是个体→国家,朝廷(政府)→国家,民族→国家,世界→国家四对关系(见上图所示)。就第一对关系而言,国家并不神秘,它不过是自然法则下的产物,当个体的利益不能凭借自身力量来保护时,人们便产生了"合群"的观念,通过国家这一机器来保护自身的利益,因此,"利群"(保护国家)的根本意义就在于"利己","盖非利群则不能利己,天下之公例也"。在这里,梁启超显露出某种程度的个体性倾向,并且具有一种近代国家观念,即国家不是从来就有的、神授的,而是历史的产物。而且,国家或群体必须服从国民利己的需要:"为我也,利己也,私也,中国古义以为恶德者也。是果恶德乎? 曰:恶,是何言,天下之道德法律,未有不自利己而立者也……故人而无利己之思想者,则必自放弃其权利,驰掷其责任,而终至于无以自立。"②在梁启超看来,"利群"、"爱国"都是从"利己"中推出去的,"利己心与爱他心,一而非二者也。近世哲学家谓人类皆有两种爱己心,一本来之爱己心,二变相之爱己心,变相之爱己心者,即爱他心是也","故真能爱己者,不得不推此心以爱家爱国,不得不推此心以爱家人爱国人,于是乎爱他之义生焉,凡所以爱他者,亦为我而已";就第二对关系而言,梁启

---

① 《新民说·论国家思想》。
② 《十种德性相反相成义》。

超主要是将"朝廷"与"国家"区别开来,"朝廷由正式而成立者,则朝廷为国家之代表,爱朝廷即所以爱国家也,朝廷不以正式而成立者,则朝廷为国家之蟊贼,正朝廷乃所以爱国家也"①。他将国家比作一"公司",把朝廷比作"公司之事务所",国家成了人们入股经营的"公司",人人都成了蒙受其福"多分红"的股东;第三对关系强调的是"民族主义";第四对关系强调的是一种理想的世界主义。

梁启超在《论公德》中对"社会伦理"没有直接阐发,但从整个伦理思想来考察,他所论的"十种德性"等等都属于"群己"范围的新的社会伦理,这些新的价值观念和人生态度如果与传统旧伦理观念进行比较,我们会发现,无论是伦理结构,还是伦理内涵,都是一个新的转型,即标志着近代新的伦理范型的重建(如下表)。

分类	旧伦理范型(五伦)	新伦理范型(群己)
伦理结构	群臣、父子、兄弟、夫妇、朋友	家庭伦理、社会伦理、国家伦理
理想人格	圣人、仁人	强者、优者(英雄、豪杰)
人我关系	絜矩之道 己所不欲,勿施于人	人人自由,而以他人自由为界
人生态度	乐天知命、知足常乐	进取、竞争、冒险
人与国家	忠君爱臣	利己推于利群
家庭关系	父慈子孝、夫唱妇随	平等
休养方式	存心养性、知止慎独	身心锻炼、自信与虚心
处世方式	知白守黑、知雄守雌	独立、自尊、自治

---

① 《十种德性相反相成义》。

严、康模式的分野

　　历史的发展往往不是以纯粹形态出现的,政治、经济形态是如此,文化观念形态更是如此,尤其处于社会剧烈震荡的变革过渡时期,旧的与新的,死人与活人的纠缠,更是一种极其普遍的现象。笔者在上一章所谓"近代伦理精神的重建",只是为了论述的集中而不枝蔓,故略去了非近代伦理精神(如传统的)的作用与影响。但事实上,近代中国伦理重建的过程远比上文分析的要更为复杂,多种人文精神的交错、冲突、融合,在伦理重建中必然反映为多种伦理模式、类型的交错、冲突和融合。这还不仅是指先进启蒙思想家的伦理思想与顽固派、保守派的伦理思想的激烈对抗与交错,即使在先进的启蒙思想家内部,由于历史背景、文化无意识的影响,由于各自的生活经历、思想旨趣、知识结构等等差别,也会导致选择对象的不同,甚至就是在选择同一模式中,也会出现理解上的歧义。19世纪80、90年代形成的康有为的伦理模式与严复的伦理模式便代表了近代伦理重建中的两种基本取向①,可以说,近代伦理重建的历史过程,就是沿着这两种模式的分野、融合、冲突和最后汇流而走完其伦理启蒙的短暂历程的。因此,对这两种模式的解剖、分析,将可了解近代伦理精神的复杂性以及中国近代伦理启蒙的特点和启蒙失落的原因。

严、康伦理模式的分野

毛泽东曾经把严复与康有为并列为"在中国共产党出世以前向西方寻找真理的一派人物"②。显示出两者在中国近代启蒙史上地位的不可忽视和同等重要。但是,当我们仔细考察二者的人生经历、思想旨趣以及文化背景等方面,就会发现二者的内在分野与对立。首先,康有为主要是用佛教慈悲学说、儒家仁爱学说来阐释其伦理思想,思想轨迹是从佛、儒到康有为,其基本倾向是道德论;而严复是用社会进化论来阐释其伦理思想,思想轨迹是从斯宾塞、赫胥黎到严复,其基本倾向是人性非道德论。

任何思想都不过是一定历史时空的产物,康、严的经历、文化背景在某种意义上就决定了二者的分野。作为粤中名族,又以理学传家的康有为,从小就生活在儒家文化环境,并且跟随理学名儒朱次琦习宋明理学,后离开朱而转修佛学,直到 1879 年才到英国殖民地香港并转学《瀛环志略》、《西国近事汇编》,才开

---

① 笔者认为,康有为的人文思维模式大致形成于 19 世纪 80 年代至 90 年代初.其代表作为《实理公法全书》和《康子内外篇》。《大同书》虽成书于 1901—1902 年,但其思想原型却是 80 年代的《人类公理》,这也可以康有为自述为证。"吾学三十岁已成,此后不复有进,亦不必求进"(见梁启超《清代学术概论》第 26 节)。按:康 30 岁正是 1888 年。而笔者所谓严复模式大致形成于 19 世纪 90 年代至 20 世纪初年,《原强》诸文及《天演论》、《群己权界论》等为代表作。

② 毛泽东:《论人民民主专政》。

始了对西学的广泛吸收,但是直到具有近代人文思想的代表作《内外篇》《实理公法全书》写成前,他没有游历过或考察过西方,也没有接触过西方近代启蒙思想家的启蒙名著或其他经典人文著作,他对西方的了解基本上来自西方一些在思想和学术方面处于低层次的传教士的转手材料。比如他对西方自然科学的了解,基本上来自传教士主办的《万国公报》或《几何原本中译本》以及《格致汇编》等,康有为对进化论的了解,就来自《格致汇编》中的《混沌说》《生气说》中所谓"猿化为人",同时,1883年《万国公报》上的《善恶理证》、林乐知(Allen Young John 1836—1907)的《教化论》、湛约翰(Chalmers John 1825—1899)的《性理论》等文中所阐发的对自然欲望的肯定,对"智慧"、"平等"、"自主之权"的肯定,是康有为当时构建其伦理模式所唯一见到的"西学"材料,这种三四流的西方文化所阐发的"平等"、"自主",与西方经典人文精神往往大异其趣,更多地表现为一种基督教的博爱、平等精神。因此也就不能不影响到康有为的思想的深度以及对西方的理解,我们只要读一读《内外篇》和新近公布的《实理公法全书》,康氏所论西学往往使人有一种"隔靴搔痒"不得要领之感。但是他对中学与佛学的阐发,则往往使人有一种得心应手、游刃有余的感受,显得相当娴熟和老道。可以说,构成其思想框架的仍然是儒家文化和佛学,其知识结构的转换远不如严复。他是从佛、儒而引出其思想,其弟子梁启超就曾明确指出:"先生之理论,以仁字为唯一之宗旨……其哲学之本,盖在于是。"①康有为对"仁"的阐发是:"仁者在天为生生之理,在人为博爱之德"②;"孔子本仁,最重兼爱"③;又说:"不忍人之心,

---

① 梁启超:《康有为传》,《戊戌变法》(丛刊)IV,第19页。
② 《中庸注》。
③ 《春秋董氏学》。

仁也……一切仁政,皆从不忍之心生,为万化之海,为一切根,为一切源……人道之仁爱,人道之文明,人道之进化,至于太平大同,皆从此出"①。这里表现出对古典人文精神的仁本主义的认同,也就是说,人性的根本落实在性善,即"不忍人之心",虽然他曾自称是告子理论的信徒,主张性无善恶:"性者,生之质也,未有善恶","凡论性之说皆告子是而孟子非"②,但康又并不满足于这种"无善恶"的消极论调,他仍然要搭上儒家积极有为的"善","告子生之谓性,自是论,与孔子说合"③,"性是天生,善是人为",这样便由先天的"性无善恶"到后天修养而成的"人为善",实际上仍是正心诚意、修身齐家的传统路数,即一种传统的道德论,并且与佛家"平等"联系起来,"孔子治及草木,与佛氏治及众生同义"④,佛家慈悲观念奠基于佛性平等,既然佛性平等,就须慈悲为怀,然后再渗进西方传教士所谓"自主之权"。在《实理公法全书》中说:"人有自主之权",并且加按语说:"此为几何公理所出之法……最有益于人道。"但是,康有为的思想更多的还是来自古典人文精神儒家伦理和佛家平等观念,他没有也不可能直接以西方近代人文精神作为理论指导。因此,人性道德论仍是其伦理思想的主调。

而严复则出身于"家贫有质券,赎钱不充债","门户支已难,往往遭无赖"⑤的一个"布衣"家庭,因此很小便进了当时不为人所齿的福州船政学堂。这种来自布衣家庭又非儒家科举正途出身凭个人奋斗而自立的经历,也许就潜在地倾向于一种奋斗(竞争)哲学。待到二十五岁后赴英留学,广览博涉亚当·斯密、

---

① 《孟子微》。
② 《万木草堂口说》。
③ 《长兴学记》。
④ 《万木草堂口说·春秋繁露》。
⑤ 《严复集》第2册,第388—389页。

边沁、孟德斯鸠、达尔文、赫胥黎、斯宾塞、穆勒等英法大师级一流思想原著后,也就无疑超越了靠读制造局或西方传教士翻译的三四流著作而了解西学的青年康有为,这一语言上的优势和实地感受,显然使他比康有为更有资格提出近代人文精神的基本构架和伦理模式。严复伦理思想的基础来自于斯宾塞和赫胥黎,虽然严复的思想摇摆于两者之间,一方面,他反对斯宾塞的"任天为治"的放任主义,按照斯宾塞的思想,"物竞天择,适者生存"不仅适用于自然界,也适用于人类社会,因此,只有放任人与人之间、国家之间、民族之间的残酷争斗,无情地厮杀,才能保存优者、淘汰弱者,推动社会进步。而赫氏"与天争胜"的思想则与之相反,认为"物竞天择,适者生存"只适用于自然界,而人类社会则是一个"伦理的过程"①,他认为"如果任其在内部自由发展,也就成了破坏社会的必然因素",因此必须"约束在社会福利所要求的限度之内"②,并强调"社会的伦理进展并不依靠模仿宇宙过程,更不在于逃避它,而是在于向它作斗争"③,严复对此表示赞赏,但更多的是用斯宾塞的观点来批评赫胥黎,尤其在人性自私"安利"自存这一基本观点上,他对赫氏所谓"群道由人心善相感而立"这一先验道德论持否定态度。赫氏认为,"人所甚异于禽兽者也,感通之机神,斯群之道立矣","人心常德,皆本之能相感通而后有,于是是心之中,常有物焉以为之宰,字曰天良。天良者,保群之主"④,也就是说,人的先验良心、道德是人与动物的根本区别,是人的本性,严复批评道:"赫胥黎……谓群道由人心善相感而立,则有倒果为因之病,又不可不知也。盖人之由散入群,原为安利,其始正与禽兽下生等耳,初非由感通而立也。

---

①②③ 赫胥黎:《进化论与伦理学》,科学出版社 1978 年版,第 57、19、21、58 页。

④ 《天演论》导言十三《制私》,第 31 页。

夫既以群为安利，则天演之事；将使能群者存，不群者灭；善群者存，不善群者灭……赫胥黎执其末以齐其本，此其言群理，所以不若斯宾塞氏之密也。"①

这样，严复就从根本上把人还原为动物，还原为不可否认的原始本能，恰恰是人的自私安利，为了自我保存，才结成群体，人先天地只服从于自己的本能、欲望，即"快乐原则"，他说："有叩于复者曰：人道以苦乐为究竟乎？以善恶为究竟乎？应之曰：以苦乐为究竟，而善恶则以苦乐之广狭为分。乐者为善，苦者为恶，苦乐者，所视以定善恶者也，使苦乐同体，则善恶之界混矣……然则人道所为，皆背苦而趋乐，必有所乐，始名为善，彰彰明矣，故曰善恶以苦乐之广狭分也。"②不是以善恶的先验标准来裁定人们的现实的苦乐利益，而恰恰是现实的苦乐欲望来裁定善恶，严复正是从这里引出"开明自营"的合理利己主义和功利主义。因此，与康有为相反，严复的伦理思想使带有一定程度的非道德论色彩。

其次，由于两者的经历、思想渊源的根本差异，因此导致二者的人文思想基本内涵的分野：康有为更倾向于传统人性论问题，强调的是人的自我完善问题；而严复则吸收斯宾塞的教育思想，更重视的是人的全面发展的发展论问题。正是在这一点上，笔者不能同意某些论者所认为的康有为是"人的近代化"的第一人的观点③。笔者认为：衡量"人的近代化"的一个基本标准应该是发展论而不是人性论，也就是说，只有把人的全面发展、进步、自强作为基本问题，才真正超越了古典人文精神，超越了传统人性论和道德论。

---

① 《天演论》导言十三，第32页。
② 《天演论》导言十八按语，第46页。
③ 姜义华：《章太炎思想研究》，上海人民出版社1985年版，第474页。

"人性论"是康有为人文思想的一个核心,所谓"道不离人,故圣人一切皆因人性以为教"①,所谓"孔子道之出于人性,而人性之本于天生,以明孔教之原于天而宜于人也"②,谈的都是人性论问题。有些学者称之为资产阶级自然人性论,这未免有些夸张,我们并不否认其中的某些近代成分,但是其人性论的主要成分尤其是基本构架仍然没有超越传统的泛道德主义和传统人性论。首先,构建其人性论的思维框架、逻辑范畴和概念体系,沿用了传统方式。最能代表其人性平等观的是《实理公法全书》,但是仅从该书《目次》就可见一斑,如"总论人类门"、"夫妇门"、"父母子女门"、"师弟门"、"君臣门"、"长幼门"、"朋友门"……康的伦理构架,几乎沿袭了旧的"三纲"、"五伦"体系,而在严复或梁启超的伦理思想中,伦理结构已经突破了"君臣"、"父子"、"长幼"等旧的伦常关系网络,而代之以"群"与"己"、"国家"、"社会"与"个人"等新的关系结构。另外,《内外篇》(1886年)、《毛诗礼徵》(约1888年前)中仍然可见的是"爱恶篇"、"性学篇"、"不忍篇"、"人我篇"、"五伦篇"等传统伦理范畴体系,而缺乏严复、梁启超的"权利与义务"、"自由与制裁"等近代范畴体系。人们常常说,这不过是用旧的语言形式输入新的内容,其实这是一个极大的误解。按照现代解释学所揭示的,语言文字并不仅是一种表意符号,从根本上说,乃是一种人的基本存在样式,一定的文字语言形式便规定了一定的人的基本存在样式,所以加达默尔说:"语言是储存传统的水库。"③也就是说,语言保存着人与传统、人与历史的联系。同样,任何语言文字形式的变革,都折射着人的存在样式的深刻变化,西欧文艺复兴时期是如

---

① ② 《孟子微·中庸注·礼运注》,中华书局1987年版,第263、189页。

③ 参见殷鼎:《理解的命运》,三联书店1988年版,第176页。

此,五四白话运动更是如此,当旧的语言文字形式无法解释,无法适应越来越多的新生事物,无法表达越来越多的新观念时,新的语言文字形式就将诞生。因此,尽管康有为的人性论包含着某些新时代种子的萌芽,但他所使用的那套旧的伦理概念、范畴和结构以及语言本身,就规定了他无法突破旧的人性论框架,无法完成新的伦理结构的转换;其次,康有为同样保留了传统以"天道"证"人道"的传统,人们为着论证"人道"的合理性,就需要寻找"天道"的宇宙论根据,或者把"自然人化";"人自然化"(刘泽华语),于是就有所谓"天人合一"之说。康有为的"天道仁化"也可以说就是这种传统文化的变种,康反复强调"仁,天心"①,"孔子本天,以天为仁,人受命于天,取仁以天"②,在这一点上,康有为也同样继承了传统伦理观这种将伦理宇宙化、本体化的传统;再次,人们一般将康有为对"人欲"的肯定视为近代自然人性论,这同样也有可商榷之处,照此说来,孔子所谓"食、色,性也",《诗·大序》所谓"发乎情,止于礼义"的节欲论并不排斥人欲,是否也是近代自然人性论呢? 在中国传统文化中,更多的不是西方中世纪的宗教禁欲主义,而是节欲主义,只是在宋明理学中才有某种"存天理,灭人欲"的禁欲主义倾向。因此,我认为,一般地肯定"人欲",并非就是近代自然人性论,只有当"人欲"与"个性"结合起来,肯定个体化的情欲本能,包括自我保存的本能,并将个体的欲望作为人的存在和发展(乃至社会发展)的内在驱力时,才达到了近代自然人性论的认识深度,康有为的人性论思想体系的内核不是"个体"或"个性",而是《实理公法全书》中的"人类"和"五伦"关系网,尽管他也谈"自主之权",但对"自主之权"仍缺乏一种近代意义的明确规定。因此,我们只能认为

---

① 《春秋董氏学·春秋指第一》。
② 《春秋董氏学》卷 6(上)。

康有为是一个具有某种近代意识的新儒家,作为"人的近代化"的第一人,显然有所夸张。而严复的伦理思想、伦理结构、概念体系,首先就表现出对传统的超越。与康有为用三纲五伦来建构其体系不同的是,严复最关注的是"群己"关系及其划界问题,这是其伦理结构中的两个基本范畴,对此,他曾在《群己权界论·译凡例》中明确指出:"贵族之治,则民对贵族而争自由;专制之治,则民对君上而争自由;乃至立宪民主,其所对而争自由者,非贵族非君上。贵族君上,于此之时,同束于法制之中,固无从以肆虐。故所与争者乃在社会,乃在国群,乃在流俗。……故所重者,在小己国群之分界……使其事宜任小己之自由,则无间君上贵族社会,皆不得干涉者也。"而且严复矛头所向,直指"纲常名教","西国言论,最难自由者,莫若宗教……中国事与相方者,乃在纲常名教,事关纲常名教,其言论不容自由,殆过西国之宗教"①。因此在严复的伦理思想中,已经从结构上超越了旧的三纲五常为核心的体系。同时,由于以"群"、"己"关系来构建其伦理体系,这样,"小己"便在中国伦理思想史上获得了独立的地位。这里的"小己"也不同于儒家伦理那种"日三省乎己"、"反求诸己"、"己所不欲,勿施于人"的个体完善的"己",而是如何强化自身德、智、力的独立的个体,也就是说,不是人性论问题,而是发展论问题,才是严复伦理思想的核心和关键。严复"三民"思想中的"德"突出了"私"的地位:"居今之日,欲进吾民之德……则非有道焉使各私中国不可也"②,这个"私"强调的是基本权利,即公民作为国家的权利主体地位;"智"则是强调培养一种自我意识的理性精神和智力水平,"力"突出体魄意志锻炼。总之,严复是中国最早表述关于人的德、智、体(力)全面发展的第一个

---

① 《群己权界论·译凡例》。
② 《严复集》第1册,第31页。

思想家,发展论思想的提出使之从根本上超越了传统伦理结构,超越了儒家文化喋喋不休的人性论课题。

第三,宗教式博爱平等与经典自由的分野。如果仔细考察康有为的人文思想,我们会发现康更关心的是"博爱"和"平等",而很少论及"自由",尤其是经典意义的个性自由,而且其博爱与平等又多少含有某种宗教意识,更多地融合了佛教"慈悲"观念和儒家仁爱大同思想,梁启超介绍其师的学说时说:"(康)大有得于佛为一大事出世之旨,以为人相我相众生相既一无所取无所著,而获现身于世界者,由性海浑圆,众生一体,慈悲普度,无有已时"①。康氏揭开性海、法界的神秘虚幻的袈裟,认为性海、法界不过就是现世中的众生和尘世,因此"众生同源于性海,舍众生亦无性海,世界原具含予法界,舍世界亦无法界"②,同时亦将佛性转换成人性:"天命之谓性,清净法身也"③,因此佛性平等也就是人性平等,康有为正是从佛性平等来批判旧的纲常名教:"吾谓百年之后必废三者:君不尊臣不卑,男女轻重同,良贱齐一。呜呼!是佛氏平等之学矣。"④同时他也搬出儒家大同学说来构筑其"平等"思想:"公者,人人如一之谓,无贵贱之分,无贫富之等,无人种之殊,无男女之异……此大同之道,太平之世,行之惟人人皆公,人人皆平,故能与人大同也。"又说:"孔子以群生同出于天,一切平等,物为同胞,特为同气,故常怀大同之志,制太平之法。"因此,康有为的"平等"主要是从佛家、儒家学说中推演出来。而且,康还将佛家"慈悲"、"普度"观念与儒家"仁爱"相结合而形成"博爱"观念,他说:"孔子治及草木,与佛氏治及众生同义","孔子宗旨在仁,佛亦虽能仁,圣人言大生、广生、佛言

---

① ② 梁启超:《康有为传》,《戊戌变法》(丛刊)Ⅳ,第9、17页。
③ 《万木草堂口说·中庸》。
④ 《康子内外篇·人我篇》。

众生"①,而"仁"的基本内核就是"博爱","仁也,以博爱为本"②,"博爱之谓仁"。因此,梁启超说:"先生之哲学,博爱派哲学也。"③并在《康有为传》中直接称之为"宗教家"。

  正因为康有为是从佛学和儒家文化中引出的"平等"观念,因此缺乏近代平等观念的内在规定性,这样,难免落入以传统反传统的怪圈中,而表现出中国古典农业社会主义的平均主义色彩。近代意义上的平等观念包含着两条基本原则:一是公平竞争,即一种公平竞争规则,一种近似于体育比赛中的裁判规则,它尽可能地保证竞争过程中的平等,而不保证竞争结果的平等,二是承认人的能力上的先天不平等。法国大革命中产生的《人权与公民权宣言》明确规定:"所有公民在法律上一律平等",但是,"除道德品行和禀赋才干上的差别外不得有其他差别"④。前者所谓"法律平等"也就是规则平等,法律即竞争规则,对竞争的合法保障,后者强调的是必须肯定人们能力上的不平等,它既要求人们站在同一起步线上(规则平等),又必须保证优胜劣汰,才会促使人们发掘自身最大潜能为自己为社会进行创造性劳动,这才是社会进步的内在驱力。而康有为的平等观却带有典型的空想和平均主义色彩:"故全世界人,欲去家界之累乎,在明男女平等,各有独立之权始矣,此天予人之权也。全世界人,欲去私产之害乎,在明男女平等,各自独立始矣,此天予人之权也。全世界人,欲去国之争乎,在明男女平等,各自独立始矣,此天予人之权也。全世界人,欲去种界之争乎,在明男女平等,各自独立始矣,此天予人之权也。全世界人,欲至大同之世,太平之境

---

① 《南海康先生口说·正蒙》。
② 《论语注》卷3。
③ 梁启超:《康有为传》,《戊戌变法》(丛刊)Ⅳ,第19页。
④ La Grarnde Encyclopédie, Vol. 7. Larousse, P. 3980.

乎,在明男女平等,各自独立始矣,此天予人之权也……。"①

　　姑且不论其孩童般幼稚、天真的浪漫气息,即以论理言之,其"平等"的根本解决办法,是奠立在去"家界"、"产界"、"国界"、"种界"的"大同太平之世"的基础上,也就是一种绝对平均主义的理想天国境界。这个"境界"既反公平竞争,更反竞争结果的不平等,而是致力于建立一个"结果平等"而不是"规则平等"的社会,因此,这种"平等"观恰恰是反近代平等观念的,它并没有超越古典人文精神儒家文化的平均主义"大同"空想。

　　"博爱"这个观念一向被视为资产阶级革命时代的三大原则(即自由、平等、博爱)之一,但奇怪的是,法国大革命中诞生的《人权与公民权宣言》中就根本没有"博爱"这个观念,而只有"自由"与"平等"。不仅如此,在经典派自由主义思想家如霍布斯、洛克、孟德斯鸠等人的思想体系中,也没有"博爱"的地位。事实上,"博爱"更多的来自基督教博爱主义,它本身并不是特定的资产阶级时代的产物(这与自由、平等相反),其基本含义是爱人、人与人之间的互爱和人类之爱,"这种爱当然是不分男女,不分贵贱、不分君臣和百姓、不分种族、不分阶级甚至不分人、神的泛爱了"②。而康有为所谓"孔子治及草木,与佛氏治及众生同义"的慈悲仁爱以及无差别的平等,恰恰正是这种博爱主义,而与近代人文精神的经典形态相去甚远。

　　而在严复的著作中,我们几乎看不到康有为式的悲天悯人的慈悲胸怀,看不到那种无差别平等博爱的人道热肠,而更多的是冷峻无情的理性批判与孤傲悲愤的个性("小己")呐喊与自由呼号。"博爱"思想几乎在严复著作中找不到,而"平等",也不占

---

①　康有为:《大同书》,第252—253页。
②　参见王建军:《人文主义人道主义和博爱主义人道主义》,《新华文摘》1989年第6期。

核心地位①,构成严复思想核心的却是"以自由为体",以及与自由相联系的、以个体为基础的一系列"自"(自主、自强、自立……)。笔者从严复著作中搜集了有关"自由"以及"自强""自主"的材料如下:

论自由的有:

"苟扼要而谈,不外于学术则黜伪而崇真,于刑政则屈私以为公而已。斯二者与中国理道初无异也。顾彼行之而常通,吾行之而常病者,则自由不自由异耳。"②

"彼西人之言曰:惟天生民,各具赋畀,得自由者乃为全受。故人人各得自由,国国各得自由,第务令毋相侵损而已。侵人自由者,斯为逆天理,贼人道。"③

"以自由为体,以民主为用。"④

"中国恕与絜矩,专以待人及物而言。而西人自由,则于及物之中,而实寓所以存我者也。"⑤

"贵族之治,则民对贵族而争自由;专制之治,则民对君上而争自由,乃至立宪民主,斯所对而争自由者,非贵族非君上。贵族君上,于此之时,同束于法制之中,固无从以肆虐,故所与争者乃在社会,乃在国群,乃在流俗……小己国群之分界……使其事宜任小己之自由,则无间君上贵族社会,皆不得干涉者也。"⑥

"人得自由,而必以他人之自由为界。"⑦

……

严复的"自由"是一个系统,与此相关的还有"自我"、"自

---

① 严复也谈"平等",如"夫欧亚之盛衰异者,以一其民平等,而一其民不平等也"(《严复集》第4册第962页),但常与"自由"联系起来:"西之教平等,故以公治众而贵自由。"(《严复集》第1册,第31页)

② 《严复集》第1册,第2页。

③④⑤ 《严复集》第1册,第3、23、3页。

⑥⑦ 《群己权界论·译凡例》。

立"、"自强"、"自治"等：

"是故富强者，不外利民之政也，而必自民之能自利始，能自利自能自由始，能自由自能自治始。"①

"身贵自由，国贵自主。"②

"尤必使自竭其耳目，自致其心思，贵自得而贱因人，喜善疑而慎信古。"③

"宇宙为我简编，民物为我文字。"④

"是民各奉其自主之约，而非率上之制也。"⑤

"万类之所以底于如是者，咸其自己而已，无所谓创造者也。"⑥

"要当强立不反，出与力争，庶几磨砺玉成，有以自立，至于自立，则彼之来，皆为吾利，吾何畏也。"⑦

……

美国著名的中国近代思想史专家史华慈教授(B. I. Schwartz)在其代表作《严复与西方》中指出："假如说穆勒常视个人自由为目的本身，而在严复的译述中，它却成为促进民德与民智，并成为服务于国家之目的的工具。"⑧史华慈教授认为严复主张自由的目的最终仍是服务于国家富强，这是深中肯綮的。但是在这个前提下，我们仍要充分估计到严复对自由和自我意识的重视和理解，比较接近于经典自由主义的理论，这在中国近代可以说是自由史上第一人。近代自由主义主张者大多数缺乏一种理论上的辨析和严复留学英国时那种亲身体验，而更多地流于一种浪漫自由主义。只有严复最早充分认识到自由乃是一种群己

---

①②③④⑤ 《严复集》第1册，第14、17、29、29、31页。

⑥ 《天演论》导言，察变按语，第4页。

⑦ 《严复集》第1册，第82页。

⑧ Benjamin. Schwartz. *In search of Wealth and Power: Yan Fu and the West*. Cambridge Mass, 1964, P. 141.

划界问题,这样,个体的基本人权、个体的不可侵犯和不可入性,以及自由与法律的关系,都成为突出的问题。而且,由于对个体的强调,个体的批判意识、怀疑精神、个体作为伦理的主体性(自营、自利)、自我的扩展、充实和锤炼(自强、自立),自我作为权利主体即公民的意义("自主"、"私"),便成为近代人的基本标志,成为近代伦理精神重建的基本内涵,以自由为基础的个体在严复这里获得了丰富的内在规定性,这是严复在近代思想史上的突出贡献。

第四,仁—爱进化论与竞争进化论的分野。长期以来,学术界谈论改良派的进化思想或进化史观时,一概斥之为庸俗进化论,而对各代表人物的进化史观的分野缺乏细致的辨析。事实上,在严复的进化观与康有为的进化观之间,除了在进步(progress)观念上和不能"躐等"等方面有着某种一致性外,更多的是代表了两种截然对立的进化观。康氏进化观可谓之仁爱进化观,而严氏进化观则为竞争进化观。我们不妨从两个主要方面进行考察。

首先,从进化的动力来看,康有为带有浓厚的仁本主义痕迹,也就是说,进化的动力来源于仁爱道德和智慧,即他的"仁智"学说,而严复则强调进化的根本动力在于自我保存,以及为自我保存而进行的"竞争"。在康有为看来,社会进化的基础和动力,首先是爱人(利群)和爱己,正是通过人与人之间互爱合作,才能逐渐和谐发展,"人道以智为导,以仁为归",又说:"故人宜以仁为主,智以辅之。"① 并强调:"人惟有智,能创作饮食宫室衣服,饰之以礼乐政事文章。"② 也就是说,人类从野蛮进化到文明,从动物进化到人类,恰恰依靠的是仁—智一体化力量,"唯人

---

① 《康子内外篇·仁智篇》。
② 《长兴学记》。

直立有智慧文理,故口能食味,耳能别声,目能被色,精益求精,以求进化,礼以节之,此所以日启文明也"①。这里一个"智慧",一个"礼","礼"不过是"仁"的外在化规范,强调"智",反映了新时代理性的觉醒,强调"仁－礼"则带有明显的古典仁本主义痕迹。康有为鄙视"欲"在进化中的作用,"最无欲者圣人,纵其仁义之欲"②,在这里他偷换了"欲"的概念,"欲"作为一种生存本能,却被代之以伦理道德化的"仁"。而在康氏的人道主义思想中(19世纪90年代前所形成),几乎没有"竞争"的地位。但在严复思想中却相当明确,在介绍达尔文进化论时,就指出其核心,"其一篇曰物竞,又其一曰天择。物竞者,物争自存也,天择者,存其宜种也"③。正是由于相互竞争,才能保证优胜劣汰,才能推动社会前进。严复是中国近代第一个明确从理论上阐述"竞争"与社会进步关系的思想家。当康有为大谈"仁、天心","取仁以天"时,严复却对《老子》的"天地不仁,以万物为刍狗,圣人不仁,以百姓为刍狗"表示赞赏,并加评语说:"此四语括尽达尔文新理"④,自然界并不遵循仁爱道德原则,而人类历史也不是一曲仁爱温馨的小夜曲,而恰恰是一幕充满着野蛮、争斗的悲剧,而且正是在这种血与火、刀与剑的悲剧中为自己开辟前进的道路。

其次,从进化的目标看,康有为着重的是未来大同社会的理想,人人平等的太平世界,而严复的着重点却始终是个体的自强与国家富强。康有为把进化的序列分成乱世、升平世、太平世,而瞩望于"太平世"的"亲亲、仁民、爱物"⑤,瞩望于这样一种——

---

① 《礼运注》。
② 《内外篇·爱恶篇》。
③ 《严复集》第1册,第16页。
④ 《严复集》第4册,第1077页。
⑤ 《南海康先生口说·学术源流》。

切平等的绝对平均主义社会,这种理想境界带有浓厚的古典仁本主义色彩。而严复没有康有为那种准宗教家预卜未来的先知色彩,他并不十分关注世界未来的走向问题,对于一个具有英国实证经验派风格的思想家来说,对未来过分地玄想空谈,本身就意味着对科学实证精神的背叛。因此,严复没有康有为那种玄想家的浪漫情调,也不对未来进行廉价的许诺。他要解决的是每个中国人面对的无法回避的迫切现实问题,也就是中国人自身的自强发展和国家民族的富强发展问题。可以说,进化的真正意义就是人的能力的全面发展与国群的发达兴旺,具体说来,即"民智、民德、民力"的发展问题,只有这三者的进化,才能使中国自立于世界民族之林。

严复模式的意义

从以上的比较中我们可以看出,严复模式更多的强调了一种非道德论的发展论模式,它以竞争、自利作为发展(进化)的动力,它更多地突出了个体的自由与群己的划界问题,它的目标旨在促进人的德智力的全面发展和国群的富强发达;而康有为模式则更多地强调一种道德论的人性论模式,它以仁爱、智慧作为社会进化的动力,它更多地突出了一种准宗教的博爱主义和平等主义,它的目标旨在实现未来的人人平等齐一的绝对平均主义大同理想。显然,严复模式更接近于经典自由主义模式和近代人文精神,更接近于资本主义精神;而康有为模式虽然也包含着一定的近代因素,但更多的是接近古典人文精神的仁本主义大同理想。也就是说,严复模式更倾向于个人主义体系,而康有为模式则更倾向于人类主义或整体主义体系。

严复模式的出现,迅速在社会思想界引起强烈反响,严复因此暴得大名,并从而奠立了牢不可破的启蒙思想家的地位。他介绍的天演哲学,他的"三民"思想、自由主义以及竞争促进化的思想体系等等，拥有了广泛的追随者，尤其是进化论成为马克思主义传播之前影响最大、传播最久的思潮，它比康有为模式更具有近代意义，这种近代意义主要表现在以下几方面：

首先，严复建立在进化论基础上的人性非道德论，是对传统人性论的超越。笔者在《通论卷》中曾强调，古典人文精神的仁本主义不断地将人从动物界中提升出来，孜孜以求的是人与动物的根本区别，因此其人性论突出强调仁义道德是人与动物的根本区别。对此，台湾学者韦政通先生亦曾指出："传统人性观的大趋向，是着重在人禽之辨上，因而使二者之间形成一个不可跨越的鸿沟"，但是在近现代，"一个新的趋势，即把人与动物的关系逐渐拉近，坚信人是动物的一种，因此人的行为也可以纳入动物行为这个大范畴里来了解。对几千年的传统而言，这是对人性探讨的一个新的起点，如果说以往的人性观是为人性建造了一座神圣的殿堂，那么新的努力是把人性的问题重新还原到自然的人性的基础上来"①。进化论的引入，从根本上把被儒家文化所圣化、道德化、"净化"实质上也就虚伪化、异化的人性还原为自然的人性，连人类的始祖都不过是猿猴，人类难道还能摆脱兽性吗？这样，推倒神圣化、道德化的人性，淡化道德意识，人类重新回到现实。这是严复伦理重建的首要意义。

其次，严复在传统"五伦"的伦理体系之外，更突出了"第六伦"的"群己"关系的意义。传统伦理体系是建立在君臣、父子、夫妇、兄弟和朋友这种私人人际关系之上的"五伦"结构，严复提出的"群己权界"的划限问题具有"第六伦"的意义，"第六伦"也就是"个人与社会大众的关系"②。"第六伦"的提出是对传统五

---

① 韦政通：《伦理思想的突破》，四川人民出版社1988年版，第33页。
② 参见韦政通：《伦理思想的突破》，第226页。

伦关系的超越,这种超越诚如台湾学者韦政通先生所言:

第一,五伦的行为准则只属于特殊主义,即仅适用于一对一的特殊对象,如父慈子孝仅适用于父母子女之间而不适用于"朋友"等等其他关系,而第六伦的行为准则则属于一般主义,是一种普遍适用的原则。

第二,五伦的社会文化背景属于经济活动和社会结构简单的传统农业宗法社会,而第六伦则适用于经济活动与社会结构复杂的现代社会。

第三,五伦网络中的人际关系带有私人性,重视的是交情,而第六伦的关系网络则更强调的是公正、秩序,即群己划界的契约限制。

第四,从第三点派生而来的,五伦属于私德范围,而第六伦则属于公德范围①。

第六伦的提出,对于建立现代新的人际关系具有重要意义。

其三,严复在中国近现代史上最早提出"德、智、力"的人的全面发展的思想,这个思想构成了对传统伦理中心主义的强烈挑战。在伦理中心主义看来,人们只要修身养性、正心诚意便可达到个体完善,也就标志着人格的完成,而且只有通过修身,才能齐家,才能治国平天下,这样,一切问题的最终解决都归结为道德的解决。但是当中国被卷入整个资本主义世界体系时,便出现了全面的价值危机,因为资本主义近代化,是一场历史性的大竞赛,每一个落后迟滞的国家,都只有加快速度尽力使自己进入工业文明国家之林,否则在这场大赛中,就将会被先进发达国家所淘汰。这场大赛包括军事战争,也包括商战、工业竞争和科学等全方位的竞争,对此,道德完善几乎无济于事,正心诚意、修身齐家不仅不能治国平天下,甚至连保种保国都成问题。正是

---

① 参见韦政通:《伦理思想的突破》,第226页。

在这种传统道德困境中,能力、知识被突出地提出来了,个体的能力和发展,远远高于道德完善,严复"德、智、力"的能力发展论模式的提出,是对这种世界性潮流的积极回应。

严、康模式的历史延续与最后汇流

人类历史的发展行程中,常常会陷入一种无法回避的"两难"困境:是选择以自由为基础的个人主义,还是以平等博爱为基础的整体主义;究竟是如黑格尔所说的历史高于道德,还是如卢梭所揭示的历史与道德的根本冲突;是建立一个放任优胜劣败以促成一个充满活力的社会,还是抑制优者、强者,保护弱者以维持社会和谐稳定……这一系列至今仍常常困扰当代人的两难命题,就像一柄达摩克利斯剑一样,高悬在近代思想界知识人头顶之上,人们对此必须作出自己的回答和选择,严复模式与康有为模式可以说正是剑锋之下作出的两种回答和选择。然而任何理论模式的提出,都意味着对历史本身的丰富性、复杂性的损害,历史本身并不完全按着泾渭分明的两种模式运行、发展,而是相互交错着、矛盾着、冲突着,形成了近代伦理取向的一种特殊的二重变奏,最后,两种模式在一个整体主义思潮和实践中汇流了。

两种模式的二重变奏

假如没有资本主义这个巨怪对东方世界的强烈冲击,假如没有一种具有强大生命力的新的工业文明在西方的诞生,或者假如中国社会内部没有剧烈的社会动荡(如农民起义等)和新的因子的躁动(如资本主义萌芽)等等,中国仍可以在既有的轨道上正常而缓慢地运行,人们仍可以按照既定的一元的价值目标和伦理模式去生活、去修养心性、去完成"太上立德"的人格理想。

然而,一切都被突如其来的西方近代文明打断了,一切都因为这个来自西方的工业巨怪所铸造的"船坚炮利"而开始陷入混沌无序状态,英国的大炮不仅"破坏了中国皇帝的威权",使"天朝帝国万世长存的迷信受到了致命的打击,野蛮的、闭关自守的、与文明世界隔绝的状态被打破了"①,更主要的随之而来的是中国文化道德的奇理斯玛式(chrisma)权威危机。林毓生教授在谈到晚清以来这种奇理斯玛式权威危机时指出:"在最具权威的产生秩序的媒介——普遍王权崩溃以后,人们的道德感变得迷惘、模糊,以致难以致力于公民品德(civility)的培养,社会和道德的反常现象风靡一时,人生不再有明确的目标,有些人耽于淫乐,不顾道德准则;另一些人则不务实际,捕风捉影地与邪恶作斗争,大多数人则在极度混乱中苟活。"②

正是在这种全面价值危机中,先进的思想家们转向于西方文化。严复模式在短期内填补了这种价值真空,这种以进化论为象征的自我保存的个人主义、群己权界的自由主义、优胜劣败的强者哲学,德、智、力的发展论,的确使那些处在价值真空的人们,强烈地感受到了落后就要挨打、愚弱就要被欺侮的铁的事实,同时也颇能激励国人奋发向上的进取精神和自由人格意识的觉醒。然而这毕竟与有着几千年重伦理、讲道德、倡仁爱、主尚同的中国文化土壤相扞格,尤其是当社会达尔文主义成为一

---

① 《马克思恩格斯选集》第2卷,第3、2页。
② 林毓生:《中国意识的危机》,贵州人民出版社1986年版,第28页。

种发达国家对落后国家进行奴役的理论支柱时,就更难为中国知识人所普遍接受。这样,中国近代思想界便在两大模式之间徘徊、彷徨,陷入一种选择的困惑,虽然他们力图进行一种更高层次的理论综合,但又往往显得力不从心。大体说来,可以归纳为以下几方面:

一、个人还是整体?严复、梁启超在近代伦理重建过程中是始作俑者,然而从他们开始,个人与整体的矛盾和冲突便不可调和了。作为一种理想社会而言,个人与整体需要保持一定的张力,才能保证一个既充满活力与创造、又和谐稳定的社会,才能既维持个人的基本权利,又维持社群的整体利益。对于这一点,严复并非没有意识到,他将"自由"表述为一种"群己权界",并且"反复三致意焉"便是相当深刻的。但他更感觉到在实践操作上二者的很难调和与冲突,一方面,中国面临着走出中世纪的启蒙任务,而启蒙时代的中心便是激发个人的创造潜力,呼唤个性,强调个人自由、自存、自主、自强、自立的基本权利;但另一方面,由于民族救亡的突出,使人(个体)的解放和国家民族的解放两大课题混在一起,处于战争状态的非常时期,民族救亡似乎更多需要的是强有力的领导、军营式铁的纪律约束和集团合作精神,尤其是当中国还处于民智未开、民德未和、民力已荼的状态时,自由的个人主义也许难以促成西方那种人的解放,相反,却可能导致国家整体的"一盘散沙"和一袋打破了的"马铃薯"状态。因此,严复、梁启超、章太炎、孙中山、陈独秀几乎都曾陷入这种尴尬的两难困惑中。于是,严复一面说:"侵入自由者,斯为逆天理,贼人道。"①一面又说:"小己之自由,非今日之所急。"②梁启超作为一个自由主义者所说的"一身自由云者,我之自由也",

---

① 《严复集》第1册,第3页。
② 《严复集》第4册,第985页。

"团体自由者,个人自由之积也"①,话音未落,《国家思想变迁异同论》便换上了一副国家主义面孔。章太炎"大独必群,群必以独成"②似乎从理论上相当辩证,无懈可击,然而在操作实践层面,究竟是"独"优先还是"群"优先,二者何为手段、何为目的,相对严复的"划界"问题,更带有一种模糊性。

这种个体与整体的困惑,在20世纪初集中体现为国家主义与个人主义的此消彼长。陈独秀在《今日之教育方针》中说过:"英吉利所重者,个人自由之私权也;德意志所重者,军国主义,举国一致之精神也;法兰西者,理想高尚、艺术优美之国也;亚美利加者,兴产殖业,金钱万能主义之国也。"③这种概括不一定准确,但有一点是明确的,20世纪初期的中国面临的选择实际上是英美式个人自由主义传统还是德国式军国主义、国家主义,其实质也就是个人为重心还是国家为重心。19世纪德国国家主义盛行,费希特、黑格尔、李斯特、伯伦知理等人成为国家主义思潮的代表,他们强调国家优先于个人,个人只是实现国家和民族的手段。19世纪后期日本受其影响,国家主义一时兴盛。20世纪初,梁启超发表《国家思想变迁异同论》、《论学术之势力左右世界》、《政治学大家伯伦知理之学说》,朱执信的《心理的国家主义》诸文在中国思想界掀起一股国家主义思潮,1901年,梁启超开始在《清议报》上介绍伯伦知理的《国家学》,1902年,梁将伯伦知理与卢梭相比,称其"立于19世纪而为20世纪之母",他认为伯伦知理导致了一种新的观念:"前之所谓国家为人民而生者,今则转而云人民为国家而生焉。"④1903年,梁启超更明确地

---

① 《新民说·论自由》。
② 章太炎:《明独》。
③ 《独秀文存》,安徽人民出版社1987年版,第15页。
④ 梁启超:《论学术之势力左右世界》,《壬寅新民丛报》(中),第453页。

将国家视为目的,个人为手段:"故我中国今日所最缺点而最急需者,在有机之统一与有力之秩序,而自由平等直其次耳。"因此他说:"故伯氏谓以国家自身为目的者,实国家目的之第一位,而各私人实为达此目的之器具也。"①1908年朱执信在《心理的国家主义》一文中,将国家主义分为"法理上的国家主义"与"心理上的国家主义",前者指政府与国家的合一,后者指民族的国家主义,朱执信特别强调"国家主义中最著且其成功显于人目者,德意志是也"。朱执信认为这种"心理的国家主义"将可"建设一独立国家","将以建设新中华国"②。

然而,历史并没有按照人们的主观愿望前进。辛亥革命的结果不仅没有建立一个"独立国家",更没有建立一个民主自由的"新中华国",相反却落入大野心家袁世凯手中,而且正是他接过了国家主义的某些观点而强调国权,"力谋国权之统一",要求"建行国家之威信",提倡"人人以国为本位,勿以一身一家为本位"③。这种整体优先的国家主义竟然成为政治野心家强化独裁的招牌和工具,这是国家主义提倡者所始料未及的,于是在整体主义的困境中,又开始对个人主义的重新反思。

1914年在东京创刊的《甲寅》杂志首先开始反击国家主义的整体目的、个人手段论。章士钊的《国家与责任》引用一个美国学者的观点说:"国家之基础,权利也。欲求一合乎公道之国家,非于权利之精髓见之绝莹,殆不可能。"④高一涵也强调:"何谓一体,以国家者建筑于人民权利之上,非离外人民权利,别能建

---

① 梁启超:《政治学大家伯伦知理之学说》,《梁启超选集》,第393页。
② 《朱执信集》上册,中华书局1979年版,第129、137、139页。
③ 《袁世凯莅任宣言书》,《近代稗海》第3辑,第56页。
④ 章士钊:《国家与责任》,《甲寅杂志存稿》上册,商务印书馆1921年版。

一国家于无何有之乡也。"①这样,国家便不过是保障个体基本权利的手段,而且为了保障个体的权利,必须限制国家的权力,"国家于人民权利,亦如私人对于私人,逾限妄侵,皆干惩罚"②,国家除了负责国防公安之外,不得对个人有过多的干预,必须"首当慎国家干涉之度"③。同时,他们将侵犯个体权利的国家主义斥之为"伪国家主义",章士钊说:"吾人有倡为国家主义者,意在损个人以益国家,此说之可取,亦视夫所为损益之界说若何,若侵无经界,犯吾人权根本之说,愚敢断言之曰:此伪国家主义者也。"④并进一步指出:"凡言毁民而崇国者,皆伪国家主义也,无论倡之者动因何似,吾入一例辞而辟之。"⑤特别值得一提的是陈独秀对"爱国主义"的重新理解,在他看来:"国家者,保障人民之权利,谋益人民之幸福也。"⑥但是,一个国家如果不能保证这些目的,人民就不必爱国,若是人民连国家的目的都不明确,而对国家表示愚忠,就会为窃国大盗所利用,所以他说:"盖保民之国家,爱之宜也,残民之国家,爱之也何居乎?"并且他极而言之,如果殖民统治能以法律统治中国,那么,中国即使处于殖民统治之下,也未必就是不幸。当然,这种极端化言论并非就是卖国主张,而是面对着民初政局的黑暗、腐朽、专制而表现出的悲愤与愤恨。这样,个体的基本权利又开始压倒整体主义。到五四前期,强调人权、个体的个人主义思潮达到高潮。仅以陈独秀而论,在《敬告青年》中将"科学"与"人权"比作"舟车之两轮",在《法兰西人与近世文明》中,将"人权说"比作近代文明之

---

① ② 高一涵:《民福》,《甲寅》1卷4号。
③ 剑农:《猎官与政权》,《甲寅》1卷10号。
④ 章士钊:《国家与责任》,《甲寅杂志存稿》上册,商务印书馆1921年版。
⑤ 章士钊:《自觉》,《甲寅杂志存稿》上册,商务印书馆1921年版。
⑥ 陈独秀:《爱国心与自觉心》,《甲寅》1卷4号。

三大特征之一,在《一九一六年》和《敬告青年》中突出强调"尊重个人独立自主之人格在",在《东西民族根本思想之差异》中,将"西洋民族以个人为本位"作小标题,凸现出个体在西方近代文化中的地位,并且强调东方中国的主要任务是"以个人本位主义,易家族本位主义"。然而到五四后期(1918年后),个体、人权的地位开始衰落,代之而起的是"民主",从"人权"到"民主"的转变,恰恰反映了整体主义的重新抬头,随之而起的便是社会主义的普遍传播(详后)。

二、竞争进化论还是互助进化论? 这对问题的出现,实际上是"个人还是整体"命题的某种延伸。以个人为本位,势必就要强调为了自我保存,只有通过竞争来强化自身,以竞争来争取自己的基本权利,从而确立自身的优胜地位;以整体为本位,势必反对竞争,强调人与人之间的妥协、互助、友爱、忍让以达成整体和谐与稳定。对于一种理想的政治伦理生活,应该是既以竞争促成一个有活力有创造性的社会,一种社会进步,同时又使竞争不至于破坏人际和谐和互助友爱精神。然而,在操作实践层面,究竟以竞争的进化论为主导,还是以互助的进化论为优先,也呈现出二重变奏的趋势。

康有为的大同理想和仁爱论与严复的天演哲学构成了互助进化与竞争进化的最初分野和对峙,这种分野中,严复模式显然具有压倒优势的影响。但是,这种分野又只具有相对的意义,严复并不是社会达尔文主义那种绝对竞争主义者,当他反对斯宾塞的"任天为治"而倾向于赫胥黎氏的"与天争胜"思想时,就开始了近代启蒙中最早对竞争放任主义的遏制,这种遏制无疑是伦理的。但是在严复这里,互助的仁爱的思想似乎还没有抬头。

比较早对斯宾塞的社会达尔文主义的弊病有所认识的,可以梁启超于1901年发表的《国家思想变迁异同论》为例,梁在该文中将斯宾塞称为强权派,认为"及其弊也,陷于侵略主义,蹂躏世界之和平",表现出对优胜劣汰理论的某种忧虑。而康有为模式与严复模式所代表的两种伦理取向出现在同一篇文章中的,大概要以 1904 年发表的署名"君平"的文章《天演大同辨》为早①,该文以相互诘难的方式介绍了主张竞争进化论的"天演家"和主张平等博爱的"大同家"的思想,最后由文章作者出场而表现出对二者的中和协调。"天演家"与"大同家"诘难的思路,基本上沿袭了严、康模式的思路。比如,严复强调自我保存和由此产生的竞争,构成了社会进步的动力,"天演家"亦认为:"天演者,人禽之所由分,文野之所由判,而世界之所以有今日也。天演之界说曰:物竞天择,优胜劣败,物各相竞,非优无以自存,物求自存,故物求进步,此世界之所以日启文明,而无迟滞之患也";又说:"则是文明者,将有何术以致之? 我知舍竞争二字之外,无以应焉。"严复曾强调国民素质低下,处于民力已荼、民德不和、民智不开的状态,其中原因之一便是国民缺乏竞争意识、自我意识,因此只有以竞争促进化,才能保种保国,天演家也强调:"且也正以优劣之无定,故当力占优胜,既优矣,更当优益求优,而常使立于不败之地,……我中国之衰弱,实由竞争思想之不发达,正当以天演学说作警梦之钟,作当头之棒,以拯救此随灭之众生。"

而"大同家"的思想则几乎沿袭了康有为仁爱平等思想,康有为曾强调"人皆有不忍之心",大同家亦强调:"夫同住地球,同具生命,广言之则彼固物而我亦物也,狭言之则彼固人而我亦人也。彼虽劣,我安忍灭之? 我虽优,我又安得独利? 牺牲多数之血泪,易此少数之文明。果何忍而出此哉!"以人皆有不忍同情之心,推出不当以牺牲多数人来换得少数人的文明。康有为曾

---

① 君平:《天演大同辨》,《辛亥革命前十年时论选》第 1 卷(下),第 872 页。

瞩望于一个没有争斗、苦难的大同理想社会,同时揭示出现实世界中的诸般"苦难"。"大同家"更是将这种相互争斗、倾轧的苦难社会斥之为野蛮社会之变种:"展转相争,而世界终无宁日,众生终无息时矣。善杀人者斯为优胜,不善杀人斯为劣败,而文野之程度,又视其胜败而分,所谓文明如是如是,实则文明即野蛮之变相耳!"作者所设计的两种模式的对话,恰恰展示了作者伦理取向中的二重困惑:既看到了竞争进化论所揭示的无情的现实和势力竞争的工业文明社会那种不可避免的社会阵痛,同时,他也看到了大同模式的充满温情的博爱主义、人道主义热肠。前者是现实的,后者是理想的;前者是冷酷的,后者是仁爱的;前者是科学的,后者是人文的……二者各有利弊,于是作者在二者之间进行折衷调和,即将人的追求分为现实与理想两个层次,在社会现实中,到处是"相妒相仇,相残相杀,弱肉强食",因此"今日未足以语大同也",而且,不具备竞争力的人,甚至连"礼让"的权利都会被强者剥夺:"不能争者,不足以言让,吾不能争而徒言让,则吾虽不争,其奈人之不我容何。"而且从人口与土地的关系看,"竞争"将是一个几乎永恒的现象:"地球有尽,而生育无涯,所以不见人满之患者,特因天择太严,稍不自立,即归消灭。"这里保留了马尔萨斯人口论的某些痕迹,物质的增长赶不上人口的增长,尤其是地球的有限与人类的无穷繁衍之间的矛盾,必然导致竞争"可稍息而不可消灭也";但是从人类理想层面看:"无大同思想者,其志行必浅薄,而大同遂无可期之一,故我侪虽不足语大同,而究不可不以大同思想为之竟。"最后,作者将二者兼收并蓄:"大同者,不易之公理也;而天演者,又莫破之公例也。公理不可刹那弃,而公例不能瞬息离。公理固可宝爱,而公例又非能避弃,当事者亦惟循天演之公例,以达大同之公理耳。"作者的综合显然留下了一个漏洞,前面说"竞争"是"不可消灭"的永恒现象,那么又如何由此而达到大同理想呢?假如"天演"竞争与大同理想没有一个最佳结合点的话，那么，作者的这种结合便只是貌合神离。

但是，这里出现的一个历史现象便是，到了20世纪初，近代思想界已经没有19世纪90年代后期那种对天演竞争一边倒的现象，人们已经开始把这种带有浓厚的中国特色的大同理想嫁接到天演进化论的西方文化之上。这样，当西方文化中出现了无政府社会主义思潮，尤其克鲁泡特金的《互助论》传入中国时，便和大同理想结合起来，迅速风行于思想界，并逐渐压倒竞争天演论。

克鲁泡特金的思想是伴随着无政府主义和西方各种社会主义思潮而传入中国的，至迟在1907年他的《告少年》、《秩序》就曾由新世纪书报局作为《新世纪丛书》被译介到中国（译者为"真民"）。克鲁泡特金的《互助论》是对生存竞争进化论思潮的"一种抗议"，他首先认为，"互助"是一种宇宙人类的普遍现象，它不仅存在于动物自然界，而且也存在于从"蒙昧人和半野蛮人的社会"到"共产村落时代"，以至于到"欧洲中世纪自由都市共和国"和"现代文明"的人类社会[①]，它是从动物到人类的一种"生活法规"，一种本能，所以他说"合群、互助与互相扶持的需要与人类的本性是不能分离的"[②]。其次，他认为"互助"也是人类社会进化的重要原因，"互助的根源很早就深深地渗入人类过去的进化中"，又说："一切新的制度，不论是经济的、社会的，或道德的、宗教的，只要是大众所提倡的，无不发生于同样的互助渊源中。"[③]当然，他也并不否认"竞争"的作用，但是他更看重"互助"的作用："我们就可以坚决地承认互助与互争皆是自然界中的法则，

[①][②] 克鲁泡特金:《互助论·导言》xxv（朱洗译），开明书店1939年（此为中译本全集之一）版，第179页。

[③] 克鲁泡特金:《互助论·导言》xxv，第179页。

但是论起进化的原因,互助或许比互争重要得多,因为互助大有利于种族的保存和发展,互助能以较少的劳力予各个体的较大的安适和愉快"①。第三,"互助"本身就是一种道德情感,就是爱、同情、牺牲。他认为"爱、同情、牺牲三者在道德情感演进的程途上,一定是很重要的"②,又说"人类道德之进步,如按大体立论,亦由互助的原理逐渐扩张而成"③。

自从 1907 年在日本创办的留学生杂志《天义报》和在巴黎创办的《新世纪》连篇累牍地大量翻译和介绍克鲁泡特金思想以后,大同、博爱、互助、平等等思想在知识界、学生界迅速风行起来,其中论述比较充分的可以《新世纪》的主笔李石曾的《无政府说》为例。如果说 1904 年君平的《天演大同辨》是以天演家与大同家的半分天下的均势为基础来进行综合的,那么到《无政府说》则天平开始倾斜,"竞争"模式开始向"互助"模式倾斜,也就是说严复模式在风靡了十余年后,遭到了比康有为大同模式更具有现代意味,也更具有某种实证科学意味的互助模式的挑战,而且互助模式开始占上风。李文虽然也承认"竞争"与"互助"是进化过程中两种力量,就犹如一则古老寓言所昭示的一样,一块盾牌有金银两面,两者各执一端相持不下,"苟有第三人见盾之两面,无不笑二人之瞎闹也"。因此,从两方面考虑,"互助而不竞争,则偏于太柔;竞争而不互助,则偏于太烈,太柔,则不及进化之效力;太烈,则过进化之作用。不柔不烈,相遇得当,无过无不及之患,是谓最得进化之大道"④。但是正如克鲁泡特金一样,李石曾对"互助"模式的倾向性是十分明显的。第一,在进化

---

① 克鲁泡特金:《互助论·导言》xxv,第 261 页。
② 克鲁泡特金:《互助论·导言》xxiii,第 261 页。
③ 克鲁泡特金:《互助论·导言》xxiii,第 262 页。
④ 李石曾:《无政府说》,《辛亥革命前十年时论选集》第 3 卷,第 152 页。

的动力方面,"互助"比"竞争"更具有重要性:"人谓世界无竞争,则无进步。吾更言曰:无互助,则更无进步,且欲竞争而不能"。又说:"夫生存未必赖竞争,竞争未必有进步。所以赖以生存,生存而有进步者,在互助而不在竞争也。"第二,"竞争"只能导致一个"惨杀世界"。"世界之所以终不能免为惨杀世界者,以竞争时多,而互助时少也",而且,"自有生物以来,沦于天演之淘汰者多,出于自然之进化者少,盖皆重竞争而轻互助也。互助其一小部分,而竞争其全体。此世界之所以至今日尚为惨杀之世界也"。第三,从作用来看,"互助"的作用更高于"竞争"。李文从四个方面进行比较:

(甲)互助,则优劣俱胜。并进。

(乙)不互助,则优劣俱败。同退。

(丙)竞争,则优胜劣败。单进。

(丁)不竞争,则优败劣胜。只退。

从这种比较中,互助的作用要高于竞争。作者的倾向性是很明显的。

三、历史原则还是道德原则?康有为模式与严复模式在历史与道德问题上也发生了尖锐的对峙。按照康有为的仁爱进化论模式,则人类的进化必然表现为伦理道德的进化,所以康有为以乐观的心态描述着人类文明道德水平的进化序列,"夫人类之始,有雌雄牝牡之合,即有父子、兄弟之亲,有欲而有争,则有豪长以治之,有冥而合精,则有鬼神以临之","人治而后有士,诵言以教之,则最后者也,三人具,则豪长上坐,而礼生焉,声音畅,则歌谣起,而诗出焉,同时而起者也,士鼓黄桴以为乐,立章约法以为书,更其后者也"[①]。按照这种仁爱进化模式,最后进入人人相亲相爱的大同社会,历史与道德在这里几乎是和谐合一的,而

---

① 《内外篇·性学篇》。

按照严复引介的进化论模式,人天生服从自我保存原则,服从趋乐避苦、趋利避害原则,正是这种相互竞争以保存自我的原则,以"恶"的形式却推动了社会历史的进步。在这里显然更接近黑格尔的历史高于道德论。

章太炎在1906年发表的《俱分进化论》更突出了历史与道德的悖论性冲突,由这种冲突中表现出一种道德的困惑。

这首先表现为对"真、善、美"的怀疑。真、善、美体现了一种人类的价值理想追求,到近代文艺复兴,更成为近代人追求的一种人格理想。在近代中国,严复亦曾多次肯定之,他说:"东西古哲之言曰:人道之所贵者,一曰诚,二曰善,三曰美。"①然而章太炎却对这种近代价值理想表示深刻的怀疑:"希腊古德以为人之所好,曰真、曰善、曰美,好善之念,惟是善性,好美之念,是无记性,好真之念,半是善性,半无记性。虽然,人之所好,止于三者而已乎?"②如果人类仅仅追求的是真善美的美好理想,那么人类社会到现在怎么会仍到处是"伏尸百万,蹀血千里"。因此,章太炎更进一步指斥道:"希腊学者,括人心之所好而立真、善、美三,斯实至陋之论。"③那么人的追求和价值理想究竟是什么呢?章太炎补充道:"今于人性好真、好善、好美而外,复有一好胜心。好胜有二:一、有目的之好胜;二、无目的之好胜。凡为追求五欲、财产、权位、名誉而起竞争者,此其求胜非以胜为限界,而亦在其事、其物之可成,是为有目的之好胜;若不为追求五欲、财产、权位、名誉而起竞争者,如鸡如蟋蟀等,天性喜斗,乃至人类亦有其性,如好弈棋与角力者,不必为求博赙,亦不必为求名誉,

---

① 《严复集》第4册,第988页。
② 《俱分进化论》,《章太炎全集》(四),第390页,另可参见章开沅《俱分进化论的忧患意识》,《历史研究》1989年第5期。
③ 《五无论》。

惟欲得胜而止,是为无目的之好胜……"①这样,人类的追求便是真、善、美、胜"四好",这"四好"中,前三者属于"善",后者属于"恶",因此"其所好者,不能有善而无恶,故其所行者,亦不能有善而无恶"。

当他从现实经验中总结出人的"好胜"的"恶"本性之后,便试图从佛教唯识宗基础上予以解释,并参照德国哲学家哈特曼(Hartmann)的宗教哲学。唯识宗主张"我"、"法"两空,"一切唯识所现","识"指眼、耳、鼻、舌、身、意、末那识、阿赖耶识"八识",阿赖耶识作为世界的本体虽然无善无恶,但由于末那识"常执藏识以为自我",便产生了"我执",于是生出所谓"我痴"、"我见"、"我慢"、"我爱"四种心,"我慢心"便产生了"恶"。因此人性本身就潜隐着善恶二重性,然后又引用哈特曼的宗教哲学说:"抑吾尝读赫尔图门之《宗教哲学》矣,其说曰:有恶根在,必有善根。"②在这里,我们看不到文艺复兴时期人们对生命、青春、理想的赞美,看不到上升时代资产阶级乐观向上的对真、善、美的憧憬,在章太炎眼中,真善美人格理想不过是一个神话而已,而人类那种"恶根性"却无情地摧毁了这个神话,人不过是"万物之元恶"③,表现出一种对近代价值理想的幻灭感。

其次,对历史与道德二重分裂的强烈感受。这种感受突出表现为著名的"俱分进化论":

"进化之所以为进化者,非由一方直进,而必由双方并进,专举一方,惟言智识进化可尔。若以道德言,则善亦进化,恶亦进化;若以生计言,则乐亦进化,苦亦进化,双方并进,如影之随形,如罔两之逐景。非有他也,智识愈高虽欲举一废一而不可得。

---

① 《俱分进化论》,《章太炎全集》(四),第 390、386—387 页。
② 《章太炎全集》(四),第 393 页。
③ 《五无论》。

曩时之善恶为小,而今之善恶为大;曩时之苦乐为小,而今之苦乐为大。然则以求善求乐为目的者,果以进化为最幸耶?其抑以进化为最不幸耶?进化之实不可非,而进化之用无所取。"①

章太炎的思想是很深沉的,这里既没有康有为那种肤浅而又乐观地将道德的进步视为人类进化的标志的仁本主义心态,也没有严复那种以天演哲学理直气壮地为"恶"(实指人的自然本质)正名的昂扬的呐喊,而是带有更多的感伤和忧虑,一种对近代工业文明的深刻怀疑和否定。他意识到了"智识"进步与道德退化的二律背反,"自微生以至人类,进化惟在智识,而道德乃日见其反张。进化愈甚好胜之心愈甚,而杀亦愈甚"②,意识到了文明进步与非人道的根本冲突:"知文明之愈进者,斯蹂践人道亦愈甚"③,也意识到了道德本身善、恶并进、苦乐同步发展的内在矛盾,这些认识都是相当深刻的。马克思曾经说过:近代工业文明"一方面产生了以往人类历史上任何一个时代都不能想象的工业和科学的力量;而另一方面却显露出衰颓的征象",又说:"新发现的财富的源泉,由于某种奇怪的、不可思议的魔力而变成贫困的根源。技术的胜利,似乎是以道德的败坏为代价换来的。随着人类愈益控制自然、个人却似乎愈益成为别人的奴隶或自身的卑劣行为的奴隶。"④章太炎以其特有的睿智表现出对近代工业文明的深刻洞察。但是这种对近代文明历史进步与道德退化的敏锐感受,并没有使他本人有勇气来承受这种不可避免的二重分裂的历史事实,他没有也不可能有历史前进中不可避免的社会阵痛的代价意识,因此他反对近代工业文明:制度(反代议政治)、经济(反资本主义)、价值理想(反真善美)等等,

---

① 《俱分进化论》。
② 《五无论》,《章太炎全集》(四),第442—443页。
③ 《记印度西婆耆王纪念会事》,《章太炎全集》(四),第357页。
④ 《马克思恩格斯选集》第2卷,第78—79页。

而歌颂乡村文明,歌颂下层道德,这样便又回到了传统道德决定论。

第三,对下层道德、乡村文明的礼赞。近代伦理重建的目标之一是推倒传统的泛道德主义或伦理中心主义,以历史进步为标尺、淡化道德意识。然而在近代,传统道德一方面遭到了近代"道德革命"的情感式冲击,另一方面泛道德主义仍然阴魂不散,以道德作为对历史的衡量尺度。章太炎1906年发表的《革命之道德》①便十分典型。诚然,强调革命党人的道德修养本来是必要的,但是章太炎却走向了某种道德决定论,比如说:"道德衰亡,诚亡国灭种之根极也","戊戌之变,戊戌党人之不道德致之也","庚子之变,庚子党人之不道德致之也"等等,便带有传统泛道德主义决定论色彩。章太炎在分析当时中国十六种职业时,更表现出下层道德的倾向性,这十六种职业指农人、工人、裨贩、坐贾、学究、艺士、通人、行伍、胥徒、幕客、职商、京朝官、方面官、军官、差除官、雇译人。他将十六种职业分为两类,"此十六职业者,第次道德,则自艺士以下,率在道德之域,而通人以上,则多不道德者"。章太炎显然认为,地位越低下、越卑贱者越有道德,地位越高者越无德行,所以他认为"农人于道德为最高"而"工人"(指传统手工业者)则"稍知诈伪",但"其强毅不屈,亦与农人无异",而京朝官则"位置最高,得自恣肆",差除官者"浮竟污辱"。其次,农业文明的道德高于工业文明的道德,实际上"艺士"以下的都是传统农业文明的职业,而属于近代文明的知识分子(通人)、商人(职商)和买办(雇译人)则处于不道德之列。这反映出章太炎的伦理取向,那就是对工业社会的批判和对农业社会的美化,对乡村、对农民道德的美化。城市工业文明与乡村农业文明的对立引起了章太炎一种近乎俄国民粹派的倾向,他

---

① 《民报》第8期(1906年)。

那"定版籍"、"均配土田"抑制资本主义经济主张、反对"商日益横,工日益多、农日益减"的农本主义思想,还有那"樵苏耕获、鼓腹而游"、"啜菽饮浆"、"冬裘夏葛"的农村田园牧歌情调,使章太炎不同于力主进化、力主"开明自营"而发展资本主义的严复模式的独特的思想风格。这种风格同时也是一种信号,它标志着一种反严复模式的开端,它是五四时期李大钊号召青年走向农村和五四时期新村主义、工读互助主义等对乡村文化的歌颂的先声。

两种模式的最后汇流

严、康两种模式的二重变奏到五四后期,便开始了个体主义对整体主义的让位,互助论逐渐取代竞争论,非道德论向道德论复归,最后两种模式汇入社会主义思想洪流中。我们不妨考察一下五四后期的几种转向。

第一,从"人权"到"民主"。自从1904年《人权宣言》、《独立宣言》被译介到中国后,短短几年曾形成了一个以个人主义为核心的人权思潮。后来在五四前期又形成了新的高潮,陈独秀《敬告青年》正式提出"科学与人权并重",他的《法兰西人与近世文明》、《一九一六年》等文都强调的是个体自然权利、独立人格[①]。但是到五四后期,陈独秀就很少谈人权了,比如1919年发表的《〈新青年〉罪案之答辩书》便不是"科学与人权",而是"德"(民主)"赛"(科学)两先生。学术界往往忽视了从"人权"到"民主"转变的根本意义,而将二者混同起来。但事实上,"人权"观念基本上保留了近代西方那种个体的自然权利的内涵,而五四后期

---

① 陈独秀:《敬告青年》,《青年杂志》1卷1号(1915年);《一九一六年》《青年杂志》1卷5号(1916年);《法兰西人与近世文明》,《青年杂志》1卷1号(1915年);"新青年"罪案之答辩书》,《新青年》6卷1号。

的"民主"却更多地体现为一种整体主义、一种平等倾向、一种民本主义和社会主义，而已经不是近代资产阶级政治运作方式或价值观念。比如有一篇文章就认为："民主应用在经济上，就是集产主义或共产主义，可称为经济的德莫克拉西。应用在社会上，就指无政府主义。"①而另一篇文章则将"民主"解释为"废止资本主义的生产"，建立一个"平等的经济组织"②。毛泽东干脆将民主称为"平民主义"、"民本主义"、"民主主义"、"庶民主义"③。李大钊也将民主视为"一切福利的机会均等"、"一种均等机会去分配那生产的结果"④。这里显然谈的都不是资产阶级民主观念，而表现出一种社会主义趋向，一种反资本主义趋向。陈独秀在 1919 年发表的《实行民治的基础》⑤便反映出对前期"人权"观念的大转向，他首先引用了杜威的四种"民治主义"（Demo-Cracy）。政治的民治主义、民权的民治主义、社会的民治主义、生计的民治主义。前两者包含了个体基本权利等，但是他却是把"生计的"民治主义作为目的，而把包含了基本人权的政治的、民权的民治主义作为手段。他说："社会生活向上是我们的目的"，而把"政治和社会经济两方面的民治主义，当做达到我们目的——社会生活向上——的两大工具"，这样，经济的平等便成了最高目的。于是，陈独秀便一反前期对传统文化的猛烈抨击而对中国古代那种"许行的'并耕'，孔子的'均无贫'种

---

① 仲九：《德莫克拉西的教育》，《教育潮》第 1 卷第 1 期（1919 年）。
② 彭一湖：《新时代之根本思想》，《每周评论》第 8 号（1919 年）。另外，《教育潮》第 3 期（1919 年）中《什么是现代的时代精神》亦认为，"德莫克拉西"的含义在于，经济上消灭资本主义、政治上消灭阶级差别、文化上消灭不平等，显然与五四前期"人权"观念完全不同。
③ 毛泽东：《创刊宣言》，《湘江评论》创刊号（1919）。
④ 李大钊：《劳动教育问题》，《李大钊选集》，人民出版社 1959 年版，第 138 页。
⑤ 陈独秀：《实行民治的基础》，《独秀文存》，第 250—261 页。

种高远理想、'限田'的讨论"表示极大兴趣,并认为这可"证明我们的国民性里面,确实含着许多社会经济的民治主义的成分"。实际上,我们只要翻阅《独秀文存》就会发现,到五四后期,陈独秀注重于对社会平等诸如"纱厂女工"、"人口"等问题的考察,由人权启蒙走向了对社会民众尤其劳工阶级的关注,这正意味着一种新的整体主义的出现。

第二,由竞争到互助。第一次世界大战的结果不仅在西方导致了全面的文化价值危机,同时也影响到中国近代价值观念的变化,这突出地表现为"竞争"进化论在思想界影响的缩小,而互助论却几乎覆盖了"竞争论"。杜亚泉的《金权与兵权》指出:"自十九世纪物竞天择之说兴,而利己主义、重金主义、强权主义、军国主义相继迭起,于是金权、兵权乃借此学说,席此时期,愈益猖獗,非复法律、道德所能遏制。"①石子在一篇文章中亦强调,自从竞争进化论广为流布后,"生存竞争,优胜劣败一语,遂为人假以行恶。政府以之扩张军备,野心家以之制做战争,资本家以之攫取金钱",因此导致了"此次惨无人理之欧洲大战"。竞争造成了"一面为进化,一面为堕落",而互助论却"惟有幸乐,而无苦难"②。朱谦之更明确宣布:"像那'物竞天择,适者生存'的信条,是过去了,克鲁泡特金(Kioptakin)的互助论已代替他了。"③而张东荪在《第三种文明》中则宣布"自由与竞争"为过时了的"第二种文明",而欢呼"提倡互助"、"培植协同"的"第三种文明"④。伟大的革命家孙中山也呼应了这一思潮,他于1919年出版的《孙文学说》,表现出与这一思潮的同步性,他说:"物种

---

① 《东方杂志》15卷,第5号。
② 石子:《动植物间之互助生活》,《劳动》第1卷,第1号,1918年。
③ 朱谦之:《革命的目的与手段》,《奋斗》第4号(1920年)。
④ 张东荪:《第三种文明》,《解放与改造》1卷1号(1919)。

以竞争为原则,人类则以互助为原则。"①并提出了"互助"的体用论:"社会国家者,互助之体也;道德仁义者,互助之用也。人类顺此原则则昌,不顺此原则则亡。"并由此而谴责竞争进化论,导致"各国都以优胜劣败、弱肉强食为立国之主脑,至谓有强权无公理",因此乃是"一种野蛮的学问"②,他强调"人类进化之主动力,在于互助,不在于竞争"③。而早期共产主义者诸如李大钊、毛泽东、恽代英等参与了互助论思潮的传播队伍中④。与此同时,"工读互助团"、新村主义则在实践操作层面为这一思潮推波助澜,而且克鲁泡特金的著作在《天义报》(1907)、《新世纪》的连载传播的第一次高潮后,又在五四后期乃至更后时期,以报刊连载和专号的形式,更以一版、再版甚至中译本全集的形式,在中国形成一股"克鲁泡特金热"或"互助热"。

第三,从强者意识到平民意识,从城市意识到乡村意识。从戊戌到辛亥时期,一个突出现象便是介绍或赞颂强者、英雄。严复引介的天演哲学实质上是一种强者哲学、优者哲学,它要求人们为自我保存、自我实现而去竞争、搏击命运,去争做一个强者、优者。鲁迅在辛亥革命前发表的《文化偏至论》、《摩罗诗力说》极度高扬尼采的"强力"意志、"超人"哲学,并推崇那种"一剑之力"的摩罗诗人拜伦等人,都反映了当时的青年留学生试图以英雄为目标,不断超越自身平庸而奋斗的强者精神。与这种哲学相呼应的便是思想界普遍的对强者、英雄的宣传,其中梁启超最为典型,他大量地介绍了西方知识精英、思想精英如培根、笛卡儿、达尔文、孟德斯鸠、卢梭、边沁、颉德、亚里士多德等人的学说

---

① 《孙中山选集》上卷,第141页。
② 胡汉民编:《总理全集》第2卷,第96页。
③ 《孙中山选集》上卷,第338页。
④ 参见李大钊:《阶级竞争与互助》,毛泽东:《民众的大联合》,恽代英:《未来之梦》等文。

和思想,大量介绍了华盛顿、拿破仑、加富尔、马志尼、加里波的、罗兰夫人等政治精英的事迹。我们从梁启超的《豪杰之公脑》、《过渡时代论》、《英雄与时势》、《文明与英雄之比例》等文,看到的都是对英雄、豪杰、俊杰、国魂的呼唤,以及对英雄素质诸如冒险、进取、耐力、强力的探求。同时弥漫在革命派报刊中的是对俄国虚无党的暗杀、恐怖、炸弹、匕首等个人英雄主义行动的崇拜。《民报》等许多刊物的扉页插图,大多是华盛顿、拿破仑、秋瑾、陈天华等视为精英一类的照片,这或许正应了马克思所说的"这是一个需要巨人并且产生了巨人的时代"的名言。但是到五四后期,强者意识被一种扶弱的平民意识所取代,知识群更多关心的是工人、农民等普通百姓平民阶层的生活、工作和疾苦。这种平民意识和对乡村农业文化的重视既是西方社会主义思潮的影响,同时又和康有为模式所蕴含的那种古代民本主义和均平思想有着文化上的承继关系,辛亥时期章太炎《定版籍》、"均配土田"和刘师培的《悲佃篇》已经明确地突出了这种平民意识和乡村意识。到五四后期,随着十月革命的胜利,劳工主义、庶民主义思潮迅速占领了中国思想界,陈独秀的《劳动者底觉悟》、《上海原生纱厂湖南女工问题》、《贫民的哭声》,李大钊的《庶民的胜利》、《面包问题》、《劳动教育问题》、《唐山煤厂的工人生活》等①,都表明五四后期人们更关注的是下层工人、农民的生活状况、平民教育以及社会平等问题,思想界的重心从强者、精英移到下层平民。与此同时,由章太炎曾经赞颂过的农民、工人道德的个别现象,迅速普遍为一种歌颂美化工人、农民以及劳动方式和他们所生活的环境如乡村文明等的思潮,比如"工读主义"思潮便是一种对传统乡村文明提倡的"耕读为本"的继承。曾国藩在其家书中,就常教其子弟"以耕读二者为本,乃是长久之计",

---

① 参见《独秀文存》、《李大钊选集》。

"即在乡间选一耕读人家之女(作媳)……总以无富贵习气者为主"①。而李大钊在提倡"工读主义"时就强调了这一点,他说:"中国乡村里有句旧话说得很好,就是'耕读传家'。现在家族制度渐就崩坏,'传家'二字已没用了,可以改为'耕读作人',是一句绝好的新格言。"②农民、工人已经不再像戊戌、辛亥时期那样成为被鄙视、被启蒙、被改造的对象,而成为道德高尚者,李大钊在《低级劳动者》中说:"凡是劳作的人,都是高尚的、神圣的,都比你们这些吃人血不作人事的绅士、贤人、政客们强得多。"③城市文明由于资本主义制度而成为罪恶的渊薮,而农村则成为一片未被工业文明污染的圣地:

"在都市里漂泊的青年朋友们呵!你们要晓得:都市上有许多罪恶,乡村里有许多幸福;都市的生活,黑暗一方面多,乡村的生活,光明一方面多;都市上的生活,几乎是鬼的生活;乡村中的活动,全是人的活动;都市的空气污浊,乡村的空气清洁。你们为何不赶紧收拾行装,清结旅债,还归你们的乡土?"

"青年呵!走向农村去吧!日出而作,日入而息,耕田而食,凿井而饮,那些终年在田野工作的父老妇孺,都是你们的同心伴侣,那炊烟锄影鸡犬相闻的境界,才是你们安身立命的地方呵!"④

我们不妨比较一下俄国19世纪六七十年代民粹派的思想。他们也对淳朴、富有道德情感的乡村文明表示赞美,而对城市文明的黑暗予以抨击:

"古老的、不朽的、永恒的农民米尔(一种农民自治组织——

---

① 《曾文正公家书》同治六年五月初五日,道光二十九年四月十六日。
② 《工读》,《李大钊选集》,第284页。
③ 《李大钊选集》,第305页。
④ 李大钊:《青年与农村》,《李大钊选集》,第149—150页。

引者注),即整个俄国米尔的支柱是我们自我发展的本原和初型。"①

"我们要借助米尔的会议精神、协商精神和主动精神,在自己身上重新激起和发挥那种坚毅的、积极的、生气勃勃的爱的精神、和睦和联合的精神。"②

"我们被等级的偏见和仇恨弄得四分五裂,我们被抽象的理论弄得互不团结,我们互相惧怕、怀疑对方口是心非,我们处于军人、官吏、高级阶层、文艺学术等等的闭塞的圈子里,在身体和精神道德方面都是干瘪瘦削、虚弱无力的,我们正在变成小说里的可笑的典型,因此我们需要米尔、米尔的社会生活、米尔社会主义的清新的而又生气勃勃的和解的精神。我们需要农民米尔的严谨态度、组合精神和米尔的智慧。"③

因此,民粹派鼓动青年"到民间去":

"所以,你们这些青年人,赶快抛弃这个注定要灭亡的世界吧,抛弃这些大学学院和学校吧,人们现在把你们从那些学校开除出去,并且在那些学校见人们总是力图使你们脱离人民。到民间去吧!你们的战场,你们的生活和你们的科学就在那里。在人民那里学习如何为他们服务,如何最出色地进行人民的事业……必须记住,朋友们,知识青年不应当是人民的教师、慈善家和独裁的领导者,而仅仅是人民自我解放的助产婆……"④

俄国民粹派那种对古老的村社组织米尔的美化和歌颂,我们不也几乎可以从中国早期社会主义思潮中如梁启超将社会主

---

① 阿·普·夏波夫:《村社》(1862年)《俄国民粹派文选》,人民出版社1983年版,第33页。

②③ 《俄国民粹派文选》,第40、39页。

④ 米·亚·巴枯宁:《告俄国青年兄弟的几句话》(1869年)《俄国民粹派文选》,第52页。

义还原为井田制等现象中看到这种民粹派的痕迹吗?① 甚至辛亥革命的领导者之一的黄兴不也同样"成功地把象征社会主义的中文'井'(井田)字,作为中国革命的旗帜的标志"②吗? 那种对都市社会的诅咒,对资本主义的批判,从章太炎到李大钊的《青年与农村》不都展示着某种共同的思想轨迹吗? 那种号召青年学生到农村去、做农民的学生、接受农民道德和生产实践锻炼的精神,在民粹派和李大钊以及工读主义之间又是多么相似啊!而且这种精神还深刻地影响到中国的当代(如"文革")。当然,从戊戌、辛亥时期的强者意识到五四后期的平民意识,从城市意识到乡村意识,也就开始指向一条将马克思主义与中国社会实践相结合的中国特色的道路,即走农村包围城市的新民主主义革命道路。这种对严复模式的超越,自然有其必然性。

  这三种转向,实际上都指向了一条新的选择道路:走马克思主义,走社会主义。但是即便在早期杰出的马克思主义者李大钊的理论中,社会主义也更多地体现为一种伦理精神,一种强调互助、协作、平等和谐的伦理精神,虽然他也谈经济基础,但是他并不十分注重马克思的社会主义的根本精神是必须建立在生产力高度发达的社会化大生产基础上的社会主义。恰恰相反,李大钊更多的是把克鲁泡特金的互助思想、康有为模式所代表的传统大同平均理想和家族伦理融合进马克思主义中。李大钊在《阶级竞争与互助》中就明确了这种克鲁泡特金与马克思的融合,尤其明确把社会主义视为一种伦理精神,他说:"一切形式的社会主义的根萌,都纯粹是伦理的。协合与友谊,就是人类社会生活的普遍法则",而且"不论他是梦想的,或是科学的,都随着

---

① 梁启超:《中国之社会主义》,《饮冰室合集》专集之二。
② (美)伯尔纳:《1907年以前中国的社会主义思潮》,福建人民出版社1985年版,第36页。

他的知识与能力,把他的概念建立在这个基础",这个基础就是"协合、友谊、互助、博爱的精神,就是把家族的精神推及于四海,推及于人类全体的生活的精神"①。由于他把社会主义视为一种家族伦理原则和精神,因此他强调要把这种伦理精神补充到马克思主义中去:

"有许多人所以深病'马克思主义'的原故,都因为他的学说全把伦理的观念抹煞一切,他那阶级竞争说尤足以使人头痛……那社会主义伦理的观念,就是互助、博爱的理想……近来哲学上有一种新理想主义出现,可以修正马氏的唯物论,而救其偏蔽。各国社会主义者,也都有注重于伦理的运动,人道的运动的倾向……可是当这过渡时代,伦理的感化,人道的运动,应该倍加努力,以图铲除人类在前史中所受的恶习染,所养的恶性质,不可单靠物质的变更。这是马氏学说应加救正的地方。"②

李大钊这种对"协合、友谊、互助、博爱"的伦理精神的特别重视,显然与马克思所强调的以社会化大生产高度发达的生产力为基础的社会主义是有区别的,而更多地保留了康有为模式所蕴含的传统泛道德主义、克鲁泡特金的互助论,它更具有精神和心灵改造的意义,虽然李大钊强调"物心两面的改造",但"心"的层面更是他注意的重点,这样康有为模式所蕴含的仁爱、道德精神、人道主义博爱思想以一种新的形式融汇到五四时期的社会主义思潮中。

严复模式虽然在五四后期被替代和超越了,但是其中一些基本思想也汇入到了马克思主义思潮和早期社会主义思潮中,比如人们对"革命"的理解便反映出"进化"观念的影响。无政府主义者李石曾在他所主张的社会主义中就说过:"革命之名词来

---

① 《阶级竞争与互助》,《李大钊选集》,第 222 页。
② 《我的马克思主义观》,《李大钊选集》,第 193—194 页。

自西文,其字作 revolution,re 犹言更也,重也。volution,犹言进化也。故革命犹重进化也。地球行满一周而复始谓之为 revolution,引申之谊,则凡事更新皆为 revolution",所以他说:"排皇不过政治革命,犹不足以尽革命。至社会革命始为完全之革命,即平尊卑也,均贫富也,一言以毕之,使大众享平等幸福,去一切不公之事。"①朱谦之对"革命"的理解也几乎是同一思路:"总之,进化与革命的关系,只是动与变的关系,革命是动,进化是变,动的时候,便是变的时候,所以革命的时候,就是进化的时候,依照西文原名,革命叫做 revolution,进化叫做 evolution,可见革命是更进化的意思,假使要永续不断地更进化,就不可不时时刻刻地去革命了。然我可更进一层,决定革命是促进'进化'的唯一因子。"②当进化观念深入人心时,人们会顺理成章地从 evolution 推出 revolution。五四时期,陈独秀也便作如是观:"欧语所谓革命者,为革故更新之义……莫不因革命而新兴而进化。"③因此,当中国选择了一条走俄国式"暴力革命"的道路时,人们在观念上没有多少心理障碍,可以直接从进化(evolution)过渡到革命(revolution)。如蔡和森 1921 年发表的《马克思学说与中国无产阶级》便明确指出:"窃以为马克思主义的骨髓在综合革命说与进化说(revolution et evolution)。"④

严复模式汇入到早期马克思主义的另一观念突出体现为"竞争"观念。诚然,五四期间,互助、平等等伦理精神逐渐压倒"竞争"观念,但是"竞争"观念不仅没有消失,而且被早期马克思

---

① 李石曾:《革命》,《辛亥革命前十年时论选集》第 2 卷(下),第 998—999 页。

② 朱谦之:《革命的目的与手段》,《无政府主义在中国》第 1 辑,湖南人民出版社 1984 年版,第 381 页。

③ 陈独秀:《文学革命论》。

④ 蔡和森:《马克思学说与中国无产阶级》,《新青年》9 卷 4 号。

主义者转化为"阶级竞争"或"阶级斗争"。早在 1903 年,马君武在《社会主义与进化论比较》一文中,就曾指出过从达尔文进化论的生存竞争到马克思的"阶级竞争"的某种共同点,他说:"马氏(指马克思)尝谓阶级竞争为历史之钥……是实与达尔文言物竞之旨合。"①所以到五四时期,这一深入人心的"竞争"观念便构成了人们接受马克思主义的阶级斗争说的心理基础,李大钊就把"阶级斗争"说成"阶级竞争",李大钊在谈到马克思主义的三个组成部分时,便说:"他这三部理论都有不可分的关系,而阶级竞争说恰如一条金线,把这三大原理从根本上联络起来。"②陈独秀、蔡和森等人在《社会主义批评》和《马克思学说与中国无产阶级》中也直接称"阶级斗争"为"阶级战争"。"竞争"观念短短三十年(戊戌到五四)的影响同样为阶级斗争学说的广泛传播和实践准备了一定的心理前提,这是不能忽视的。

但是五四时期的社会主义的选择又不仅仅是两种模式的简单的汇流,更主要的是对两种模式的超越,它既超越了严复模式那种生存竞争观念,又超越了康有为模式那种从性善论角度提出的仁爱互助观念,而代之以唯物史观。这样近代伦理启蒙便发生转向了。

---

① 马君武:《社会主义与进化论比较》,《译书汇编》第 2 年 11 号。
② 李大钊:《我的马克思主义观》。

尚 力 卷

严复提出了本书要阐述的第二个命题:鼓民力。

这是严复三大命题中最受研究者冷落的命题。以政治史、经济史为对象的历史学家不会涉及它,以本体论、认识论、方法论和历史观为研究对象的哲学史家对此亦视而不见,而近代文学史家也似乎发掘不出其中的文学史价值和意义,仅仅在中国近代教育史范围,这个命题被偶尔提及,但也不过是和反对"吸食鸦片"反对"缠足"(严复说过)相联系的一种教育思想。总之,"力"的领域,一如在中国传统文化中遭到冷落的命运一样,在当代学术界,仍然是一个没被开垦过的处女地,"力"的文化意义远远没有引起人们的注意。

然而,"力"的领域却是一个蕴含着丰富"矿藏"的领域,它牵涉到近代体育精神、近代审美观念、近代文学和文化哲学,同时也牵涉到政治本身。但是构成其核心观念的是中国人的感性生命的重建问题。"力"的本质即感性生命,不研究感性生命,就无法了解完整的人,而不研究"力",则根本无法窥测人的感性生命。对"力"的冷落、鄙弃,是中国传统士林文化生命弱化的一个根本标志,只有到近代,"力"才获得了异乎寻常的显赫地位。近代尚力思潮至少延续了近半个世纪,从体育领域扩展到文学领域再上升到文化哲学领域,从外在的生命体质体力到内在的情感意志力再到力的本体哲学的建立,构成了近代尚力思潮的发展三部曲的历史与逻辑的轨迹。

尼采曾在其早期学术著作《悲剧的诞生》中认为,阿波罗精神(日神)与戴奥尼索斯精神(酒神)之间的不断冲突激荡,构成了古典希腊文化的悲剧艺术的起源。日神代表了一种清明的理性精神,而酒神则代表了蓬勃兴旺的感性生命冲动,酒神精神构成了西方感性生命的源头活水。"力的发现",在一定意义上可以说是中国感性生命的重新发现,是打破道德伦理禁锢后,重新焕发和燃烧的生命激情与活力。

这就是中国近代感性生命的重建。

尚力思潮与近代感性重建

自从严复提出"鼓民力"后,尚力尚武思潮在十九世纪末二十世纪初期的中国思想文化界激起大潮,有如蒋智由所言:"尚力尚武之声……日不绝于忧时者之口也。"① 然而,绵延达半个世纪的尚力思潮,经历了怎样的流转变迁和意义转换,其思想文化渊源以及在中国从古典向现代的文化转型中的作用等等,至今在学术界仍是一个被忽视的课题。笔者对此拟作初步分析。

尚力思潮三部曲

长达半个世纪的尚力思潮,大致经历了三个阶段:第一阶段,"力"体现为外在的体质生命力量,主要反映在从严复到二十世纪初的军国民主义思潮中;第二阶段,"力"向文学领域渗透,由青年鲁迅到五四新文化运动,表现为崇尚情感、意志的"诗力"、"意力"、"强力";第三阶段,"力"向文化哲学领域渗透,也即战国策派的"力"本体哲学。从外在的体质体力到内在的情感意志力,再到力的本体化,便构成近现代尚力思潮合乎逻辑和历史的三部曲。

尚力思潮是伴随着民族危机的加深,特别是甲午中日战争

---

① 《中国之武士道·蒋序》,《饮冰室合集》专集第 6 册。

泱泱大国竟败于"蕞尔小邦"后开始的,"甲午以前……中国为睡狮;甲午以后,则视为死狮"①。中国知识精英开始普遍痛苦地接受了一个残酷事实:"东方病夫"。如果说,民族危机构成了尚力思潮的现实社会背景的话;那么,由惨败而来的强烈"病夫"意识则作为一种强刺激,构成了尚力思潮发端的心理契机,正是在民族危机与心理危机的双重背景下,导致了中国近代"力"的发现。

"力"的发现,基本上是从两个层面展开的,第一个层面是"破",即对传统柔性文化的批判;第二个层面是"立",即对"力"的正面阐述。

对传统柔性文化的批判,以严复《论世变之亟》为最早,而以蔡锷的《军国民篇》和梁启超《新民说·论尚武》最为系统。以梁氏《论尚武》为例,他从四个方面分析中国沦为"病夫"的原因:"一由于国势之一统,"在大一统局面下,一片太平歌舞,四海晏然,而尚武尚力精神被视为"野蛮"的象征,于是"其心渐弛,其气渐柔,其骨渐脆,其力渐弱"。"二由于儒教之流失",他认为儒家《中庸》倡导"宽柔以教、不报无道",《孝经》所谓"身体发肤,不敢毁伤",加之后世贱儒袭用《老子》"雌柔无动之旨",这样便产生了柔性人格:以冒险为轻躁,以任侠为大戒,以柔弱为善人,惟以忍为无上法门。"三由于霸者之摧荡",历代开国君主定鼎之后,深知"我可以武力夺之他人者,他人亦将可以武力夺之我也",于是采取软硬两手政策,其结果便是"人心死矣"!"四由于习俗之濡染",在这种柔性文化中,人们普遍的价值取向是"好铁不打钉,好男不当兵",军人被视为"恶少无赖之代名词"和"不足齿之伧父"。

应该承认,梁氏言辞之间,固然难免愤激之偏颇,但却是近

---

① 爱国青年:《教育界之风潮》第七章(1903年)。

代中国对古典柔性文化一次比较系统的理性反省和批判。他告诉人们，造成"东方病夫"现状的原因是相当复杂的，有政治因素，如封建大一统与专制君主的独裁限制，也有精英文化的因素，如儒道互补的中国文化，更有通俗文化的价值取向和习俗熏染等问题。

从"立"的层面看，1895年严复在天津《直报》上推出《原强》篇，最早吹响了"鼓民力"的号角。他把斯宾塞的"physical education"(体育)转译成"力"或"体力"，从而在士林文化中，第一次把孔子以来(子不语怪力乱神)遭受鄙弃的"力"抬高到与"开民智"、"新民德"的同等地位。这也是中国近代关于"德、智、力(体)"人的全面发展的第一次理论概括。"力"的发现，也就是"体育"的发现，就是生命本质的发现。从此以后，"有志之士，乃汇集同志，聘请豪勇军师，以研究体育之学"①。稍后，梁启超更进一步展开"力"的丰富内涵，他在《新民说·论尚武》中认为，"力"有三种形式："心力"、"胆力"和"体力"。谭嗣同一生崇尚力量，他在《仁学》中更开列出十八种"力"(如"拒力"、"锐力"、"韧力"等)，的确是近代尚力思潮中的一个文化奇观。尤其在二十世纪初的军国民主义思潮中，人们普遍相信："宇宙间发生种种之现象，无不有力之存在"，而在生命世界中，也是"处处充满着一种力"②。因此军国民主义思潮极力提倡"壮健力"、"坚忍力"和"精勤力"，并把尚武尚力的军事体育作为其核心主题。对此，蔡锷(奋翮生)在《军国民篇》中深有感触地说："严子之《原强》，于国民德育、智育、体育三者之中，尤注重体育一端，当时读之，不过谓为新议奇章。及进而详窥宇内大势，静究世界各国盛衰

---

① 欧榘甲：《论政变与中国不亡之关系》，《清议报》第27册(1899年9月15日)。

② 高劳：《力之调节》；乔峰：《力的世界》，《东方杂志》卷13，第6号；卷19，第6号。

强弱之由,身历其文明之地,而后知严子之眼光之异于常人,而独得欧美列强立国之大本也。"救亡-尚武-体育便成了军国民主义思潮鼓吹者的一般的思维逻辑,"力"即体质体力便肩负着救亡图存的重任。

然而从青年鲁迅开始,在军国民主义尚武尚力思潮之外,"力的发现"又伸向了另一个领域,即从肉体生命的外在自然基础——体质的"力"转为对生命内在情感意志力量的推崇,从"体育"开始向"文学"领域渗透。这就是鲁迅发其端的五四文学对"诗力"、"意力"、"强力"的推崇。

鲁迅在《摩罗诗力说》中,把"诗力"视为一种审美化了的生命情感的力量,而在《文化偏至论》中,则把"意力"、"强力"视为一种生生不已、不可遏止的生命意志行动。这就一如尼采所言:"生命为个体追求力量的最高感觉,生命本质上是追求更多的力量。"①鲁迅坚信:"二十世纪之新精神,殆将立狂风怒浪之间,恃意力以辟生路者也。"

这几乎是先知式地预言了生命力量的审美化时代的到来。到了五四时期,十年前鲁迅对"诗力"、"意力"、"强力"的弘扬在文学界获得更普遍的回应,郭沫若在《我是一个偶像崇拜者》一诗中,表达了其对"力"的崇拜:"我崇拜创造的精神、崇拜力、崇拜血、崇拜心脏",而在《站在地球边上放号》篇中,对"力"更是一咏三叹。狂飙社的向培良在《水平线下》一诗中也发出"力"的呼唤,创造社的王独清更直接地把"力"视为诗的本质要素:(情+力)+(音+色)=诗②,"情+力"作为一种审美的感性生命与鲁迅的"诗力"一脉相承:在冲创奔突的感性生命冲动中,以男性的

---

① 引自陈鼓应:《悲剧哲学家尼采》,三联书店1987年版,第93页。
② 王独清:《再谈诗》,《中国现代诗论》上编,花城出版社1985年版,第104页。

阳刚之美冲击柔性文化艺术中那种"才子佳人旖旎冶猥之柔情","靡曼亡国哀思之郑声",一扫古典《西厢记》、《红楼梦》里缠绵于怡红院、潇湘馆里非男非女、无病呻吟的张生、宝玉型的雄性雌化气质。正是在五四文学作品中,我们能感受到尼采式的"高原空气"的"冲飙",惠特曼的激昂、高亢而撼动灵魂的音响,拜伦式的"所向必动,贵力而尚强,尊己而好战"的"如狂涛如厉风"的靡罗精神……总之,雄性气魄、阳刚精神迅速蔓延到五四文学界,从而构成五四作品的一种生命基调。

如果说,五四作家的尚力思潮着重于生命力量的审美化的话,那么抗战时期的战国策派则将"力"推进到文化哲学领域并建立起"力"的本体论。

林同济认为,生命的本质即是"力","力即是生,生即是力",由此可引申开去:"中国'动'字从力,是大有意义的。一切的生者要动,一切的动都由于力。"因此"生、力、动三字可说是三位一体的宇宙神秘连环"。这就是说,力不仅是生物的本体,而且,力量、生命和运动三位一体构成宇宙本体。林甚至认为,"力"也是精神的本体,因为精神超越的根本在于"创造",而"一切的创造只是力的表现,活力的自成"[①]。所以说,"力量是一切的中心,它破坏一切,建设一切"[②]。至此,近代尚力思潮完成了从体质(体育)到审美(文学)到本体(哲学)的三部曲,标志着近代"力的发现"的一步步深化,也展示了近代人们对生命力量的执著追求。

思想借鉴与文化寻根

从思想与文化渊源来看,尚力思潮是伴随着进化论哲学、尼

[①] 林同济:《力!》,《战国策》(昆明版)第 3 期(1940 年)。
[②] 陈铨:《狂飙时代的席勒》,《战国策》第 14 期(昆明版)。

采哲学和摩罗文学等的传播而兴起的；是在斯巴达精神、日耳曼文化、大和文化和近代体育等具有强烈尚力、尚强和尚武精神的异质文化的传入后而扩大其影响的；同时，它也是中国知识分子发掘本民族传统文化进行"力"的文化寻根的结果。

（一）进化论哲学和尼采哲学分别构成了尚力思潮各阶段的理论前提。美国哲学家威廉·詹姆斯在《实用主义》一书中，曾把哲学分为"刚性"和"柔性"两种性质。而进化论哲学与尼采哲学恰恰是近代尚力思潮鼓吹者输入的两种"刚性"哲学。前者构成了尚力思潮第一阶段的理论前提。

进化论哲学与尚力思潮的联系，不仅因为尚力思潮的始作俑者严复的"鼓民力"思想直接来源于社会达尔文主义哲学家斯宾塞的《教育论》，更主要在于进化论哲学本身便是一种崇尚强者、优者的哲学。按照严复传播的进化论思想，"物竞"与"天择"原理导致的结果便是"弱者常为强肉，愚者常为智役"。因此，"人欲图存，必用才力心思，以与是妨生者为斗"（《原强》），只有那些具备"血气体力之强"、"聪明智虑之强"、"德行仁义之强"的人才能在"物竞天择"的自然选择和优胜劣汰的竞争环境中立于不败之地，成为强者、优者。同样，只有那些由民智、民力和民德皆优的强者组成的民族和国家，才能成为强国、强大的民族。严复正是从"物竞天择"、"优胜劣汰"的进化论哲学中导出了"鼓民力"的尚力思想。

尼采哲学直接为五四感性启蒙和战国策派的力本体哲学提供了理论基础。对尼采哲学的译介，早在辛亥革命前就已开始了，以鲁迅的《文化偏至论》最具代表性。鲁迅的"摩罗诗力"精神主要是吸收了摩罗文学的"诗力"和叔本华、尼采的"意力"——"强力"意志。"意力"本是叔本华哲学的一个核心观念，即强调意志是一种不可遏制的盲目的生命冲动，它构成了世界的本体，但尼采却将叔本华的消极遁退的悲观主义"意志"改造为一种积健为雄、拓展生命狂澜的积极进取的强力意志。以鲁迅为代表的五四新文化运动主将正面接纳了尼采的"强力"扩张的个性主义和超人精神。如果说,鲁迅从摩罗文学的"诗力"中,尤其是拜伦的"一剑之力"中,导出了对生命情感力量的弘扬的话,那么,从尼采的"意力"—"强力"哲学中,则导出了对生命意志力量的崇高和礼赞,并达到了生命的审美超越。而战国策派则更是通过尼采强力意志建立起力本体哲学。

(二)古希腊斯巴达精神、日耳曼文化、大和文化和西方近代体育等异质文化,构成了尚力思潮的文化借鉴和参照。二十世纪初在留学生运动中兴起的军国民主义思潮,从根本上改变了中国知识分子传统的角色意识,尤其改变了"子不语力"的儒家传统和尚柔守雌的道家传统。他们高扬生命、力量,推崇冒险、进取、竞争、耐力和强力,充斥在革命派报刊中的是对俄国虚无党的暗杀、恐怖、匕首、炸弹等尚武尚力的个人英雄主义行动的崇拜。而这一切又使他们把目光投注到古老而遥远的斯巴达精神、近世日耳曼铁血主义和大和精神。

他们认为,军国民主义"昔滥觞于希腊之斯巴达,汪洋于近世诸大强国"①。在梁启超的《斯巴达小志》和鲁迅的《斯巴达之魂》诸文中,斯巴达精神被概括为:第一,尚武精神为立国第一基础;第二,教育专重体育;第三,以流血为荣,以流泪为耻;第四,以军事为修身唯一之目的。而发表在《云南》杂志上的一篇文章也认为,斯巴达以"弹丸之国、人不满万"竟能"崭然勃起"的原因就在于:"军人之教育"、"忍劳耐苦"、"锻炼淬砺"、"凌风雨、冒寒暑、撄患难艰险而不辞"②的军国民主义精神。与此同时,人们

---

① 蔡锷:《军国民篇》,《壬寅新民丛报》汇编本(中),第569页。
② 忧患馀子:《论滇省宜仿照北洋举办征兵》,《云南》1号。

也普遍推崇日耳曼民族"乃以铁血主义成为世界上莫强之国"①。壮游在《国民新灵魂》中就宣称："铁血者,神圣之所歆;剑铳者,国民第二之衣食位。"而日本人"亦莫不以大和魂三字自矜,大和魂者,日本尚武精神之谓也"②。

军国民主义者不仅引入了异质文化精神,而且也进入了行动操作层面,即开始引入西方军事体育,开展体育运动。军国民式体育的特点是把体育运动作为一项军事运动来开展的,强调体育、体操和军事为三位一体,如1903年留日学生成立的军国民教育会,其"课程"便分为"三部":一、射击部(打靶、击剑);二、体操部(普遍体操、兵式体操);三、讲习部(战术、军制、地形、筑城、兵器)。而且,留日学生的军国民主义思潮迅速流布于国内,上海等地纷纷成立"体操会"、"体育会"和"尚武会"。比如上海人士"有鉴于国民躯体羸弱",于是"发起组织体育会,锻炼体魄,研习武课,冀成干城之选"③,于1905年成立了上海学会体育部、商余学会、商业体操会、商学补习会、沪西士商体操会五个组织,号称"五体操会"。次年苏州也成立了苏商体育会,"演习体操,以健身卫生为始事"④,教习柔软体操和兵式体操,并练习打靶,还担任巡梭和维护治安等任务。1911年,浙江宁波国民尚武分会以"提倡武风,挽救文弱"为宗旨,其体操团则明确强调"实行尚武,养成健全军国民"。与此同时,全国各大城市纷纷举行运动会,北京、江苏、奉天、四川等地都举行了全省性学生运动会。而运动会的目的乃是因为"我国数千年之积弊莫患于右文而轻武",他们认为,"国家之盛由于兵,强兵之道,由于国民尚武,而

---

① 蒋百里:《军国民之教育》,《壬寅新民丛报》汇编本(中),第579页。
② 蔡锷:《军国民篇》,《壬寅新民丛报》汇编本(中),第569页。
③ 《上海商团小史》,《辛亥革命》(七),第86页。
④ 《苏商体育会史料辑》,苏州市档案馆编:《苏州商团档案汇编》(未刊)。

尚武之风实始于学堂运动会焉"①,因此,"振起我国学生尚武之风,必以此为药石矣"②。

(三)本民族传统尚武尚力精神构成了尚力思潮的文化之根。憧憬异域,但并不妄自菲薄,而是反顾于本民族发掘生生不息的生命之根,这是军国民主义提倡者一个可取的基本态度。

在传统文化中,有两股非主流文化在近代尚力思潮中受到了青睐。一股是精英文化中的非主流派墨家以及晚近时期的经世学派的顾炎武和颜李诸哲学家。与儒道反力尚柔相反,墨子强调"赖其力者生,不赖其力者不生"(《墨子·非乐上》),"强者富,不强必贫;强必饱,不强必饥"(《墨子·非命下》)。墨子对"力"、"强"的推崇,重视实践、劳动和身体力行的精神,在近代几乎激起了一股"墨学复兴"思潮,梁启超甚至说:"今欲救亡,厥惟学墨。"(《子墨子学说》)谭嗣同策马踏勘祖国大江南北、边疆塞北,青年毛泽东在湖南徒步旅行、冬天以冷水淋浴,都曾以"摩顶放踵"的墨子精神自勉。对经世学派的推崇,集中体现在青年毛泽东《体育之研究》一文中。该文贬儒道释而扬顾、颜、李诸人,鄙弃"偻身俯首,纤纤素手,登山则气迫,步水则足痉"的"短命颜子",而推崇"任重革死而不厌"的"燕赵悲歌慷慨之士",十分欣赏颜习斋、李刚主"学击剑柔术于塞北"、文而兼武的风格,推崇顾炎武"不喜乘船而喜乘马"精神。传统精英文化中的非主流派在近代构成了尚力思潮的源头活水。

另一股则是以"游侠"阶层为代表的山野文化。顾颉刚先生曾在《武士与文士之蜕化》一文中认为,在古代,最初是文、武不分,至春秋时期开始分歧为二,"惮用力者归'儒',好用力者为'侠',所业既专,则文者益文,武者益武,各作极端之表现耳"。

---

① 《运动会盛观》,《盛京时报》,1906 年 11 月 17 日。
② 《学堂异彩》,《汇报》,1905 年 11 月 5 日。

随着大一统专制统治的确立,统治者往往尊"儒"而反"侠",至汉武帝时期,游侠阶层几被锄尽。但是到近代,思想界开始出现反"儒"而倡"侠"的文化转向。谭嗣同便一生"好为任侠";壮游在《国民新灵魂》一文中倡"游侠魂"而反儒。他认为,中国沦落病夫状态,"儒之罪哉!"而侠则"重言诺轻生死,一言不合拔剑而起,一发不中屠腹以谢",所以"国亡于儒兴于侠,人死于儒而生于侠"。揆郑的《崇侠篇》也表达了同样的意向。他们歌颂游侠那种"易水萧骚,落日荒凉,亲朋咽泪,至以白衣冠饯送"的壮士一去不返的悲壮场面,欣赏那种"酒酣拔剑,击筑高歌,怒发上指,气薄虹霓"①的大丈夫气概。为此,梁启超辑录了春秋至汉代的"好气任侠"的游侠壮士荆轲、聂政之流,以成《中国之武士道》一卷,以激励国民的任侠精神。

在发掘游侠文化的同时,人们更直接从山野文化中寻找力量,一位署名"可权"的作者从王船山的《黄书·宰制篇》中,辑录了大量有关中国边远地区民俗尚武"野蛮"的材料,以寻求中国士林文化久不复存在的生命野性力量,以呼唤那些可以为"捍御之资"的"冒险进取"之士、"坚忍耐劳"之民、"猿接猱跳"②之徒。《直隶白话报》的作者亦号召直隶人民继承直隶先民"燕赵悲歌"的尚武精神和粗犷气质,以扫荡积弱已久的"柔弱的风气"。1906年成立的苏州商会体育会亦以"尚武好侠"的"三吴古风"激励其会员。总之,被柔性文化沉埋已久的尚武传统被发掘出来,获得了新的生命。

重建国魂:感性生命的重建

以斯巴达精神、日耳曼铁血主义和日本武士道精神为传播

---

① 揆郑:《崇侠篇》,《民报》第23期。
② 《改良风俗论》,《东方杂志》卷1,第7号。

内容的军国民主义和以尼采哲学为基础的力本体哲学,曾被指斥为鼓吹武力征服、侵略扩张、宣传种族优越的黩武主义、军国主义甚至法西斯主义。然而,人们却往往忽视其特定历史条件下的正面意义。

我们不妨先考察尚力思潮的主导目标。戊戌以后,当中国知识精英从一系列军事惨败中开始接受"病夫"意识的时候,他们的主导目标便开始明确化:重建中国国魂。重建国魂的思想始于严复的"鼓民力、开民智、新民德"思想,而最早明确召唤"国魂"的当推 1899 年梁启超发表在《清议报》上的《自由书》中一篇《中国魂安在乎?》,他强调"今日所最要者,则制造中国魂是也",他把"国魂"归结为"兵魂"。进入二十世纪,呼唤国魂便成为一种时代的声音,如 1903 年刊于《浙江潮》的《国魂篇》和刊于《江苏》杂志的《国民新灵魂》等就扩展为"山海魂"(冒险魂)、"军人魂"(武士魂)、"游侠魂"、"宗教魂"、"魔鬼魂"、"平民魂"(社会魂)等等。到新文化运动时期,那就是对自由独立的个体人格的追求,即鲁迅所谓"首在立人"和改造国民性问题。而这恰恰构成了尚力思潮的主导目标。

事实上,重建国魂的工作是从戊戌以后开始的。具体说来,就是以倡导科学理性和民主政治为特征的理性精神的重建和以"尚力"为特征的感性生命的重建。近代感性启蒙要求人们从尚柔主静重德轻力的中世纪儒道文化圈中走出来,重新确认生命本身的意义和价值,重新确认外在肉体感性。也就是说,生命就是力量,生命既是自在状态,又必须通过个性化的情感和意志来扩展、丰富、创造和超越自身,这种超越突出体现为审美超越。因此生命作为感性的动力系统包括三个层面:强壮健康的生命肌体;以个性为基础的丰富情感和非凡意志力;感性的超越——审美超越。军国民主义从根本上来说,构成了感性启蒙的第一个层面:追求健康强壮的生命肌体,肯定肉体的感性生命力量。

军国民主义者认为,在传统文化氛围中,"俗师乡儒,乃授以仁义礼智三纲五常之高义,强以龟行鼍步之礼节,或读以靡靡无谓之词章。不数年,遂使英颖之青年,化为八十老翁"。一个英颖活泼的青年,经过一番文明的陶冶,"道德"增长了,而生命却萎缩了,这的确是儒家文化的悲剧。军国民主义从根本上触及到道德与生命的悖论性冲突,意识到儒家伦理对生命的约束和压抑,于是军国民主义便浓缩为这样一个口号:"欲文明其精神,必先野蛮其体魄。"戊戌辛亥时期对"野蛮"的礼赞,对先民尚武精神的"寻根",不是要求倒退到先民时代,而是意在拯救过分伦理化、过分文弱化的感性生命,使之卸掉身上"太人性化"(尼采语)的沉重的文明负担,重返生命的自在状态:生命本能的充盈和感性肉体的力量,以此来重整中国国民的病夫状态。这种以"野蛮"相标榜,以军事体育为手段,以强健的外在肉体感性生命为目的的军国民主义思潮,标志着中国感性精神重建的开始。随着五四前后尚力思潮向文学领域的渗透,感性启蒙进入了更高层次,即鲁迅首倡、五四作家呼应的"诗力"、"意力"、"强力"精神的诞生,从而开始了对个性化的生命情感意志力的高扬。而且鲁迅借尼采的"超人"达到了生命的超越即审美超越,也即鲁迅所说:"思虑动作,咸离万物,独往来于自心之天地。"这是一次人的生命意志的提升,也是感性生命的最高境界。当战国策派建立力本体哲学时,近代感性启蒙便获得了一次系统的哲学形态。因此,长达半个世纪的尚力思潮,标志着中国近代感性精神的重建,标志着古典文化精神向近代文化精神的过渡。具体说来,可概括为以下几方面:

第一,从尚柔到尚力、从养生精神到体育精神。中国传统文化中,从精英文化层面看,无论是老子的尚柔守雌,还是孔子的不语力,无论是先秦儒学还是宋明儒学,都表现出强烈的反力尚柔重德轻武倾向;而从实践操作层面看,则表现出重养生而轻体育。传统文化这种反力尚柔主静重德轻武的偏向,在封建社会后期,便引起一些敏锐的思想家的怀疑和指斥。到近代,颜元"四海溃烂"之说不幸而言中,中国国民从体质到精神都沦落到"东方病夫"的地步,正是从这时起,一股强大的尚力思潮勃然兴起。近代思想界通过输入西方和日本斯巴达精神、武士道精神、铁血主义、强力意志等阳刚精神,来荡涤中国几千年来存留下来的阴柔之气,并以此来改造中国国民的羸弱体质与精神。于是开始了从文、儒、柔、静、雌、弱向侠、力、武、动、雄、强、野、竞的观念转换。同时也引入了现代体育,不仅引进体育运动项目,更主要是使人们的体育观念发生变化。随着体育在中国逐渐普及,便滋生一种崭新的体育精神:崇尚力量、时间意识、竞争意识、拼搏精神、竞赛规则的公平意识……虽然在当时远未形成自觉意识,但毕竟有了某种萌芽。

第二,从"和为美"到"力为美"。中国古典美学的审美理想是"中和为美"。如《礼记·中庸》所谓:"喜怒哀乐之未发,谓之中,发而皆中节谓之和。中也者,天之大本也;和也者,天下之达道也。致中和,天地位焉,万物育焉。"这种"中和"的美学精神从根本上体现了儒家善即是美,以善代美的思想。近代尚力思潮,不仅倡导体质改造,而且也是一种审美意识的转换,一次人在审美意义上的提升,这就是"力为美"意识的出现。在五四时期,人们不再是在生命两极(情感与理智)的调和、妥协、退让、萎缩中,企求一种"中和之美",而是在生命的两极冲突中,再现感性生命的力量:意志力与情感的力量,都标志着"中和之美"的被打破,一种生命为美、感性为美、力为美的现代审美意识的诞生。

第三,从弱者哲学、中庸哲学到强力哲学。中国国民从精神到体质都沦落到近代"东方病夫"的地步,与儒道的弱者哲学、中庸哲学不无关系。无论儒道,都无法衍生出一种"力"的哲学、强者哲学,并且根本上是反强者人生的。尚力思潮是反平庸、反弱者哲学的，它提倡的"强者"必须具有以下几个特点：（一）在人的生理机能方面，必须具有强健的体魄，具有旺盛的生命力量；（二）以个性主义为基础的情感的足够充盈和强烈冲创的意志力；（三）正是在这种生命情感和意志力的不断冲创中升华为精神超越。这三层次约略相当于梁启超的"体力"、"胆力"、"心力"。这种强力哲学的提出，冲击着儒道的弱者哲学和中庸哲学，提倡感性和个性，提倡永无止境的奋斗哲学、不断超越自身的生命哲学，从而改造"东方病夫"般的精神和体质。

尚柔反力的养生型文化

1895年,严复《原强》篇中"鼓民力"的提出,标志着近代尚力思潮的开始。在这股思潮中,一个不为人所注意的现象便是:近代诸多思想家如严复、谭嗣同、鲁迅、陈独秀、毛泽东等人,或公开反对养生与气功(如鲁、陈),或主"动"尚"力"而推崇体育精神(如严、梁、毛等),这一从养生精神向体育精神的文化转向,引发了笔者对中国传统养生——气功中的文化精神的初步研究,以便于在更大的历史时空背景中把握近代尚力思潮的文化意义。

柔性文化的衰落

美国哲学家威廉·詹姆斯曾把哲学分为"刚性"与"柔性"①两种性质。笔者认为,"柔性"构成了以儒道为代表的中国传统文化的主要特征。

我们知道,在道家始祖《老子》哲学中,全书充斥着"柔"、"弱"、"静"、"雌"、"母"、"牝"、"水"、"无为"、"不争"等带有强烈

---

① 威廉·詹姆斯:《实用主义》,商务印书馆1979年版,第9页。

的"女性哲学"①的词汇。老子、庄子在提出了以"道"、"气"为宇宙、社会和人的本质基础的哲学后,就发展出了一种如何顺"道"安命、齐物混世,如何以柔克刚以及"养生"、"守气"的尚柔精神,这既是应付社会的("不争")又是应付生理的("养生")的生存辩证法。那么儒家呢?人们一向认为儒家与道家相反,强调"天行健,君子以自强不息"的刚强进取精神。当然,"刚"、"强"、"勇"的词汇在孔孟著作中屡屡出现。殊不知,若按文化人类学方法,从"刚"、"强"、"勇"的语言符号层面深入其语意层面再进窥其文化隐义层面就会发现:第一,"刚"、"强"、"勇"谈的都是所谓"德义之勇",也就是一种泛道德主义的解释,即强调人禀受仁义道德所具有的一种伦理精神力量,从来就不是弘扬人体自然的感性生命力量。《论语》曰:"子不语怪力乱神",可见孔子是不推崇"力"的,当"力"与"德"并举时,孔子重德而轻力:"子曰:骥不称其力,称其德也"②,当子路请教孔子什么是"强"时,他实际上更称道"宽柔以教,不报无道"的"南方之强"即所谓"君子之道",而鄙弃"衽金革,死而不厌"的"北方之强"。所以朱熹对此指出:"夫子以是告子路者,所以抑其血气之刚,而进之以德义之勇也。"③孟子在"以力服人"与"以德服人"之间,也显然是反对前者而推崇后者,当"力"与"心"并举时,孔、孟都强调:"劳心者治人,劳力者治于人",所以张岱年先生说得好:"西洋人有所谓力的崇拜,中国哲学则鲜其痕迹"④;第二,儒家的"儒"字,只要翻开中国古代几本权威性字(词)典《说文》、《广雅》和一些古籍就

---

① 参见吴怡:《中国哲学的生命和方法》,台北东大图书公司 1981 年版。林语堂《中国人》(第 62 页)和孙隆基《中国文化的"深层结构"》(第 257 页)亦曾认为中国文化具有"女性化"或"无性化"特点。
② 《论语·宪问》。
③ 朱熹:《四书章句集注》,中华书局 1983 年版,第 21 页。
④ 张岱年:《中国哲学大纲》,中国社科出版社 1982 年版,第 589 页。

会知道,"儒"其语意层面包含了"柔弱"、"软弱"、"懦弱"之意;第三,再看"儒"的文化隐义层面,则是指从事治丧、相礼、教学的教师,按照黄遵宪的解释:"其道在优柔和顺,以教民服从为主义。"①而且最初的"原型"是殷商亡国遗民,身着逢衣、博带、高冠、撜笏,依胡适的理解,则显示出一种"文弱迂缓"的感性形象,而且产生一种"忍辱负重"的柔道人生观。因此,在"儒"的起源和柔性精神性质上,胡适曾认为儒道本是一家②,这的确说出了这种柔性文化的根本基础。

任何事物只要绝对化便会陷入荒谬。笔者并不否认在孔老儒道之前中国文化曾经有过浓厚的尚武、尚力精神,顾颉刚先生在《武士与文士之蜕化》一文中,曾对先秦时代的尚武精神向柔性精神的转换过程作过精彩的描述。他认为"士"最初代表的是武士,是一种低级贵族,所谓"庠"、"序"、"学"、"校"的主要课程就包括礼乐射御等文武兼修课程,用雷海宗先生的话说,当时的"士"有一种极强的"侠义精神"③。但是随着春秋战国儒道尚柔反力、重德轻武精神出现后,就开始了价值观念的转换:"自孔子殁,门弟子辗转相传,渐倾向于内心之修养而不以习武事为急,寖假而羞言戎兵,寖假而惟尚外表",有所谓"君子固不用力"之说④。到汉武帝铲除游侠阶层,定儒学于一尊后,柔性精神就获得更进一步的强化,董仲舒便明确强调:"文德为贵,而威武为下。"⑤南北朝更是称相扑(摔跤)为"末技",练武为"不急之末

---

① 转引自《梁启超年谱长编》,上海人民出版社1983年版,第342页。
② 胡适:《说儒》。
③ 雷海宗:《中国文化与中国的兵》,岳麓书社1989年版,第8页。
④ 顾颉刚:《史林杂识》,中华书局1963年版,第85页。
⑤ 《春秋繁露·服制象》。

学"①,甚至有个名魏权的人,年轻时"好习骑射,欲以武技自达",后经不起众人讥笑,便"折节读书"②。这样,先秦时代那种"武"、"士"不分的军事体育项目,再也没有上升为一种士林文化而冷落在"下技"、"末技"之列。尤其到宋明理学,融合儒道佛而更把这种重德反力、尚柔轻武的精神推到极端。宋明理学的"理"被台湾学者罗光先生概括为三个层面:寡欲、持敬、主静③,这三者都是通过静坐默思来约束外在行为和克制内在欲望,朱熹就曾对举手投足有过明确规定,要"坐如尸,立如齐","头容直、目容端、足容重、手容恭、口容止、气容肃",要求"收敛身心、整齐纯一,不恁地放纵"④。直到近代《曾国藩家书》中,仍保留了这些基本内容,曾国藩给其弟弟开列的每天课程便是"主敬"、"静坐"、"谨言"、"养气"、"保身"、"夜不出门"等传统养生修身项目。所谓"主敬"就是指"整齐严肃,无时不惧。无事时心在腔子里,应事时专一不杂",所谓"静坐"则指"每日不拘何时,静坐一会,体验静极生阳来复之仁心。正位凝命,如鼎之镇",所谓"养气"则是"无不可对人言之事。气藏丹田",所谓"保身"则是"谨遵大人手谕。节欲、节劳、节饮食"⑤。应该承认这些"课程"作为"养生学"在今天看来仍有一定科学道理,但是我们却从中看到,中国从哲学到修身到养生都是相通的,生理、心理和精神是一个系统,构成这个系统的特色的便是主静尚柔重德反力的倾

---

① 《抱朴子·外篇·自序》。
② 《北史·魏权传》。
③ 罗光:《士林哲学——实践篇》,台湾学生书局1981年版,第271—274页。
④ 《朱子语类》卷12。
⑤ 《曾国藩家书》(一),岳麓书社1985年版,第49页。

向性①。一般说来,士林文化的价值取向对大众文化起着某种示范和导向作用,中国士林的这种倾向性,影响到整个社会价值观念,使古代体育从来就没有像古希腊奥林匹克运动会那样成为一种普遍崇尚的群众性运动,而流入杂耍、武艺等民间俗文化者一类,所以一位外国学者指出:"儒家的学说认为自制和中庸乃是理想的德性,重视默想与安静的价值,因此认为竞争运动、户外运动与儒家理想相冲突。"②然而,与这种轻"力"轻体育的价值取向恰好相反,养生－气功文化却在中国源远流长,从《尚书·洪范》中所谓"五福"(如康、宁、寿)到《庄子·养生主》,到魏晋南北朝形成了高潮,如嵇康的《养生论》、《答难养生论》、《宅无吉凶摄生论》,葛洪《抱朴子·内篇》,陶弘景《养生延命录》、《导引养生图》,颜之推《颜氏家训·养生》等等,发展出一整套人与宇宙、人与社会、人的起居饮食和呼吸、意念动作的养生－气功文化,这应该说是祖国文化极其宝贵的一大笔值得发掘的遗产。但是它那种重养生－气功轻竞技体育、反力尚柔主静、重德轻武的偏向,到封建社会后期,便引起了一些敏锐的思想家的怀疑和指斥。清代思想家颜元就曾说过,在朱熹理学影响下,"衣冠之士,羞于武夫齿,秀才挟弓矢出,乡人皆惊,至子弟骑射武装,父兄便以不才目之"③,因此他强烈地反"静"而主"动":"一身动则

---

① 柔性精神不仅体现在哲学方面,在文学、美学、人生追求各方面都有反映。比如中国艺术就缺乏西方那种再现主体与客体、有限与无限、良心与私欲、个人与社会二重冲突的悲剧精神,而体现为一种大团圆式喜剧(参见唐君毅《中国文化之精神价值》)。中国式的爱情亦多"婉约蕴藉"、"回环婉转"而缺乏西方那种甚至以决斗来解决爱情归宿的精神(如普希金等),中国审美观念中多"中和之美"、多"优美"而缺乏"崇高"。更有甚者,在京剧中,男演员串演花旦,更是中国一绝,鲁迅和陈独秀就曾对梅兰芳颇有微词。

② Hackonsmith:《西洋体育史》,黎明文化公司,第18页。

③ 《颜元集·存学篇》,《颜习斋先生言行录》。

一身强,一家动则一家强,一国动则一国强,天下动则天下强",然而中国文化走向却恰恰相反,颜元诘问道:"长此不返,四海溃烂,何有已时乎?"①到近代,"四海溃烂"说不幸而言中。梁启超目睹当时中国国民逐步从体质到精神、从国力到民力都沦为"东方病夫"的状态,认为中国的柔性文化从战国以后便葬送了"中国的武士道"精神,而使中国"以文弱闻天下"②。林语堂在论述中国人的生命"退化"时指出:中国人"已经失去了一大部分征服与冒险的智力和体力","中国人在体格上失去了不少过去的活力"③。在近现代思想家观念中,柔性文化衰落了。

两种生命观的比较

中国的现代体育,完全是"西学东渐"的产物,现代国际性体育运动(如奥林匹克等)的基本项目、体育教学的课程教材设置,都折射出"西化"的特点,就连"体育"一词也是一个十足的外来词,据日本体育史学家岸野雄三先生考证,"体育"一词首次在日本使用是在1876年左右④,而传入中国则是戊戌年后的事情。虽然中国曾拥有引以为豪的足球发明权("蹴鞠")等,但如同中国古代科技拥有四大发明却无法向近代科学转化一样,靠流入杂耍或军事一类的中国古代体育的本身机制,终究没有实现向现代体育的结构性转换。因此从文化学角度考察,"体育"乃是一种西方文化,而中国与之相当的一个词汇就是"养生"(岸野雄三亦有此说)。那么中国式养生-气功精神与西方式体育精神折射着两种什么样的生命意识呢?

文化人类学的大量材料证明,在跨入文明社会门坎以前,人

---

① 《颜元集·存学篇》,《颜习斋先生言行录》。
② 《新民说·尚武》。
③ 林语堂:《中国人》,浙江人民出版社1988年版,第9页。
④ (日)岸野雄三:《体育史学》第一章。

类处在一种充满"诗性智慧"(维科语)的生命自在状态中,这突出表现为东西方普遍存在的生殖崇拜文化,生殖崇拜反映了人类对自身感性生命的肯定和执着追求。后来逐渐产生了"人化自然"的文明社会,人类便开始跌落在一个自造的如卡西尔所说的文化符号世界,这里的文化符号不仅指语言文字,也包括伦理道德、宗教、法律等一切文明社会制度,于是人类便从生殖崇拜过渡到对自身文化符号的崇拜,实质上乃是从对人类感性生命崇拜过渡到对理性文明的崇拜。理性文明的过分膨胀,往往使人类忘却了生命本身的意义,对道德、宗教、法的过度崇拜以及它们对人类的过分束缚,便产生了一个无法回避的文明悖论:文明理性社会的不断进化与人类感性生命的渐趋退化。当人类从树上下到地面,完成了手脚的分工站立起来进化为真正的人类时,同时也就意味着人类再也无法回到在树枝间自由攀援的时代,人类智慧的精致化、道德的强化,并不意味着形体与体质的同步增长。为了解决这个二律背反,拯救人类感性生命,于是在东方产生了养生—气功,在西方发展为体育,养生和体育都是以肯定生命为目的,但是肯定生命与对生命本质意义的理解及方式都完全是两回事,从下面比较中,我们可以了解两种生命观的根本差异。

第一,关于生命的本质——"气"与"力"。中国哲学把天、地、人整合成一个有机整体的宇宙图式,而构成其基础、本原和动力的便是"气",生命的本质也归结为"气",所以庄子说,人"气聚则生,气散则死",《难经》亦言:"气者,人之根本也。"但是"气"是什么呢?从古至今,言人人殊,近年钱学森教授断然否定了把气功的"气"完全等同于气体和呼吸的"气"的观点,鉴于当代科学还无法揭开气功奥秘的"唯象"性质,他建议用古代道教常用的"炁"字代替"气"①。但是如果从文化学角度考察,气功的"气"与中国哲学的"气"有一个共同点:既是物质(呼吸的气)又含精神,具体说来,这个精神就是一种泛道德主义因素,比如孟子所谓"浩然之气"就解释为"其为气也,配义与道"②,所谓"气者主心,心邪则气邪,心正则气正"③,所谓气功"六害"——"名利"、"声色"、"货财"、"滋味"、"佞妄"、"妒忌"等等④,强调的都是"气"、"心"不分,生命与道德合一,这样,"气"本体也就是伦理道德本体,道德的自我完善,也就意味着生命的完善。既然生命本质带有泛道德主义色彩,那么,生命的外在身体也便属于伦理关系,《孝经》说:"身体发肤,受之父母,不敢毁伤。"因此,一切外在剧烈运动(如竞技体育),不仅有害于身体,简直就是对人伦关系的背叛!"体"和"力"的概念从来就没有上升到士林文化。柔性文化中强烈的反"力"倾向,在孔子、老子、董仲舒到曾国藩等人著作中表现得十分明显,梁启超对这种反"力"的柔性文化深有感触:"以冒险为轻躁,以任侠为大戒,以柔弱为善人,惟以忍为无上法门。"⑤这种反力型柔性文化反映在中国古代体育中,首先,缺乏对抗力量型体育和竞技体育;其次,体育运动从来就没有发展为像古希腊奥运会那种普遍崇尚的群众性运动,而为士林文化所不齿,流入杂耍者一类。于是以尚"气"不尚"力"的养生—气功便征服了士林文化。而西方体育精神则把外在身体的力量视为生命的本质要素,这与西方文化哲学有关,西方哲学把生命劈为两半:身与心、灵与肉,彼此分属两个世界。"体育"

---

① 钱学森:《从中国气功想到新的科学革命》,《新体育》1986年第4期。
② 《孟子·公孙丑》上。
③④ 《中国古典气功集成》(第一辑),西北工大出版社1988年版,第6、27页。
⑤ 《新民说·尚武》。

一词的英文有:physical education(身体教育)、physical culture(身体文化)、physical training(身体锻炼),三者都以"身体"为对象。岸野雄三先生指出,从最原始的意义考察,三个词都包含了"通过外力作用,引导出个人能力并使其充分发挥"①。这里"能力"指身体的力量、速度和技术,其核心是"力",所以艺术哲学家丹纳指出,在古希腊,"体力与矫捷"往往"成为一邦的光荣","希腊人把肉体的完美看作神明的特性",他们"表现力量、健康和活泼的形态和姿势"②。文艺复兴时期,理想的人格"首先是天然的人体,就是健康、活泼、强壮的人体"③,甚至从《掷铁饼者》、《大卫》等雕塑作品中,那"力"的线条、"力"的运动和突起的"力块",都折射着这种以力为本质的生命哲学。而最能再现这种生命力量的便是激烈对抗的竞技体育,这和中国那种泛道德主义的精神具有质的不同。

第二,从对生命的态度和方法看——"和"与"竞"。中国柔性文化产生了两种辩证法:老子辩证法和儒家中庸辩证法,其共同点是"和":"以维持机体系统的和谐稳定为目的,强调对立项的依存渗透、中和互补,避免激烈的动荡、否定、毁灭、转化"④,强调宇宙、社会、人生的同构互感的和谐,渗透到中国养生-气功文化中,那就是:第一,养生是一个整体系统——天地人的和谐统一,即人的身心与整个自然天地的和谐。"善言天者,必应于人……善言气者,必彰于物,善言应者,同天地之化"⑤,人的生命运动节律必须"和"于自然,随自然变化而变化,与自然达到统一与和谐。养生尤其强调人的精神活动必须与四时季节的变化相和谐适应,所谓"和于阴阳,调于四时",即《黄帝内经》所说

---

① 岸野雄三:《体育史学》第一章。
②③ 丹纳:《艺术哲学》,人民文学出版社 1986 年版,第 43、75 页。
④ 李泽厚:《中国古代思想史论》,人民出版社 1985 年版,第 96 页。
⑤ 《黄帝内经·素问》。

的"春夏养阳,秋冬养阴"。第二,人自身内外身心的和谐统一——阴阳平衡。中国养生气功静功中的"导气令和"与动功的"引体令柔",强调的是呼吸、意念和动作的整体和谐,只有通过这种整体和谐运动,才能打通经络血脉,从而使生命达到一种阴阳互补平衡的自然境界。动功的一招一式强调的是动作的放松、舒展、自然和柔和,而不是西方式体育那种对抗性力的运动。第三,人与社会的妥协和谐。在养生-气功文化看来,人的生理健康不仅在于治身,更主要在于治心,而心理疾病更多的来自于人与社会的关系,人在社会中最难排除的即是名利、声色、滋味、佞妄、妒忌等气功"六害",因此气功的根本要求是"和",即所谓"九守"——"守和、守神、守气、守仁、守简、守易、守清、守盈、守弱"①,要求的是破对待、齐物我、同生死、超脱现实、乐天安命、自然无为。总而言之,要求人在社会现实中保持妥协和退让的心态,以确保"全性保真"。这样,养生-气功精神就使人们面对的不是广阔的外在的现实世界,而恰恰是以否定现实世界与个体生命的两极矛盾、冲突、对抗和竞争为前提的,只有远离现实,致虚守静、收视返听、摈除欲念,回归到幻化了的心灵世界,即在心灵中内视"气"的运行,从而达到物我皆忘的"天人合一"境界,才是气功的最高境界。

西方的辩证法是一种否定辩证法,总是强调矛盾双方的对立、冲突、竞争,然后在竞争和相互否定中达到新的平衡,强调的是冲突、竞争的动态平衡,典型的便是黑格尔的正-反-合的辩证法。西方竞技体育可以说体现了这种文化精神,国际体育联合会秘书长约翰·安德鲁斯把广义体育比作一个三角形,高居

---

① 《云笈七签》卷91。

于三角形顶端的是 High Athletic Sport(高水平竞技运动)①,可见"竞"是体育运动的最高形式,"竞"的特点表现为:第一,竞首先是一种外在身体力量的较量,虽包含了智力的、心理的因素,但也只有通过外在身体的运动才得以体现;第二,"竞"不是"和"、"柔",而是力量、速度、技巧、耐力等的极度发挥,有时甚至超过了生命载体的极限;第三,"竞"是生命本质"力"的外在化,"力"与"力"两极之间只有通过对抗、矛盾、冲突和竞争,才能再现生命本质。在体育运动中,任何二者的平衡、妥协、退让,都被视为对体育道德的亵渎,只要符合"费厄泼赖"(Faireplait)的公平规则,竞争对抗越激烈,生命潜能发挥越大,越体现了体育道德,体育中的和谐精神不是妥协、退让的和谐,而是激烈对抗、竞争的和谐,所以养生是在静态和谐中体悟生命,而竞技体育则是在力量爆发和对抗中震撼生命。

第三,关于生命意义与价值——长寿与生命质量。"养生"这个词的根本意义就在于追求生命的延续。《尚书·洪范》谈到"五福"时就有两"福"论及长寿,《庄子·在宥》也表达了这种对生命的执着追求:"必静心清,无劳汝形,无摇汝精,乃可以长生。"从秦始皇求长生不老之药到道教徒的炼丹,甚至中国人死后棺材上那个大大的"寿"字,都折射着这种养生型文化的"长寿"心态。而体育竞技精神的本质乃在于,生命的意义和价值不仅在于单位时间的延长(长寿),而更主要是在一定单位时间里的生命质量,也就是说强调的不是无质量无效率的生命重复,而是生命过程的不断创造、征服、超越和进步。体育运动重视的是"更快、更高、更强",现代奥林匹克运动奠基人顾拜旦(Coubertin)在《体育颂》中赞颂道:"体育!你就是勇气!肌肉用力的全

---

① 参见曹湘君:《体育理论简编》第一章,教育科学出版社1986年版。

部意义是敢于拼搏。"体育精神是对怯懦和自卑的挑战,是对重复过去、重复他人的鄙弃,唯一崇尚的是生命的"冲刺"、"破纪录",并且时时提醒每个人:必须走完自己独特的不可重复的创造性的生命旅程,否则就会被淘汰。授金牌、升国旗、奏国歌的真正意义就在于,让优胜者在分、秒、厘米的竞争胜利的一瞬间,去体验、去享受生命巅峰状态、生命极地境界的无限风光:快感、美感和乐趣,去确证人类征服能力、创造能力的无限性,去再现生命本质力量的不可重复性,而让失败者反复舐尝着失败的羞愧、耻辱,从而激励其下一次生命潜能的超水平发挥。所以当古希腊一位老父亲两个儿子在奥运会上双双夺冠时,人们认为他死都值得。这个故事表明:生命的创造价值远远胜过那种重复生命的长寿价值,所以运动员有时可以为了夺冠不惜以生命做抵押,这绝对不是什么生命"异化",而是一种创造生命价值观或生命哲学,而这又深嵌在西方文化哲学中。最能代表西方人的生命价值观的是浮士德精神,当浮士德在无聊、平庸的书斋生活与魔鬼靡非斯特安排的短暂的一生二者中面临选择时,他毅然选择了后者从而与靡非斯特签订了契约,后者虽然生命短暂,但却可以在生活享受和事业享受中,获得一种痛快而狂欢的生命体验,他可以把丰富的人生压缩在短暂的生命旅程里充分体验。不仅如此,尼采更提出"超人"和"末人"的概念,"末人"不过是重复生命的弱者,只有"超人"才不断地"拓展狂澜的生命",勘天役物,来实现生命的冲创意志。柏格森也把生命的"绵延"视为"创造的绵延",只有创造进化的生命才是真实的生命。加缪、伽达默尔认为生命的意义首先应考虑的"是否值得活着",海德格尔更把生命视为"向死而在",只有当你面对死亡、面对自己的寿限时,你才会在这有限的生命中去创造点什么。因此,在源远流长的西方文化哲学里,生命的质量、效率,生命的创造、征服价值,生命的不可重复性和不可模仿性构成了西方生命观中的基本内涵,这和中国传统那种"好死不如赖活"的重复生命价值观构成鲜明对比。

根据以上分析,我们似可作一些基本总结:

首先,中国传统文化那种尚"气"不尚"力"、泛道德主义和互补、调和妥协的辩证法,使这种养生型文化带有强烈的柔性化、文弱化。正如马克思所言"五官感觉也是人类全部世界历史的产物"①一样,人类的体质也同样打上了历史文化的烙印,中国这种柔性养生文化已经深深地积淀在中国国民的气质精神和潜意识中,也深刻地影响到人们的体质,在中国古代那种一举一动都必须严格程式化、道德规范化的文化氛围中,国民体质无论如何会受到影响,而从这种文化发展出来的养生术又从另一实践操作角度,充分肯定了这种柔性礼教文明,与这种文化保持高度的一体化和统一性。这种柔性文化虽然在很多方面贻惠于子孙,但正如梁启超、鲁迅和青年毛泽东等人所曾说过的,至少在以下两方面带来了负面效应:第一,几千年的尚文轻武反力的传统,是中国国民到近代沦落到"东亚病夫"的一个重要因素;第二,也从根本上限制了古代体育摆脱表演杂耍或军事性而向竞技体育的发展,使之长期处于一种"下技"、"末技"之列而无法上升为一种士林文化,限制了古代体育向现代体育的结构性转换。

第二,一般说来,人免不了两方面的需求:生命延续的追求、现实目标(自我价值实现等)的追求。养生—气功的根本局限就在于无法协调二者,气功的效果与现实追求成反比,而与回避现实程度成正比。在古代,真正获得气功效果而达到强身健体的是那些隐居山林过着自然无为、清静淡泊的隐士,也就是老子所谓"绝圣弃智"者,而对于在现世中还在为生存而奔波的大众,无疑失去了操作效果的普遍性,这就可以理解为什么养生术如此

---

① 《马克思恩格斯全集》第 42 卷,第 126 页。

发达的中国到近代仍然免不了从体质到精神沦为"东亚病夫"的地步。如果从历史事实考察,无论东方还是西方,体质强健、生命力旺盛的大致有两类民族:一类是尚未完全进入文明社会的游牧落后民族,即严复《原强》篇中所谓"骑射驰骋、云屯飙散"的以"质胜"的民族;一类是经济发达,人民生活水平提高,并有闲暇锻炼时间的民族。前者与气候、环境和生活习惯等有关,后者直接与经济发达程度有关。中国前者不如游牧部落民族,后者不如西方国家,于是沦为近代"东亚病夫"的命运便势难避免。

"力"的发现

笔者上文认为,以儒道互补为主体的中国古典精英文化体现了一种尚文轻武反力的柔性精神,但如果以此来概括在中西碰撞、交错中产生的近代中国文化,则大谬不然。随着日耳曼文化、斯巴达精神、大和文化等具有强烈尚武精神的异质文化和近代体育传入中国,一股感性生命力量的暗流在柔性文化的深层躁动着、奔突着……终于在19世纪末和20世纪上半叶的中国文化界,激起了一股强烈的尚力尚武思潮,它发轫于严复的"鼓民力",经谭嗣同、梁启超、蔡锷、毛泽东、鲁迅、陈独秀等,直到战国策派。这股长达半个世纪的尚力思潮,破天荒地打破了中国士林尚文轻武反力的柔性传统,第一次把感性生命的"力"推进到军事体育(军国民主义思潮为代表)、文学(五四感性启蒙)、文化哲学(战国策派)诸领域,并进入到操作行动层面,从而导致了近现代中国一代阳刚型知识群的崛起,写下了近代文化史上最富色彩的一页。

从"病夫"意识到"力"的发现

长期以来,人们认为"东方病夫"是西方殖民者强加给中国的一个侮辱性称号。其实,"病夫"意识最初恰恰反映了19世纪末20世纪初一代觉醒了的知识精英的忧患意识,是中国知识分子目睹鸦片战争、中法战争尤其是甲午中日战争,中国以其泱泱大国竟败于"蕞尔小邦"日本之后对本民族反省的一种自我意识,它一扫"天朝上国"的文化优越感,而直面那种"民力已苶,民智已卑、民德已薄"(严复语)的中国现状。梁启超痛心疾首地指出:"二千年之腐气败习……遂使群国之人,奄奄如病夫","其人皆为病夫,其国安得不为病国也"①,蒋百里在《军国民之教育》中亦满怀痛苦地承认:"东方病夫国二,支那与土耳其是也"②,严复更感叹道,"中国者,病夫也"③。但是,正如弗洛伊德第一代弟子阿德勒所言,承认"自卑",正是对自卑"超越"的开始,意识到自身从精神到体质陷入"病夫"状态,并不意味着等待末日的来临,恰恰相反,"病夫"意识作为一种强刺激,导致了中国近代以来第一次"力"的发现。

"力"的发现,基本上是从两个层面展开的,第一个层面是"破",即对传统柔性文化的批判;第二个层面是"立",即对"力"的正面阐述。

对传统柔性文化的批判,以严复《论世变之亟》为最早,而以蔡锷的《军国民篇》和梁启超《新民说·论尚武》最为系统④。以梁氏《论尚武》为例,他以其"常带感情"的"新民体"笔锋描述道:"中国以文弱闻于天下,柔懦之病,深入膏肓,乃至强悍成性驰突无前之蛮族,及其同化于我,亦且传染此病,筋弛力脆,尽失其强悍之本性。"接着梁从四个方面分析中国沦为"病夫"的原因:"一

---

① 《新民说·论尚武》。
② 《壬寅新民丛报》汇编本(中),第579页。
③ 严复:《原强》直报本。
④ 对柔性文化的批判,在梁启超发表《论尚武》(1903年)之前,蔡锷(奋翮生)于1902年2月在《新民丛报》上发表《军国民篇》,从"教育"、"学派"、"文学"、"风俗"、"体魄"、"武器"、"郑声"、"国势"八个方面总结"汉族之堕落腐坏"而成"病夫"的原因,与梁文颇多类同之处。

由于国势之一统。"在大一统局面下,一片太平歌舞,四海晏然,而尚武尚力精神被视为"野蛮"的象征,于是"其心渐驰,其气渐柔,其骨渐脆,其力渐弱",从而使国民"冉冉如弱女、温温如菩萨、戢戢如驯羊"。"二由于儒教之流失"。他认为儒家《中庸》倡导"宽柔以教、不报无道",《孝经》所谓"身体发肤,不敢毁伤",加之后世贱儒袭用《老子》"雌柔无动之旨"。这样便产生了柔性人格:以冒险为轻躁,以任侠为大戒,以柔弱为善人,惟以忍为无上法门。"三由于霸者之摧荡"。历代开国君主定鼎之后,深知"我可以武力夺之他人者,他人亦将可以武力夺之我也",于是采取软硬两手政策:硬的是"锄"术:"一人为刚而万夫为柔,一人强而天下皆弱";软的是"柔"术:"柔之以律令制策,柔之以诗赋词章,柔之以帖括楷法,柔之以簿书期会,柔其材力,柔其筋骨,柔其言论,乃至柔其思想,柔其精神",其结果便是"人心死矣","四由于习俗之濡染"。在这种柔性文化中,人们普遍的价值取向是"好铁不打钉,好男不当兵",军人被视为"恶少无赖之代名词"和"不足齿之伧父",而表现在艺术和人们的审美情趣中,则小说戏剧"惟描写才子佳人旖旎冶猲之柔情",而管弦音乐则缺乏黄钟大吕般的雄浑、昂扬向上的基调,流于"柔荡靡曼亡国哀思之郑声"。

应该承认,梁氏言辞之间,固然难免愤激之偏颇,但却是近代中国对古典柔性文化一次比较系统的理性反省和批判。他告诉人们,造成"东方病夫"现状的原因是相当复杂的,有政治的因素,如封建大一统与专制君主的独裁限制,也有精英文化的因素,如儒道互补的中国文化,更有通俗文化的价值取向和习俗熏染等问题。

从"立"的层面看,严复最早吹响了"鼓民力"的号角。他在《原强》篇中,把斯宾塞的"Physical education"(体育)转译成"力"或"体力",从而在士林文化中,第一次把孔子以来(子不语怪力乱神)遭受鄙弃的"力"抬高到与"开民智"、"新民德"同等地位,这也是中国关于"德、智、力(体)"人的全面发展的第一次理论概括,"力"的发现,也就是"体育"的发现,就是生命本质的发现。从此以后,"有志之士,乃汇集同志,聘请豪勇军师,以研究体育之学"①。稍后,梁启超更进一步展开"力"的丰富内涵。他认为,"力"有三种形式:"心力"、"胆力"和"体力"。②谭嗣同一生崇尚力量,他在《仁学》中更开列出十八种"力"③(如"拒力"、"锐力"、"韧力"等),的确是近代尚力思潮中的一个文化奇观。尤其在20世纪初期军国民主义思潮中,尚武尚力的军事体育便成为其核心主题,对此,蔡锷在《军国民篇》中深有感触地说:"严子之《原强》,于国民德育、智育、体育三者之中,尤注重体育一端,当时读之,不过谓为新议奇谈。及进而详窥宇内大势,静究世界各国盛衰强弱之由,身历其文明之地,而后知严子之眼光之异于常人,而独得欧美列强立国之大本也。"④救亡—尚武—体育便成了军国民主义思潮鼓吹者的一般的思维逻辑,"力"即体质、体力便肩负着救亡图存的重任。

然而从青年鲁迅开始,在军国民主义尚武尚力思潮之外,"力的发现"又伸向了另一个领域:即从肉体生命的外在自然基础——体质的"力"转为对生命内在情感意志力量的推崇,从"体育"开始向"文学"领域渗透,这就是鲁迅发其端的五四文学对"诗力"、"意力"、"强力"的推崇。

鲁迅在《摩罗诗力说》中,把"诗力"视为一种审美化了的生命情感的力量,而在《文化偏至论》中,则把"意力"、"强力"视为

---

① 欧榘甲:《论政变与中国不亡之关系》,《清议报》第27册,1899年9月15日。
② 《新民说·论尚武》。
③ 《谭嗣同全集》(增订本)下册,中华书局1981年版,第363页。
④ 奋翮生(蔡锷):《军国民篇》,《壬寅新民丛报》汇编本(中),第569页。

一种生生不已、不可遏止的生命意志冲动,这就一如尼采所言:"生命为个体追求力量的最高感觉,生命本质上是追求更多的力量。"①鲁迅正是通过弘扬这种生命的"诗力"、"意力"(意志力量)、"强力"来扫荡中国那种强调"平和"(中庸)和老子"不攖"的弱化生命的柔性文化,鲁迅坚信:"二十世纪之新精神,殆将立狂风怒浪之间,恃意力以辟生路者也。"②

这几乎是先知式地预言了生命力量的审美化时代的到来。到了五四时期,十年前鲁迅对"诗力"、"意力"、"强力"的弘扬在文学界获得更普遍的回应,郭沫若在《我是一个偶像崇拜者》一诗中,表达了其对"力"的崇拜:"我崇拜创造的精神、崇拜力、崇拜血、崇拜心脏。"③而在《站在地球边上放号》篇中,对"力"更是一咏三叹:"无限的太平洋提起他全身的力量来要把地球推倒……啊啊!力哟!力哟!力的绘画,力的舞蹈,力的音乐,力的诗歌,力的律吕哟!"④狂飙社的向培良在《水平线下》一诗中也发出"力"的呼唤:"我们需要动的力,狂呼的力,冲撞的力,攻击的力,反抗的力,杀的力。"⑤创造社的王独清更直接地把"力"视为诗的本质要素:(情+力)+(音+色)=诗⑥。"情+力"作为一种审美的感性生命与鲁迅的"诗力"一脉相承:在冲创奔突的感性生命冲动中,以男性的阳刚之美冲击柔性文化艺术中那种"才子佳人猗旎冶狲獠之柔情"、"靡曼亡国哀思之郑声",一扫古典《西厢》、《红楼》里缠绵于怡红院、潇湘馆里非男非女、无病呻

---

① 尼采:《冲创意志》第165页,转引自陈鼓应《悲剧哲学家尼采》,三联书店1987年版,第93页。
② 《鲁迅全集》第1卷,人民文学出版社1956年版,第192页。
③④ 《郭沫若全集·文学编》第1卷,第99页,第72页。
⑤ 《狂飚》(不定期刊)第1期。
⑥ 《再谈诗》,《中国现代诗论》上编,花城出版社1985年版,第104页。

吟的张生、宝玉型的雄性雌化气质。正是在五四文学作品中,我们能感受到尼采式的"高原空气"的"冲飙",惠特曼的激昂、高亢而撼动灵魂的音响,拜伦式的"所向必动,贵力而尚强,尊已而好战"的"如狂涛如厉风"①的摩罗精神……总之,雄性气魄、阳刚精神迅速蔓延到五四文学界,从而构成五四作品的一种生命基调。

如果说,五四作家的尚力思潮着重于生命力量的审美化的话,那么抗战时期的战国策派则将"力"推进到文化哲学领域并建立起"力"的本体论。

林同济认为,生命的本质即是"力","力"者非他,乃一切生命的表征,一切生物的本体,力即是生,生即是力",由此可引申开去:"中国'动'字从力,是大有意义的。一切的生者要动,一切的动都由于'力'",因此"生、力、动三字可说是三位一体的宇宙神秘连环",这就是说,力不仅是"生物的本体",而且,力量、生命和运动三位一体构成宇宙本体,宇宙作为"一个无穷的空间,充满了无数的'力'的单位,在'力'的相对关系下不断地动、不断地变"。林甚至认为,"力"也是精神的本体,因为精神超越的根本在于"创造",而"一切的创造只是力的表现,活力的自成"②。因此最具创造性的天才"最重要的元素,就是力量,天才的表现,实际上就是力量的表现",所以说,"力量是一切的中心,它破坏一切,建设一切"③。至此,近代尚力思潮完成了从体质(体育)到审美(文学)到本体(哲学)的三部曲,标志着近代"力的发现"的一步步深化,也展示了近代人们对生命力量的执着追求。

---

① 《鲁迅全集》第 1 卷,第 214 页。
② 林同济:《力!》,《战国策》(昆明版)第 3 期(1940 年)。
③ 陈铨:《狂飚时代的席勒》,《战国策》(昆明版)第 14 期。

野性的呼唤与军国民式体育

在尚力思潮中,另一引人注目的现象是对野性的呼唤。蒋智由在《中国之武士道·序》中指出:"今人常有言曰:文明其精神,不可不野蛮其体魄。"①奋翮生(蔡锷)的《军国民篇》亦强调:"灵魂贵文明而体魄则贵野蛮,以野蛮之体魄复文明其灵魂,则文明种族必败。"②青年毛泽东在《新青年》杂志发表《体育之研究》,更是表示对"野蛮"的重视:"近人有言曰:文明其精神,野蛮其体魄,此言是也,欲文明其精神,先自野蛮其体魄,苟野蛮其体魄矣,则文明之精神随之。"③

"野性的呼唤"至少可追溯到严复的"文胜"、"质胜"理论。在他看来,种族强大的有两种类型:一种是"鸷悍长大之强",如游牧民族,以体质胜;一种是"德慧术智之强",如古代中国,以文明胜。在这里,严复高度评价游牧民族所保留的那种"骑射驰骋、云屯飙散、旃毳肉酪、养生之具,益力耐寒"的原始野性活力和"乐战而轻死"的冒险气概④;同时指出以"文胜"的中原民族反而由于理性文明的过分膨胀而吞噬了生命本身。

严复对中国文化的忧患意识,再一次触及了人类文明进化的深刻的悖论性冲突:文明理性社会的不断进化与人类感性生命的渐趋退化。正如前文已指出的,当人类从生命自在状态跌落到一个如卡西尔所说的自造的文化符号世界后,便从生命崇拜转化为对理性文明的崇拜,在中国便突出表现为对泛道德主义的礼制伦理文明的崇拜,人们在这种伦理崇拜中,逐渐失去了原始生命状态中那种劲健、顽狠、犷野的生命活力,国民在专制

---

① 《饮冰室合集》专集(第6册),《中国之武士道·蒋智由序》。
② 蔡锷:《军国民篇》。
③ 二十八画生(毛泽东):《体育之研究》,《新青年》第3卷第2号。
④ 严复:《原强》。

与礼制的双重捆绑下,扼杀了野性,也就同时扼杀了生命。因此近代对野性的呼唤,绝不是要求倒退到草昧原始时代,而是要求人们从过分伦理化的中世纪走出来,使之卸掉身上"太人性化"(尼采语)、太文弱化的沉重的文明负担,重返生命的自在状态——生命本能的充盈和感性生命的活力。于是陈独秀深情地召唤人所失去了的"兽性",提出"人性、兽性,同时发展"的"兽性主义"理论,即把"意志顽狠、善斗不屈"、"体魄强健、力抗自然"、"信赖本能"、"顺性率真"①等作为近代人的标志。

这种对"野性"、"兽性"的呼唤和寻求,使近代思想界一方面把视线投注于异域,一方面反顾于本民族进行"力"的文化寻根,而最后归结于军国民主义体育。

投注于异域,主要是对斯巴达精神、日耳曼文化和大和文化的尚武精神的弘扬,从而汇聚成一股军国民主义思潮。军国民主义"昔滥觞于希腊之斯巴达,汪洋于近世诸大强国"②,而有关斯巴达精神的介绍和推崇,完整地反映在梁启超《斯巴达小志》和鲁迅《斯巴达之魂》诸文中。斯巴达精神大致包括:第一,"尚武精神为立国第一基础";第二,"教育专重体育";第三,"以流血为荣,以流泪为耻";第四,"以军事为修身唯一之目的"③。而发表在《云南》杂志上的一篇文章则认为,斯巴达以"弹丸之国、人不满万"竟能"崭然勃起"的原因就在于:"军人之教育"、"忍劳耐苦"、"锻炼淬砺"、"凌风雨,冒寒暑,撄患难艰险而不辞"④的军国民主义精神;与此同时,人们也普遍认为日耳曼民族"乃以铁血主义成为世界上莫强之国"⑤。壮游在《国民新灵魂》中就宣

---

① 陈独秀:《今日之教育方针》,《独秀文存》第 20 页。
② 蔡锷:《军国民篇》。
③ 梁启超:《斯巴达小志》。
④ 忧患馀子:《论滇省宜仿照北洋举办征兵》,《云南》第 1 号。
⑤ 蒋百里:《军国民之教育》。

称:"铁血者,神圣之所歆,剑铳者,国民第二之衣食位"①;而日本人"亦莫不以大和魂三字自矜,大和魂者,日本尚武精神之谓也"②。

憧憬于异域,同时更需发掘本民族生生不息的生命之"根"。梁启超虽然对古典柔性文化一向持否定态度,但他仍认为春秋战国至汉初的"游侠"阶层还保留了尚力尚武的武士道精神,于是以此写成《中国之武士道》一卷。另外,一位署名"可权"的作者从王船山的《黄书·宰制篇》中辑录了大量有关中国边远地区民俗尚武"野蛮"的材料,以寻求中国士林文化久不复存在的生命野性力量,以呼唤那些可以为"捍御之资"的"冒险进取"之士、"坚忍耐劳"之民、"猿接猱跳"③之徒。《直隶白话报》的作者亦号召直隶人民继承直隶先民"燕赵悲歌"的尚武精神和粗犷气质,以扫荡积弱已久的"柔弱的风气"④。1906 年成立的苏州商会体育会亦以"尚武好侠"的"三吴古风"⑤激励其会员们。总之,被柔性文化沉埋已久的尚武传统被发掘出来,获得了新的生命。

对异域野性尚武精神的欣羡,对本民族原始生命活力的寻找和怀旧,最终必须落实在现实行动之上。人们认为,"文明其精神,野蛮其体魄"的最好方式莫过于体育。青年毛泽东说得好,体育是人生的基础,不仅是"德智"的基础,而且也是情感健全、意志力旺盛的保证。近代体育基本是"西学东渐"的产物,而

---

① 壮游:《国民新灵魂》,《江苏》第 5 期(1903 年)。
② 奋翮生:《军国民篇》。
③ 《改良风俗论》,《东方杂志》第 1 卷,第 7 号。
④ 绍炎:《劝直隶人普及军国民教育》,《直隶白话报》第 1 年第 8 期,第 8 期(1905 年 4—5 月)。
⑤ 《"苏商体育会过去历史"序稿》,参见苏州市档案馆编《苏州商团档案汇编》(未刊)。

且从一开始便带有军国民主义特色,即把体育运动作为一项军事运动来开展的,军国民主义强调体育、体操和军事三位一体。从蒋百里的《军国民教育》一文中,我们可知当时军国民式体育的大致情况:"第一,体操(自徒手体操各个教练及小中队之教练);第二,体操外之活动游戏(行军、野外演习、射、击剑、旅行、竞舟、登山等);第三,军事上智识之普及是也。"而1903年留日学生成立的军国民教育会,其"课程"便和蒋百里的军国民思想甚为契合,它分为"三部":一、射击部(打靶、击剑);二、体操部(普通体操、兵式体操);三、讲习部(战术、军制、地形、筑城、兵器)①。而且,留日学生的军国民主义思潮迅速流布于国内,上海等地纷纷成立"体操会"、"体育会"和"尚武会",比如上海人士"有鉴于国民躯体羸弱",于是"发起组织体育会,锻炼体魄,研习武课,冀成干城之选"②,于1906年成立了上海沪学会体育部、商余学会、商业体操会、商学补习会、沪西士商体操会五个组织,号称"五体操会"。同年苏州也成立了苏商体育会,"演习体操,以健身卫生为始事"③,教习柔软体操和兵式体操,并练习打靶,还担任巡梭和维持治安等任务。1911年,浙江宁波国民尚武分会以"提倡武风,挽救文弱"④为宗旨,其体操团则明确强调"实行尚武,养成健全军国民"⑤。从20世纪初期这些体育组织情况来看,它主要还不是一种娱乐游戏的体育组织,而是一种兼具

---

① 《记军国民教育会》,《浙江潮》第5期。辛亥时期除了军国民式体育的主要形式之外,也有引进游戏娱乐性质体育的现象,如伯林《体育》一文就曾引介日本的"水车竞争"、"送玉竞争"、"传令竞争"等项目(参见《云南》第2号)。

② 《上海商团小史》,《辛亥革命》(七),第36页。

③ 《苏商体育会史料辑》,《苏州商团档案汇编》。

④ 《辛亥革命回忆录》第4卷,文史资料出版社1982年版,第175页。

⑤ 《辛亥革命资料》,中华书局1961年版,第544页。

体魄锻炼的"准武装"①组织,并且构成了后来"商团"正式武装的基础。苏商体育会创办人倪开鼎在"禀文"中说得十分清楚:"苏商体育会,以健身卫生为始事,以保护公益、秩序、治安为宗旨,办有成效,为将来商团之先声。"②近代体育创始时期的这种军国民主义特色不仅反映在上述的体育组织中,同样也反映在体育运动中,当时,全国各大城市纷纷举行运动会,北京、江苏、奉天、四川等地都举行了全省性学生运动会,而运动会的目的乃是因为"我国数千年之积弊莫患于右文而轻武",他们认为,"国家之盛由于兵,强兵之道,由于国民尚武,而尚武之风实始于学堂运动会焉"③,因此,"振起我国学生尚武之风,必以此为药石矣"④。体育运动的次第开展,标志着尚力思潮从精神层面转向行动层面,从而冲击古典型心性修养的柔性精神。

一组军国民主义观念的转换

辛亥革命史是一个硕果累累的研究领域,然而20世纪初期(辛亥—五四)的军国民主义思潮(尤其在留日学生中)及其意义却远远被忽视,虽偶尔有一两篇文章论及,却也只是视之为"教育思潮"⑤。笔者认为,军国民主义思潮在文化重建,尤其在感性生命重建过程中,具有不可忽视的地位和意义:一方面在中国士林文化中导致了一组观念的转换,即从文、儒、柔、静、弱到武、侠、力、竞、野、动的转换;另一方面,军国民主义思潮转化为行动

---

① 章开沅:《辛亥革命与近代社会》,天津人民出版社1984年版,第109页。
② 《苏商体育会史料辑》附件一,《苏州商团档案汇编》。
③ 《运动会盛观》,《盛京时报》1906年11月17日。
④ 《学堂异彩》,《汇报》第8年第80号(1905年11月5日),转引自桑兵博士论文《学生与近代中国》(打印本)。
⑤ 韩玉霞:《清末民初的军国民教育》,《史学月刊》1987年第5期。

实践,又为辛亥革命培养了一批又一批踔跞蹈死的勇武壮士,导致阳刚型知识群的崛起。我们先考察其观念的转换。

第一,从尚文尚柔到尚武尚力。前文已论,在中国传统文化中,渗透着一种长期积淀下来的柔性精神。申苏在《论中国民气衰弱之由》一文中就明确指出:"又如'柔'字,乃阴谋家之权计也,今也以柔为美名,使天下之士,悉出于奴颜婢膝之一途,不复以竞争为志,非民气积弱之一大原因哉!"①苏商体育会在赞叹"尚武好侠"的"三吴古风"的同时,亦为"东晋六朝以后乃浸至于文弱"而扼腕遗憾,并指出:"数千年来,使我东南文物之邦,文治足以光史乘,而武略不足以壮湖山,则重文轻武之积习使然也。"②因此,近代思想文化界力倡感性生命力量,以冲击这种柔性文化。乔峰在《力的世界》中便认为:"生命世界中,处处充满着一种力。"③高劳亦认为:"宇宙间发生种种之现象,无不有力之存在。"④"力"是生命的本质,因此又以"体力"、"体魄"为崇尚,奋翮生(蔡锷)认为:"盖有坚壮不拔之体魄,而后能有百折不屈之精神,有百折不屈之精神,而后能有鬼神莫测之智略,故能负重荷远而开拓世界也。"⑤一位署名"忧患馀子"的作者亦说,罗马民族曾雄驭欧洲,但是"一遇日耳曼之蛮族,竟如摧枯而拉朽者,何谓也?曰:以体力故",因此他极力提倡"壮健力"、"坚忍力"和"精勤力"⑥。伯林在《论体育之必要》中更强调:"民力者,国之原素,民强斯国强,欲强国力必先强民力也。"⑦尚力又与尚

---

① 《东方杂志》第2卷第8号。
② 《〈苏商体育会过去历史〉序稿》,《苏州商団档案汇编》。
③ 《东方杂志》第19卷,第6号。
④ 高劳(杜亚泉):《力之调节》,《东方杂志》第13卷,第6号。
⑤ 奋翮生:《军国民篇》。
⑥ 忧患馀子:《论滇省宜仿照北洋举办征兵》。
⑦ 伯林:《论体育之必要》,《云南》第3号。

武相联系,《东方杂志》曾经发表一篇《论尚武主义》的文章,对近代尚武精神阐述得十分清楚,作者认为尚武关系到国家存亡,"民质能尚武,则其国强,强则存,民质不尚武,则其国弱,弱则亡"。他又将尚武区分为"形式"与"精神"两种,所谓"尚武之形式"指"习洋操"、"购炮"、"兴海军"、"增兵饷",不过"注重客观而丧厥主观者";而"尚武之精神"则"注重主观而不徒骛夫客观者",诸如"临事而不惧,好谋而成,沈雄强毅、不屈不挠、小敌不侮,大敌不惧,有冒险进取之性质,独立不羁之气概"①。

第二,从"儒"到"侠"。顾颉刚先生在《武士与文士之蜕化》一文中认为,在古代,最初是文、武不分,但是至春秋时期,"古代文武兼包之士至是分歧为二,惮用力者归'儒',好用力者为'侠',所业既专,则文者益文,武者益武,各作极端之表现耳"②,随着大一统专制统治的确立,统治者往往尊"儒"而反"侠",至汉武帝时期,游侠阶层几被锄尽。但是到近代,思想界开始出现反"儒"而倡"侠"的文化转向,谭嗣同便一生"好为任侠",壮游在《国民新灵魂》一文中倡"游侠魂"而反儒:"侠者儒之反,儒者有死容而侠者多生气,儒者尚空言而侠者重实际,儒者计利害而侠者忘利害,儒者蹈故常而侠者多创异。"他认为,中国沦落到病夫状态,"儒之罪哉"! 而侠则"重然诺轻生死,一言不合拔剑而起,一发不中屠腹以谢",所以"国亡于儒而兴于侠,人死于儒而生于侠"③。揆郑的《崇侠篇》也表达了同样的意向:"儒为专制所深资,侠则专制之劲敌,舍儒而崇侠,清明宁一之风,刚健中正之德,乃有所属,而民以兴起"。他们歌颂游侠那种"易水萧骚,落日荒凉,亲朋咽泪,至以白衣冠饯送"的壮士一去不返的悲壮场

---

① 《论尚武主义》,《东方杂志》第 2 卷,第 5 号。
② 顾颉刚:《史林杂识》初编,第 89 页。
③ 壮游:《国民新灵魂》,《江苏》第 5 期。

面,欣赏那种"酒酣拔剑,击筑高歌,怒发上指,气薄虹霓"①的大丈夫气概。为此,梁启超辑录了春秋至汉代的"好气任侠"的游侠壮士荆轲、聂政之流,以成《中国之武士道》一卷,以激励国民的任侠精神。

第三,从"不争"到"竞争"、"进取"。从道家老子的"不争"、"不敢为天下先"到儒家的"絜矩之道"的"恕"、"和",渗透着一种强烈的反竞争意识。近代体育观念的引进,更强化了进化论的"物竞天择"的"竞争"意识,长沙《体育周报》上的一篇《杂谈》,从体育竞争谈到社会竞争:"竞争!宣战!今日要争吗?要争的!争甚么?和谁争?我们是人,要争得做人的机会,和那自然环象人造环象中妨碍我们做人的一切事物现象竞争!"而另一篇王小峰的《分等运动会》则强调运动会可以培养"进取之精神"、"积极之观念"②。伯林在留学生杂志《云南》上发表《体育》一文,更强调:"体育者,竞争之利器,文明进步随之以判迟速者也。"③体育竞争包含竞争规则的公平(裁判原则)与竞争结果的不平等(名次),应该说代表了一种典型的近代精神,遗憾的是,当时虽然提出体育竞争,但并没有自觉意识到规则的公平与竞争结果不平等的相辅相成与合理性,这样,竞争精神到五四后期便被"互助"和"阶级竞争"所取代了。

第四,"文明"与"野蛮"的相处共存。在古典时代,儒家文化强调道德礼义文明是人与动物的根本区别,是人的本质所在。然而随着泛道德主义礼制文明的极端化、专制化,文明虽然在成熟,然而体质却萎缩了,于是便出现了近代"野性的呼唤"。前文已作论述,在此不赘,只想略举几例:"忧患馀子"在《云南》杂志

---

① 揆郑:《崇侠篇》,《民报》第23期。
② 《杂谈》和《分等运动会》,均见《体育周报》第43期。
③ 伯林:《体育》,《云南》第2号。

上的一篇文章便突出"野蛮"的地位:"宁为武愚,勿为文弱。健全者,强盛之素质也;柔懦者,哀亡之先机也……其文明其脑质,而野蛮其体魄。"①伯林在《论体育之必要》一文中,以斯巴达为例而论及"野蛮"之重要,"盖自斯巴达以体育擅强名以来,此风浸淫,几成为不二之天性,故其筋肉之当展,骨骼之伟大,远非黄人所及,以此野蛮体魄而济以文明思想,其凌驾世界也不亦宜哉"。②《东方杂志》转录《时报》的一篇文章——《野蛮之真精神》,揭橥"文明"常被"野蛮"所败的诸般事实后说:"吾非厌弃文明而歆羡于狼之战略也,以为军人者,当文明其精神,野蛮其体魄。"③

近代的"病夫"意识表明,中国知识分子已经普遍感受到中国国民感性、生命弱化的危机,实质上关系到民族存亡问题。因为在世界性舞台上,竞争不仅仅是一个经济、政治和军事等方面的竞争,同时更是一个国民素质、生命质量的竞争,这种生命质量,这种国民素质无疑包含着体质、体力上的竞争,尤其在军事战争中,这种素质就显得尤为重要。于是便导致了中国士林的观念转换:即从文、柔、儒、弱到武、力、竞、侠、野的观念转换。这种观念转换表明中国知识分子有勇气、有能力重新塑造自己的人格精神和体质体魄。而随着观念逐渐转化为行动,于是导致了一代阳刚型知识群的崛起。

阳刚型知识群的崛起

正如笔者上一章所论,"儒"其最初的含义是指一种"文弱迂缓"的知识人形象,"儒"通"愞",即"懦"也即柔弱之意,因此"儒"

---

① 忧患馀子:《论滇省宣仿照北洋举办征兵》。
② 伯林:《论体育之必要》,《云南》第2号。
③ 《野蛮之真精神》,《东方杂志》第10卷第12期。

即知识分子不过是中国古典柔性文化的人格化而已。这从漫长的中国古典绘画艺术长廊里，也可略见一斑，从《屈原行吟图》到舞台上的智者诸葛亮等等，这些士林群像或形容憔悴、枯槁，或飘逸俊秀，然而却找不到像罗丹的《思想者》那种集智慧与肉体力量于一身的作品，这种把"力"等同于野蛮、把智慧视为儒雅柔弱的二维思维作为一种集体潜意识，不仅积淀在艺术中，而且也渗透到知识分子人格教育实践中。直到西方殖民者已经破国门而入时，曾国藩给其弟弟们开列的课程中，最多的仍是"主敬"、"静坐"、"养气"、"保身"、"夜不出门"①等内容，这就不难理解，为什么吴怡、林语堂、孙隆基们视中国文化为"女性化"或"无性的"文化。

但是，随着战争失败的强烈刺激和尚力尚武思潮的次第展开，新型知识群崛起了，他们不仅对柔性文化开始反省和批判，不仅具备比较全面的近代意识，而且他们也自觉地重塑自己的体魄和精神，自觉地培养一种粗犷、豪放，刚毅而沉雄的阳刚气质和硬汉子精神，这批崛起的知识群大致具有如下特征：

第一，这些知识人大都反"静"反"坐"而主"动"主"斗"。谭嗣同一生"兀傲自喜，不受世俗束缚"②，坚决反静，"言静者惰、归之暮气，鬼道也"③。青年鲁迅虽不具备伟岸之躯的男子汉形象，然而他崇尚拜伦式"所遇常抗、所向必动"的"一剑之力"④，而且他认为当时更需要的是新的运动观念："儿童要动，万不可向静的死胡同走去"，颇为反对义和团所谓"枪炮打不进"的"丹田内功"⑤。在青年毛泽东的生命观念中，充满了对柔性文化的

---

① 《曾国藩家书》（一），岳麓书社1986年版，第49页。
② 胡思敬：《谭嗣同》，《戊戌履霜录》卷4。
③ 《谭嗣同全集》，三联书店1954年版，第40页。
④ 鲁迅：《摩罗诗力说》。
⑤ 《鲁迅全集》第1卷，人民文学出版社1956年版，第377、386页。

鄙弃:"朱子主敬,陆子主静,静,静也,敬非动也,亦静而已,老子曰无动为大,释氏务求寂静,静坐之法,为朱陆之徒者咸尊之,近有因是子者,言静坐法,自诩其法之神,而鄙运动者之自损其体,是或一道,然予未敢效之也,愚拙之见,天地,盖惟有动而已。"又说:"人者动物也,则动尚矣。"①不仅强调"动",而且强调"斗"。"与天奋斗,其乐无穷!与地奋斗,其乐无穷!与人奋斗,其乐无穷!"强调"动"、"力"而反"静",构成了近代知识群的信念。

第二,文体(武)兼修,身体力行。戊戌前后似乎是一个界标,戊戌以后,"人耻文弱,多想慕于武侠"②。谭嗣同是以"才气纵横,不可一世"③而名闻遐迩,但同时却又"弱娴技击,身手尚便,长弄弧矢,尤乐驰骋"④,喜交侠客(如大刀王五),拳、刀、骑、射,多有功夫,所谓"拔剑欲高歌,有几根侠骨,禁待揉搓"⑤,所谓"横绝太空,高使天穹,剓伊崆峒"⑥,所谓"沙漠多雄风,四顾浩茫茫;落日下平地,萧萧人影长,抚剑起巡酒,悲歌慨以慷"⑦,都勾画出那种豪爽、洒脱、放浪不羁、顶天立地的男子汉气概。唐才常、林圭、樊锥等人也和谭嗣同一样,既能文又善武,重任侠、会武术,尤喜结交绿林好汉。留学生们在重塑知识分子形象时更表现出对柔性文化的反叛:"终日饱吸自由空气,其平昔性灵上所受极重之压力,一旦排空飞去……好为种种健康之运动,跳踯驰骋,不复安行矩步。"⑧留学生们在军国民主义思潮影响之下,重塑自己的体魄和精神,骑、剑、跑、拳、操等,成为留日学

---

① 毛泽东:《体育之研究》,《新青年》第3卷第2号。
② 《戊戌变法》(三),第157页。
③ 欧阳予倩:《谭嗣同书简》,第4页。
④ 《谭嗣同全集》,第431、150页。
⑤ 《谭嗣同全集》,第150页。
⑥ 《谭嗣同全集》(增订本)上册,第98页。
⑦ 《谭嗣同全集》(增订本)上册,第68页。
⑧ 容闳:《西学东渐记》,湖南人民出版社1981年版,第102—103页。

生追逐的热门活动,他们组织军国民教育会,自称"运动员"、"选锋",把"冒险进取、赴汤蹈火、乐死不避之气概"①视为男子汉精神。在这种尚武氛围中,以1903年计,学武备的留日学生就达二百多人,占总人数的20%②。正是在这时期培养的血性男儿,构成辛亥革命的生力军。青年毛泽东曾以其才气横溢、资质聪敏而为留学英日达十年之久的杨昌济先生所赏识,然而他却从来不满足于作"四体不勤"的一介迂儒,他鄙弃那种"偻身俯首,纤纤素手,登山则气迫,步水则足痉"的"短命颜子",而推崇"任金革死而不厌"的"燕赵悲歌慷慨之士",他十分欣赏颜习斋、李刚主"学击剑柔术于塞北"、文而兼武的风格,推崇顾炎武"不喜乘船而喜乘马"③,他一生爱好体育运动,尤喜冷水浴,更视"中流击水"为人生快事,"自信人生二百年,会当水击三千里","到中流击水,浪遏飞舟","我自欲为江海客,更不为昵昵儿女语",那浩渺辽阔的江河湖海,风高浪急的汹涌波涛,更衬托出"击水者"主宰沉浮的雄风和巨人的气魄。

第三,"你可以消灭他,却永远也打不败他"。美国作家海明威笔下的主人公,无论是斗牛士、拳击手,还是渔夫、猎人,几乎都是直面人生种种厄运甚至死亡,凭着坚强的意志力和韧性,向命运挑战和搏斗。谭嗣同在被推出午门时,那情景是何等壮烈,"流血请自嗣同始"!死神,仅仅只是征服了他的肉体,然而他却仍是"横刀向天笑";邹容还在未脱稚气的二十岁,便以"愿力能生千猛士"的《绝命词》直逼死亡。当三十岁的陈天华蹈日本大森海湾、杨毓麟投海于英国利物浦,当徐锡麟、赵声、禹之谟、林觉民等一大批留学生,成为近代新型知识群中易水悲歌、慷慨击

---

① 邹容:《革命军》。
② 详见李喜所:《近代中国的留学生》,人民出版社1987年版,第146页。
③ 毛泽东:《体育之研究》。

节、一去不返的壮士时,他们大都不过二三十岁。但他们没有表现出死亡前那种恐惧、觳觫和悲哀,死神没有征服他们!

第四,女性气质雄性化。在漫长的礼教社会中,女人不过是男人的一个附属品,一只好看的花瓶,一只被怜爱的小绵羊,一只呢喃的雏燕,柔顺、矜持、娴静、软弱、灵秀、纤纤素手、三寸金莲,都是男人对女人的理想标尺。然而在20世纪初年,一批女强人诞生了,她们开始改变女性气质,抛弃闺秀形象,解开裹脚放天足,和男人们踏着同样有力的脚步,和男人们分享同样的蓝天。秋瑾,虽出身大家闺秀,然而早在1903年,她就以着男装出入戏园而向社会发起了公开挑战,然后脱簪珥而买舟东渡日本,更名竞雄,号"鉴湖女侠",玩刀弄枪,习骑马,善饮酒,不拘小节,放纵豪爽,俨然须眉男儿,"身不得,男儿列,心却比,男儿烈"①,"不惜千金买宝刀,貂裘换酒也堪豪"②,正是这种女性雄化的自我写照。何震、金一、方君瑛、陈撷芬、唐群英等人亦不让秋瑾,办报纸、制炸药、倡女权……她们力倡要"改铸女魂",并定出三个目标:"易白骨河边之梦为桃花马背之歌,易陌头杨柳之情为易水塞风之咏,易咏絮观梅之什为爱国独立之吟"③,而且认为,中国男子之弱是由于弱女子所造成,"吾中国男子弱矣,惟女子之弱实致是",因此须以"体育"来改造弱女子:"矫正身体,厥惟体育。"她们认为:"今日女子之教育,断以体育为第一义,不特养成今日有数之女国民,且以养成将来无数之男国民。"④军国民主义思潮使阳刚精神已经超出了男人世界,延伸到女儿巾帼,女性气质男性化,她们也有着男性的坚毅、沉雄、豪爽和韧性精神,女人的观念在刷新,自尊、自强、自立、自爱矗起了一座座女性的

---

① ② 《秋瑾集》,上海古籍出版社,第101、86页。
③ 丁初我:《女子世界颂词》,《女子世界》第1期(1904年)。
④ 丁初我:《女学生亦能军操欤》,第2年第1号(1905年)。

立体浮雕。当然,即使豪爽如秋瑾者,仍然也不失女性的纤细和敏感,同样也会吟出"秋风秋雨愁煞人"的女性味很浓的诗句。

军国民主义思潮是"力的发现"的第一个阶段,构成了近代改造国民性的一个重要内容,即对国民素质(尤其是身体素质)和体魄的改造,从而导致了近代体育的诞生,同时也带来了一系列观念的转换:野性的呼唤、力的推崇、竞争观念的强化、冒险精神、任侠气概,更重要的是由此导致了一代阳刚型知识群的崛起,为辛亥革命准备了一批又一批踔踬蹈死的勇武壮士。因此其历史作用是不可低估的。但是,军国民主义思潮更强调了外在身体素质的改造,于是随着新文化运动的到来,一种强调内在生命情感和意志力量的思潮便应运而生。这便是"摩罗诗力"精神与五四感性启蒙思潮。

"摩罗诗力"精神与五四感性启蒙

自从陈独秀在《〈新青年〉罪案之答辩书》中明确提出"德"（Democracy）、"赛"（Science）两先生后，海内外学者几乎一致肯认：民主与科学即五四精神。诚然，若按韦伯所谓近代化即"解除魔咒"的"理性化"（Rationality）过程，"民主"与"科学"的确代表了近代理性精神。但是，仅仅把五四新文化运动理解为一场理性启蒙运动，就难以解释五四新文化运动的突出贡献首先体现在胡、陈、鲁等人提倡的"文学改良"和"文学革命"运动上。"文学革命"当然也包含了"民主"与"科学"精神，然而仔细考察就会发现，其内涵远远溢出于"德"、"赛"之外。笔者认为，五四新文化运动是一场以人为中心的双重启蒙运动，即以"民主"与"科学"为代表的理性启蒙和以"文学革命"为代表的感性启蒙，前者以健全理性为鹄的，后者则以生命情感解放为旨归，因此五四精神亦将包涵两方面内容——理性精神与感性精神，前者即"德"、"赛"精神，后者则发轫于鲁迅的"摩罗诗力精神"。本书试从后者阐发开始。

"摩罗"的原型

鲁迅是中国近代第一个构建了自己的生命哲学的思想家，1908年发表在留学生杂志《河南》上的《摩罗诗力说》所提出的

"摩罗诗力"精神,构成了鲁迅生命哲学的基本内涵①。《摩罗诗力说》的阐释,在现代文学评论界,几乎形成了某种定论,即把"摩罗"视为以拜伦为代表的浪漫派诗人,这个解释固然可以获得文本的支持:"摩罗之言,假自天竺,此云天魔,欧人谓之撒旦,人本以目裴伦(G. Byron),今则举一切诗人中,凡立意在反抗,指归在动作,而为世所不甚愉悦者悉入之"②,然而鲁迅的另一些文字却启发我们必须突破文学本身的畛域而置于一个更大的文化背景上,追寻"摩罗"的"原型":"亚当之居伊甸,盖不殊于笼禽,不识不知,惟帝是悦,使无天魔之诱,人类将无由生。故世间人,当蔑弗秉有魔血,惠之及人世者,撒旦其首矣"③,"神,一权力也,撒但,亦一权力也"④。这里至少有两点启示:第一,"摩罗"(撒旦)是基督教文化的产物;第二,鲁迅把"摩罗"抬高到与上帝平起平坐的地位,而且还贻惠于"人世",每个人身上都有"魔血"存在。这两点深刻地触及了近代西方文化精神转换时的一场"战争":摩罗向上帝反叛的"战争"。

西方近代反神学教会统治,大致有三条路向:第一条是从科学和理性的角度反宗教愚昧;第二条是从政治实践领域摧毁教会统治;第三条路向则是从人的感性生命角度反对神学禁欲主义。而"摩罗"的发现与第三条路向冥然相通。

"摩罗"是相对于"上帝"而存在的,从这个意义上说,没有上帝也就没有"摩罗"。在西方中世纪,人们从善恶二元论出发,从而推出上帝的世界与魔鬼的世界的存在,这突出体现为中世纪神学家圣·奥古斯丁的"双城"的理论:"上帝之城",由上帝决定得救的选民组成,"按照精神生活";而人类始祖亚当和夏娃,由

---

① 本书对"摩罗诗力"精神的阐释并不限于《摩罗诗力说》,还包括《文化偏至论》、《破恶声论》等同期文言论文。
② 《鲁迅全集》第1卷,人民文学出版社1956年版(下同),第197页。
③④ 《鲁迅全集》第1卷,第205、211页。

于受"魔"的诱惑偷吃禁果犯下"原罪"而被贬到"人间之城","人间之城"由那些充满欲望的人组成,"按照肉体生活",实际上是魔鬼统治的地狱①。费尔巴哈从人的本质角度揭穿了基督教的神话,他认为所谓"上帝"不外是人类本质(真、善、美)的异化,人们企图在上帝身上实现现实中无法实现的人的本质和理想,而当人将其本质真善美、正义、公平、无私等等奉献给上帝时,人本身便被剥夺得只剩下感性的肉体存在,而感性肉体恰恰为中世纪基督教文化所鄙视。这可从下面这个"神话"证实:"一位童贞女孕有今世所不能理解的基督……肉体由于男男女女的罪恶而被驱逐出天国,但却通过童贞女而得以跟上帝联合在一起。"②这个基督出生的神话表明:"肉交——其实,接吻也是一种肉交,是一种情欲——是人类之基本罪恶,基本祸患,因而婚姻情欲之基础,实际上乃是魔鬼的产物。"③这就道破了基督教关于"摩罗"的传说:"摩罗"(魔鬼)＝肉体情欲＝人自身,所以鲁迅说,每个人都秉有"魔血",摩罗就是人、感性的人。但这个感性存在恰恰是中世纪基督教文化所排斥的。表现在艺术中,则"沉湎于痛苦之中,厌恶肉体,兴奋过度的幻想和感觉竟会看到天使的幻影,专心一意的膜拜神灵"④,就如同柏拉图曾标榜的理想国里,"除掉颂神的和赞美好人的诗歌以外,不准一切诗歌闯入国境"⑤。

"摩罗"在上帝的专制统治下呻吟、挣扎。文艺复兴第一次从感性的角度冲击了中世纪宗教文化精神,人道主义、人性论、世俗主义向神道主义、僧侣主义发起了挑战,人的情感、欲望、本能和人的感性肉体存在的价值和意义都得到了充分的肯定。

---

① 参见奥古斯丁《上帝之城》。
②③ 费尔巴哈:《基督教的本质》,商务印书馆1984年版,第399页。
④ 丹纳:《艺术哲学》,人民文学出版社1986年版,第290、291页。
⑤ 《文艺对话录》,人民文学出版社1983年版,第87页。

"人的发现"表现为"摩罗"的发现,表现为"摩罗"向上帝的挑战,这场"战争"通过艺术曲折地反映出来:"在意大利与法兰德斯的最优秀的作品中……殉道的圣徒好像是从古代的练身场中出来的,基督不是变做威风凛凛的丘比特,便是变做神态安定的阿波罗,圣母足以挑起世俗的爱情,天使同小爱神一般妩媚,有些玛特兰纳竟是过于妖艳的神话中的女妖,有些圣·赛巴斯蒂安竟是过于放肆的赫剌克勒斯;总之,那些男女……保持强壮的身体,鲜艳的皮色,英俊的姿势,大可在古代的欢乐的赛会中充当捧祭品的少女,体格完美的运动员。"① 摩罗即人的感性肉体存在第一次在艺术中获得空前的正面肯定。而且这场"摩罗"对上帝的"战争",一直延续到西方浪漫主义文学作品中如英国诗人密尔顿的《失乐园》,拜伦的诗作与歌德的《浮士德》以及莱蒙托夫诸多作品中。在这些作品中,"摩罗"或者是一个意志坚强的英雄(如密尔顿·拜伦笔下),或者被描述为聚善恶二重性于一体的一种力量②。总之,这些作品已经构成了近代西方艺术成功的"摩罗"文学谱系,而不再是如中世纪那种描绘"天使的幻影"和"膜拜神灵"的艺术,"摩罗"被推上了艺术的前台,尽管它仍然免不了"恶",但正是这种"恶"构成了人无法逃避的基本存在:本能、情欲和性。

而这一切构成了鲁迅提出摩罗诗力精神的文化理论背景。鲁迅以"摩罗"命其篇名,并多次提到西方艺术作品中的"摩罗"谱系:第一是引用英国诗人密尔顿(J. Milton)的《失乐园》中所谓"天神与撒但记事"③,第二认为"裴伦在异域所为文……凡三传奇称最伟,无不张撒但而抗天帝,言人所不能言"④;第三引用俄

---

① 丹纳:《艺术哲学》,第 290、291 页。

② "我是那种力量的一体/它常常想的是恶而常常作的是善"。《浮士德》,董问樵译本,第 69 页。

③④《鲁迅全集》第 1 卷,第 205、209 页。

国诗人莱蒙托夫的诗《神摩》(Demon)①。鲁迅通过这些作品的介绍,表达了这样一些基本意向:

第一,"摩罗"即人,即人的感性存在,"魔血"典型地代表人的感性本能和情欲。

第二,"摩罗"精神代表了一种不可遏制的冲创的生命意志,所以"立意在反抗,指归在动作","与天地斗争",生命意志的扩张,在于打破束缚生命的旧的价值规范,尤其是善恶的传统观念:"人则曰,神可颂哉……卢希飞勒(魔)不然,曰吾誓之两间,吾实有胜我之强者,而无有加于我之上位,彼胜我,故名我曰恶,若我改胜,恶且在神,善恶易位耳。"②

第三,"摩罗"又体现为一种生命智慧,个体生命意志在不断冲创中同时也不断超越自身,正是在这种冲创和超越中发展自己的智慧。"《凯因》(Cain)中有魔曰卢希飞勒,导凯因登太空,为论善恶生死之故,凯因悟,遂师摩罗"③,"摩罗"成为一种启迪凯因的智慧象征。鲁迅借《圣经》原罪故事指出:"使无天魔之诱,人类将无由以生"④,因此"恶魔者,说真理者也"。⑤

第四,"摩罗"即人自身具有善恶二重性,"心性反张,柔而刚,疏而密,精神而质,高尚而卑,有神圣者焉,有不净者焉,互和合也……且此亦不独摩罗为然……即一切人,若去其面目,诚心以思,有纯禀世所谓善性而无恶分者,果几何人?"⑥

鲁迅以西方近代文化和浪漫主义文学为背景,从"摩罗"的发现来推出感性生命本能的合法性,但这仅仅只是其生命哲学的起点,而并非目的。确认肉体感性同时又要超越肉体感性,也就是审美超越,审美的感性才是"摩罗诗力"精神的真正诠解。

---

①② 《鲁迅全集》第1卷,第223、210页。
③④⑤ 《鲁迅全集》第1卷,第209、205、214页。
⑥ 《鲁迅全集》第1卷,第215页。

"摩罗诗力"精神的基本内涵

　　作为感性生命哲学的"摩罗诗力"精神不仅体现在《摩罗诗力说》中,而且在鲁迅同时期发表的《文化偏至论》、《破恶声论》等文言论文中亦可寻得踪迹。这几篇文章承续了两种西方的思想文化思潮:一种是上文论述的西方近代浪漫主义文学思潮,尤其是其中的摩罗文学;一种是西方现代人本主义思潮,即以叔本华、基尔凯廓尔、尼采等人为代表的生命派哲学,这构成了鲁迅重建中国生命哲学的西方参照系。承继这两股思潮的"摩罗诗力"精神,大致包含着如下几个层面:

　　第一,"摩罗诗力"精神的基础如前所述,即对人的感性本能的合理肯定。鲁迅认为,"魔血"的存在使人从根本上无法摆脱兽性,这是人之所以为人所无法避免的基本存在,人虽然处在永恒的进化过程中,但人的动物性本能并不因进化而消失,"夫人历进化之道涂,其度则大有差等,或留蛆虫性,或猿狙性,纵越万祀,不能大同"①,人本身并不像儒家文化所弘扬的如此高贵,富有良知和仁义道德,人在动物性这一点上,并不比"蛆虫"或"猿狙"超出多少,这种对生命本能、情欲的合理肯定,显示出一种近代自然人性论趋向。

　　第二,"摩罗诗力"精神没有停留在人的本能层次,而是要超越本能。"诗力"的确切含义便指一种审美化了的生命情感力量,其特征体现为"撄"。鲁迅"撄"的提出是针对传统文化的"平和"与"不撄":"中国之治,理想在不撄","老子书五千言,要在不撄人心,以不撄人心故,则必先自致槁木之心,立无为之治"②。在鲁迅看来,中国传统社会着重的是整体和谐,即所谓"污浊之

---

　　①② 《鲁迅全集》第7卷,第244页;第1卷,第199页。

平和",这种"平和"导致了两个结果:感性生命的压抑与个性的丧失。"不撄"的意义就在于,让人们处于一种无知无欲的麻木状态中,只有当人们没有生命欲望的冲动,也便没有追求,没有追求便没有冲突,也便达到"平和"、"不撄"。正是在传统文化这种感性与个性的双重压抑中,中国传统文学艺术便几乎找不到弘扬感性生命力量的作品。鲁迅说:"中国之诗,舜言志,而后贤立说,乃云持人性情,三百之旨,无邪所蔽,夫既言志矣,何持之云?强以无邪,即非人志。"感性生命的压抑,便使人们"拘于无形之囹圄,不能舒两间之真美",导致"可有可无之作,聊行于世"。如果感性生命的情欲偶然得到宣泄,便被大加鞭挞,"偶涉眷爱,而儒服之士,即交口非之"。即使才高如屈原者,也看不到其"敢撄人心"的"美伟强力"的作品,只能流于"芳菲凄恻之音,而反抗挑战,则终其篇未能见"。面对着感性压抑的传统文化,鲁迅感叹道:"伟美之声,不震吾人之耳鼓者,亦不始于今日。"①因此,鲁迅提出了"撄"的诗力精神,一方面,他否定了"不撄"、"平和"在现实中的虚妄和不存在,"平和为物,不见于人间"②,所谓"平和"不过是一种表象或假象,"平和"背后掩盖的是现实中无情的冲突和竞争,"杀机之防,与有生谐,平和之名,处于无有"③。既然社会和人生不存在"平和"而是处在永恒的冲突中,那么文学艺术就不应回避生命的苦难、矛盾和冲突,因此"诗力"精神的另一方面便强调诗歌艺术应该"敢撄":"盖诗人者,撄人心者也。"艺术应该直指生命的本体世界,再现那种骚动、不安和向外冲创的生命本能,这样才能"心弦立应,其声澈于灵府",只有通过"美伟强力"的"发扬",才能引起生命的共鸣和灵魂的震撼,才能使"污浊之平和,以之将破",这样"平和之破,人道蒸

---

① ② ③ 《鲁迅全集》第 1 卷,第 200、197、198 页。

也"①。

第三,摩罗诗力精神又必须以个性独立为特征,这是近代感性启蒙的核心所在。鲁迅推崇德国青年黑格尔派的斯蒂纳(M. Stirner)的个人主义:"惟有此我,本属自由……自由之得以力,而力即在乎个人,亦即资财亦即权利。"自由不是普泛的,而是与感性个体相联系的,"惟发挥个性,为至高之道德,而顾瞻他事,胥无益焉"。鲁迅以此提倡自作主宰:"凡一个人,其思想行为,必以己为中枢,亦以己为终极:即立我性为绝对之自由者也。"②鲁迅贬斥那种"泯灭自我"的"众数"、"多数"、"庸众",只有那种强调"人各有己"、"朕归于我"、"任个人而排众数",把生命视为不可重复的个体独立性的人,才体现了"二十世纪之新精神",即感性启蒙精神。

第四,从"强力"扩张的个性主义,必然导致鲁迅对"超人"的呼唤,这既有叔本华"意力",尼采"超人"思想的影响,又有"立意在反抗"的摩罗诗人拜伦等人的影响。在鲁迅看来,"惟超人出,世乃太平,苟不能然,则在英哲"③,他鄙弃"大众之祈,而属望止一二士",宁可"留独弦于槁梧,仰孤星于秋昊"④,呼唤"精神界之战士",推崇"刚健抗拒破坏挑战"的摩罗诗人拜伦,这里所谓"一二士"、"英哲"、"独弦"、"孤星"、"摩罗诗人",恰恰就是"诗力""意力"、"强力"的人格化。首先,"超人"指的是生命意志(意力、强力)的极度扩张,他说:"故如勖宾霍尔(即叔本华)所张主,则以内省诸己,豁然贯通,因曰意力为世界之本体也,尼伕(采)之所希冀,则意力绝世,几近神明之超人也"⑤,意志力的扩张强大("意力绝世")是"超人"一大精神特征,即把生命潜能发挥到

---

①② 《鲁迅全集》第1卷,第199—200、187页。
③ 《鲁迅全集》第1卷,第188页。
④ 《鲁迅全集》第7卷,第235页。
⑤ 《鲁迅全集》第1卷,第190、191页。

极致;其次,生命意志扩张的过程,又是一个不断征服"万难"、克服障碍的过程,人的生命历程必然遭遇各种阻碍,生命途中充满着荆棘、痛苦甚至死亡,但超人必须在这种悲剧冲突中,积健为雄,拓展生命狂澜,"排斥万难,黾勉上征"。禀有"摩罗诗力"精神的摩罗诗人拜伦、雪莱、莱蒙托夫等人,无不具有极强的生命意志,几乎都是在极短的生命旅程中,向不幸挑战,把感性生命发挥到极致;再次,超人崇尚创造与精神自由,当生命突破自我重复、平庸而扩展和超越自身时,也就是生命的创造,这种创造导致"思虑动作,咸离万物,独往来于自心之天地",并且"去现实物质与自然之樊,以就其本有心灵之域;知精神现象实人类生活之极颠,非发挥其辉光,于人生为无当"①。这种"极颠"境界也就是生命的最高境界:自由即审美超越,只有在审美自由中,人的感性生命才能在没有任何外在束缚(如功利、"众数"等)的状态中走向生命的"极巅",只有在这种审美自由中,才可以"弃斥德义、蹇视淫游、嘲弄社会"②,在现实社会中无法实现的,只有在审美自由中才能实现,审美是生命超越的最高境界。从上述四个层次我们可以看到,鲁迅的"摩罗诗力"精神是以人的本能即自然人性为基础,而以感性的个性化的生命情感为核心,以追求自由、创造和审美超越为目的的完整思想体系,这个思想体系为五四感性启蒙起了前驱先路的作用。

五四感性启蒙

当更多的人还在为民主革命而呐喊、行动时,鲁迅在辛亥革命前就意在中国重建"二十世纪之新精神",即感性启蒙精神,然而这在当时还不过是一种先知者的觉醒。只有到五四时期,才

---

① 《鲁迅全集》第1卷,第190、191页。
② 《鲁迅全集》第1卷,第212页。

磅礴为一支不可忽视的感性启蒙劲旅,这就是以陈独秀、胡适、周作人倡导的"文学革命"、"人的文学"以及稍后的郭沫若、郁达夫等浪漫派代表的五四启蒙作家群和朱谦之的感性哲学等。这种感性启蒙突出表现在如下几方面:

第一,崇尚感性生命、个性的西方浪漫主义文学与崇尚生命意志的现代西方生命哲学思潮,已经被普遍地引介到中国。郑伯奇曾说过:"歌德而外,海涅、拜伦、雪莱、济慈、惠特曼、雨果……这些浪漫主义诗人……也是他们(指五四作家——引者)所崇拜的。"①而现代人本主义思潮生命哲学家如基尔凯郭尔、叔本华、尼采、柏格森等人的哲学思想也迅速为中国思想文化界所普遍瞩目。仅以尼采而论,不仅王国维、鲁迅译介于前,在五四时期,更有陈独秀、蔡元培、傅斯年、田汉、沈雁冰、郭沫若、高长虹、向培良、郁达夫等人推崇于后②。人们对其破坏偶像的精神、超人学说和强力意志等表现出极其浓厚的兴趣,正是在这种广采博纳的背景下,他们将西方两种不同时代、不同性质的思潮融合为一,化为感性启蒙并重建中国新文学。

第二,和鲁迅的摩罗诗力精神相一致,五四感性启蒙也以人的本能为基础。陈独秀曾认为:"强大之族,人性兽性同时发展,其他或仅保兽性,或独尊人性,而兽性全失,是皆堕落衰弱之民也。""兽性"指"意志顽狠"、"体魄强健"、"信赖本能"、"顺性率真"等③,也就是说人的解放是以强健的体魄与发达的本能为基础的,人性并不排斥"兽性"。周作人更明确指出:"人是一种生物,他的生活现象,与别的动物并无不同,所以我们相信人的一切生活本能,都是美的善的,应得完全满足,凡有违反人性不自

---

① 《中国新文学大系·小说三集》序。
② 参见乐黛云:《尼采与中国现代文学》,《北大学报》1981年第3期。
③ 陈独秀:《今日之教育方针》,《新青年》第1卷,第2号。

然的习惯制度,都应排斥改正。"但是肯定本能同时又必须超越本能,"我们相信人类以动物的生活为生存的基础,而其内面生活,却渐与动物相远,终能达到高上和平的境地",因此"兽性与神性,合起来便是人性","换一句话说,便是人的灵肉二重的生活"①,又说:"我们要知道,人生有一点恶魔性,这才使生活有些意味,正如有一点神性是同样的重要。"②这里的"恶魔性"与鲁迅所谓"魔血"冥然相通,与摩罗精神肯定人的情欲本能有着理论的一致性。

第三,与鲁迅的"诗力"精神相衔接的是五四时期"力"的生命化、情感化、审美化,从而导致了中国现代新文学的诞生。首先,"力"第一次获得了中国历史上不曾有过的普遍推崇的地位。郭沫若在《我是一个偶像崇拜者》一诗中,表达了其对"力"的崇拜:"我崇拜创造的精神、崇拜血、崇拜心脏"③。心脏的搏动意味着生命的存在,血脉的流畅昭示着生命的健康,而力量的强大则是生命旺盛的根本标志,崇拜"力"、"血"、"心脏",反映了郭沫若对生命、对感性的高扬。狂飙社的向培良也表现出对"力"的强烈渴望:"我们需要动的力,狂呼的力,冲撞的力,攻击的力,反抗的力,杀的力。"④其次,当人们呼唤"力"的时候,也开始了对"力"的本质的探求。周作人引述18世纪诗人布莱克(Blake)的话说:"力是唯一的生命,是从身体发生的,理就是力的外面的界","力是永久的悦乐"⑤,也就是说,"力"的本质就是那"从身体发生的"不可遏止的生生不息的感性生命,与理性("理")相对

---

① 周作人:《人的文学》,《新青年》第 5 卷,第 6 号。
② 《永日集·妇女问题与东方文明等》。
③ 《郭沫若全集·文学编》第 1 卷,人民文学出版社 1982 年版,第 99 页。
④ 《水平线下》,《狂飚》(不定期刊)第 1 期。
⑤ 周作人:《人的文学》。

应,因此感性启蒙也就是人的生命情感的解放,也就是力的解放。再次,这种感性生命的精神升华,便构成了审美,构成了文学的本质。郭沫若刚创办创造社时就提出"生命底文学":"生命与文学不是判然两物,生命是文学底本质,文学是生命底反映,离了生命,没有文学。"而且生命与个性不可分离:"生命底文学是个性的文学,因为生命完全是自主自律的。"①这与鲁迅所称道的日本文艺评论家厨川白村《苦闷的象征》对文学本质的判断是一致的。厨川白村认为:人生就在于"力的冲突","两种的力一冲突,于是美丽的绚烂的人生的万花镜,生活的种种相就展开了","力"构成了生命的基础,"自由和解放的生命的力……总是不住地从里面热着我们人类的心胸,就在那深奥处,烈火似的焚烧着",而当生命力"经了其'人'而显现的时候,这就成为个性而活跃了。在里面烧着的生命的力成为个性而发挥出来的时候,就是人们为内底要求所催促,想要表现自己个性的时候,其间就有着真的创造创作的生活"②,因此"生命"、"力"与"个性"便构成文学创作的本质。而郭沫若认为生命力恰是通过情感来表现的,他在谈到歌德《少年维特之烦恼》对他的影响时说:"我在此书中,所有共鸣的种种思想:第一是他的主情主义。"这种"主情主义"在诗歌创作中便概括为一个算式:诗=(直觉+情调+想像)+(适当的文学)③。创造社的王独清更直接地把"力"引入到诗歌创作中:(情+力)+(音+色)=诗,诗人要以"自命疯狂"的姿态向"朦胧"中寻找"明瞭"④,这很有些接近尼采所谓希腊

---

① 郭沫若:《生命底文学》,上海《时事新报·学灯》1920年2月23日。
② 厨川白村:《苦闷的象征》(鲁迅译),人民文学出版社1988年版,第7—9页。
③ 郭沫若:《论诗三札·致宗白华》。
④ 王独清:《再谈诗》,《创造月刊》,第1卷1号。

艺术中的冲创的酒神精神。"情+力"作为一种审美的感性生命与鲁迅的"诗力"有着一致的启蒙作用：在冲创奔突的感性生命冲动中，打破一切政治的、伦理的古典规范，从而获得一种审美的自由与解放。

第四，与崇尚感性的新文学相呼应，五四时期也产生了一种系统的现代感性哲学即朱谦之的"唯情本体论"。朱谦之在中国现代哲学史上是一个被忽视的人物，然而在笔者看来，他的"唯情本体论"诚然有着各种理论上的不足和缺点，但却是可以成为现代感性哲学的代表。"唯情本体论"有两大突出特征：首先，他把"情"第一次推到本体的高度，他认为"智、情、意是精神作用的基础，叔本华又证明了智是意的派生，但所谓意，实还有情的作用存在……就可证明'情'是精神的最后本体"①，"情"不仅是"精神本体"，也外化为宇宙本体："情就是宇宙本体"②；其次，强调"情"的个体性、自我性，以自我的个体主义为基础："我就是情，情就是我"，这样，"宇宙"也便与"我"相通了，外在宇宙也成了"自我"的产物，"宇宙是从我心变见出来，只是本体派生的模型"③。因而"唯情本体论"同时也就是"唯我本体论"，这是近代以个性为基础的感性启蒙思潮的理论概括。

从上可知，五四感性启蒙的基本精神与鲁迅的"摩罗诗力"精神有着直接的连续性和继承性。那么，五四感性启蒙的意义究竟何在呢？诚然，五四感性启蒙，它以彻底的不妥协的态度向传统文化进行全面的反省和批判，以强烈的世界意识向异域的近代新文化学习，从而导致了中国现代新文化的诞生。然而我认为，五四感性启蒙的根本意义，乃是导致了一次审美意识的转换，即从"和为美"到"力为美"。中国古典美学的审美理想是"中

---

① 《现代思潮批评》，新中国杂志社1920年版，第150页。
②③ 《革命哲学》，泰东图书局1921年版，第189、187页。

和为美",如《礼记·中庸》所谓"喜怒哀乐之未发,谓之中,发而皆中节谓之和;中也者,天之大本也,和也者,天下之达道也。致中和,天地位焉,万物育焉"。《论语》也强调所谓"乐而不淫,哀而不伤",《诗大序》更明确为"发乎情,止乎礼义"。这种"中和"的美学精神从根本上体现了儒家文化的泛道德主义,在中国传统文化中,善即是美,而这种善又是以感性生命的深度压抑和异化为前提的,人的感性和个性化生命便在这种"适度"、"中和"的节制中慢慢窒息,而缺乏西方那种生命冲创的希腊酒神精神,这正如一位文学评论家所言:"这种以'中和'为理想,'含蓄'为正宗的古典审美规范,恰恰是一种美的异化,美的异化的真正内涵乃是传统社会中人的异化。"①从鲁迅的"诗力"精神到五四时期的"情+力"和"主情主义"、"唯情本体论",人们不再是在生命两极(情与理)的调和、妥协、萎缩中企求一种"中和之美",而是在生命两极冲突中再现感性生命力量:意志力与情感的力量,使感性生命挣脱那种古典道德理性的藩篱、封建专制的压抑,而在审美中直观自由。鲁迅对"摩罗诗力"的呼唤与五四时期对"力"的呐喊,把生命置于"反抗"、"冲突"中,来真实地再现人的悲哀与欢乐、爱与恨、希望与绝望、冲动与冲创、压抑与升华、勇敢与怯懦……即鲁迅所谓"超脱古范、直抒所信","率真行诚、无所讳掩"②,也即是郭沫若的"主情主义",更是情感大解放的五四新文学的共同特征:无论是鲁迅"嬉笑怒骂"、冷峻孤独的冷色调,还是郁达夫在"悲伤情感的沉溺和在忧郁怪诞、疯狂中提取美感"的"零余者"的感伤主义灰色调,抑或是郭沫若《女神》中拜伦式的、惠特曼式的悲壮、激昂、雄浑的黄钟大吕般的轰鸣,这都标

---

① 曾逸主编:《走向世界文学》,湖南人民出版社1984年版,第64—65页。

② 《鲁迅全集》第1卷,第205、214页。

志着温柔敦厚的古典"中和之美"被打破,一种以个性主义为基础的生命为美、冲突为美、力为美的现代审美意识的诞生。这使我们想起西欧文艺复兴运动:肯定人的感性肉体存在,否定彼岸世界苍白的神性以承认世俗世界的情欲的合理性,高扬青春和生命。人的本能、体魄和力量,把感性生命的解放视为人的解放的重要因素,把个性化生命视为感性启蒙的根本要求。无怪乎胡适之先生将五四时代称为"中国的文艺复兴"时代。

力本体及其悲剧

尚力思潮发展到抗战时期的战国策派,便达到了高潮,同时也标志着它的悲剧性结束。

到战国策派,尚力思潮便完成了从体育到文学到哲学的三部曲,也就是从外在的感性生命(体质、肉体力量)到内在的情感意志力量再到力本体哲学。战国策派的尚力思想具有二重性,一方面保留了从戊戌—辛亥—五四以来对传统柔性文化的批判和对感性生命力量的推崇,并且将"力"视为对生命悲剧的战胜,强调一种向生命悲剧不断挑战的乐观、进取、审美的人生态度;然而另一方面却将"力"渗透到政治精神中,从而走向了一种尚力政治和政治权威主义,并明确走向五四精神的反面。这样,便导致了长达半个世纪的尚力思潮感性启蒙意义的失落,这无疑是一种力的悲剧。

战国策派的缘起

几乎从其诞生之日起,战国策派便迭遭物议,被视为"法西斯主义",而教科书至今仍沿袭旧说,因此笔者拟提供一些必要的背景材料。

随着"七七"卢沟桥炮火的延伸和华北、华中地区的沦陷,一些著名高等学府连同其教授学者们纷纷南迁至大西南重、昆一线。1940年,由林同济等26名"特约执笔人"在昆明创办《战国策》半月刊,同年4月出刊(后又发行上海版《战国策》半月刊),1941年又在重庆《大公报》开辟了"战国"副刊,大量介绍了德国斯宾格勒的历史哲学,叔本华、尼采的意志哲学,歌德、席勒的文学观。他们以文化形态学、以力本体哲学向缺乏冒险尚武的"无兵的"中国传统文化挑战,以尚力政治或"大政治"的权威主义、实力政治向崇尚礼义廉耻的"德感主义"传统政治冲击,而以英雄崇拜的超人意识、英雄主义表现出对五四以来的"民治主义"的怀疑,以"恐怖"、"狂欢"、"虔恪"为母题的审美观念向崇尚中和之美、温柔敦厚的传统美学观念宣战⋯⋯,在当时国际上德意日轴心法西斯势力猖獗一时,而中华民族又处于半壁河山的生死存亡的关头,战国策派却大量介绍德国的历史哲学、文学和美学思想,尤其是介绍被希特勒等法西斯首脑所利用推崇的尼采哲学,这必然会引起一场轩然大波,章汉夫以《战国派的法西斯主义实质》一文,最早将他们定性为"法西斯主义"①,是为"法西斯主义"之缘起。

笔者曾在上海徐家汇藏书楼所藏的上海版《战国策》封底上摘下了一份载有26人的"本刊特约执笔人"名单,除了教科书上被指名为"法西斯主义"代表即战国策派的几位主干将:历史学家、文化学家雷海宗、林同济,文化学家、剧作家陈铨外,尚有我们熟悉的美学家朱光潜、作家沈从文、社会学家费孝通、哲学家贺麟等人②。半个世纪后,当我们重新冷静地考察战国策派,翻阅他们的文章时,与其说他们是一个法西斯主义思想组织,倒不如说是一个有着某种共同的思想旨趣、文化体系的学术沙龙、文

---

① 载《群众》第7卷,第1期(1942年1月25日)。
② 《战国策》"特约执笔人"除上述七人外,尚有岱西、吉人、二水、丁泽、陈碧生、沈来秋、尹及、王迅中、洪思齐、唐密、洪绂、童㠙、疾风、曾昭抡、何永佶、曹卣、星客、上官碧、亇口共二十六人,即所谓"战国策派"。

化圈。笔者翻检了昆明版与上海版的全部《战国策》半月刊,可以肯定地说,没有一篇是歌颂德、意、日法西斯主义的文章,更不存在参加法西斯团体问题。当然,他们对当时时局的某些分析也难免偏颇,而且他们的尚力政治和英雄崇拜的权威主义的确带有相当消极的政治影响,但却不足以定性为"法西斯主义"。他们不仅在某些文章中表现了历史的洞察和预见,比如林同济就曾预见到战后两三个超级大国的出现,而且由于这个文化学派集中了当时从欧美留学归来的学术文化精英(如雷、林、费、朱等),因此,产生了多部有影响的文化哲学(史)著作,如雷海宗《中国文化与中国的兵》,林同济、雷海宗《文化形态史观》①,贺麟《文化与人生》,以及《战国策》半月刊和《大公报·战国》副刊上的大量文化比较论文,有些文章至今读来仍觉新意迭出。总之,不存在一个所谓法西斯主义学派,战国策派的理论与观点则具有积极与消极意义的二重性。

力本体哲学

"力"在戊戌时期,基本上是作为一种外在的生命力量,即体质体力。到五四时期,生命获得了更高的肯定,人们将生命视为一种冲创奔突的、不可遏制的"诗力"(情感力量)和"意力",并由此而升华为一种"唯情本体论"。然而只有到战国策派,"力"才获得了一种真正的本体地位,这集中体现在林同济先生的《力!》②一文中。

通观林同济的《力!》全文,我们可以理清其思想轨迹。

首先,从汉字"力"书法上所具有的美感开始,他认为"力"之

---

① 《中国文化与中国的兵》、《文化形态史观》在40年代出版后,到1989年被收入钟叔河主编的《凤凰丛书》中,合为一册(岳麓书社)。

② 林同济:《力!》,《战国策》(昆明版)第三期(1940年)。

为字充满了"古朴气象,原始天机",而且体现为"有线之美,有空之美,实而虚,虚而实",也就是说"力"作为一个象形文字,具有一定的形式美,而这种形式恰恰又是一种"有意味的形式",它积淀了一定文化和生命"意味",林文引《说文》注:"力,筋也,象人筋之形","象人筋竦其身,作力劲健之形"。"力"字作为一种形式美,其根本的"意味"就存在于以人的肉体存在为基础的生生不息的感性生命中,人们正是从先民早期那种粗犷、剽悍、力扛九鼎的生命之躯和粗壮骨骼中,从那种充满力感的劳动中、看到了人之所以为人的根基,从而提炼出这个"有意味的形式"——"力"。而这恰恰是对人的生命本身的肯定和礼赞。

正是从这里,林同济引出了他著名的"力本体说",他颇富诗意地阐述着生命的哲理:"力者非他,乃一切生命的表征,一切生物的本体,力即是生,生即是力,天地间没有'无力'之生,无力便是死。"这样,力的本体也就是生命本体,"力"与"生命"合二为一,因此"诅力咒力即是诅咒生命,诅咒人生",生命借"力"得以存在,"力"借生命得以实现。林同济还借用从哥白尼开始的以力学为特征的近代科学,更把"力"从"生命"、"生物"扩展到整个宇宙。他认为,近代宇宙观是一个"力的宇宙观","力"不仅是生物生命的本体,也是宇宙自然的本体。他说:"柯伯尼卡斯的宇宙是力的一字构成的。是一个无穷的空间,充满了无数的'力'的单位,在'力'的相对的关系下不断地动,不断地变!"从哥白尼、伽利略到牛顿,的确开始了一个"力"的时代,在牛顿力学中,最终将一切日月星辰的运行、物体运动、潮汐涨落和物质的微观结构都纳入到一个数学—力学的和谐体系中,从而使宇宙变成了一个机械的、力学的宇宙,从此以后,"力"的观念也从肌肉紧张的力,到接触力,到超距力,到以太振动力,到场致力,到辐射力等等，因此人们将近代称之为"力的时代"①。但是林同济只是借用了近代科学中机械力（相互作用是其哲学定义）的概念，来阐发他的作为感性生命的带有某种唯意志主义的"力"本体哲学，而更主要的思想来源还是叔本华、尼采等人的唯意志主义生命哲学，这倒不仅因为战国策派大量介绍了叔本华、尼采哲学，也不仅因为林同济的文章追求尼采《查拉图斯特拉如是说》的"诗意的思"的哲人诗风格，更主要的是林同济在《从叔本华到尼采》序言中谈到尼采的"超人"的两点特质时明确说过："超人必是具有高度生命力的，超人必是具有大自然的施予德性的"②，并强调尼采哲学的意义说："把施予或'为他'德性的基础从怜悯或恻隐之心转移到源源创造的生命力上头，这是尼采新伦理的中心意义。他尽了他的象征抒情的骇人能事来讴歌生命力，叫大家牺牲一切来做生命力最高度的追求"。林同济在《力！》全文中有两个核心观点是紧靠尼采上述超人的强力意志的，第一是视"力"为生命的本质，高扬生命力量；第二是反对传统"德感主义"（详后），因此，林同济的《力！》既源于尼采的强力意志又具有自己创造性阐发。

其次，"力"作为生物的本体、宇宙的本体，它是一个系统结构。这个结构的基础层面包涵三个概念：生、力、动，而且三位一体，林认为："中国'动'字从力，是大有意义的。一切的'生'都要'动'，一切的'动'都由于'力'，在原始的生活状态里，自然的环境正在初步的克服之中，最不可缺的条件就是'动'字。初期的文化民族是不断地在'动'中，也就是不断地在'力的运用'、'力的表现'中。动是力的运用，就好像力是生的本体一样，生、力、

---

① 参见黎鸣：《论力的哲学和信息的哲学》，《控制论与社会改革》，光明日报出版社 1988 年版，第 132 页。

② 原载陈铨：《从叔本华到尼采》林同济序，在创出版社 1944 年版。

动三字可说是三位一体的宇宙神秘连环。"生命、力量、运动构成了"力本体"的基本核心观念,力作为生命的本体,规定着生命的存在和生命的基本存在样式,"无力即死","有力即有生",而"力"本身又不是静止的,只有通过运动,不可遏止的"冲动",才能达到饱满、旺盛状态。除了上述三个基本概念外,还有一个"创造"概念,因为生命通过"力"的不可遏止的冲动、运动,便使生命处于一种重新塑造、超越过程中,这种对生命自身的超越就是"创造",所以林同济说:"最高度的生命力必定是无竭尽的创造者。"①又说:"一切的创造只是力的表现,活力的自成。"陈铨在介绍19世纪狂飙时代的席勒时,更突出了"力量"与天才"创造"的关系:"力量是一切的中心,它破坏一切,建设一切,天才是社会上的领袖,他推动一切,创造一切,然而天才的本身,最重要的元素,就是力量,天才的表现,实际上就是力量的表现。"②从"力"走向"创造"走向"天才"便埋下了他们走向"超人"以致政治权威主义的伏笔。

"力"结构的第二个层面包括这样三个概念——功、胜、勇,这三字均从"力"。林文说:"我们同想先民筚路蓝缕、启发山林的当年,每一个'动',都是一个'战',一个'斗'——与天时斗,与地利斗,与猛兽斗,与四邻的民族斗。在这种不断的战斗生活中,我们可以想象到,最重大最可乐可歌的事情就是胜利、成功;最必须最可贵的本领就是勇敢。"

如果借用中国传统的"体用说",在林同济的力本体结构中,则第一层面的"生、力、动"构成了"力"结构之"体",构成其基础;而第二层面的"功、胜、勇"则构成了"用",构成了"力"本体的外化,成功、胜利、勇敢,恰恰是生命、力量、运动的结果,一个具有

---

① 原载陈铨:《从叔本华到尼采》林同济序。
② 陈铨:《狂飚时代的席勒》,《战国策》(昆明版)第14期。

健康本能、力量旺盛而且具有创造冲动的生命,无疑是成功、胜利的基础和根本,不能设想一个生命力颓萎、缺乏创造性的生命能够勇敢地面对世界,并取得胜利和成功。

"力"本体结构最后便落实在"男"的基础上,"男"是力的生命载体,又是"力"的阳刚特质的性别特征:"男字从力,不啻昭示千秋万世,男子之所以为男子,全靠其有力。也就是说,男子无力,不成其为男子,男性是力的象征。"弘扬男性的"野蛮"粗犷的阳刚力量和精神,这是从严复、梁启超开始的,并且是贯穿于近代尚力思潮中的一个主调,而这恰恰构成了对传统"懦弱迂缓"儒士尚柔精神的一种反拨。战国策派更明确地强调"希腊的赫巨力士的奕奕威风——身长九尺、猿臂狼腰"的男性力量。

一旦确立"力"本体结构,林文便开始从"力"的角度对传统文化进行批判和反省。林同济认为:"无疑地,我们这个古老古怪民族已是人类历史上对'力'的一个字,最缺乏理解,也最不愿理解的民族了。"严复、梁启超们便已开始对传统柔性反力的养生型文化进行批判,林文也继承了这一近代传统,并直指儒家文化。他认为,孔子不语怪力乱神,而那位"带着三分女性"的孟轲却"硬把以力服人与以德服人对称,极力恭维以德手段的高明",这样便产生了长达几千年的反力尚柔的"德感主义","力的精义的汩没,与德感主义的流行,在我们文化史上是恰成正比例的"。

"德感主义"也就是一种泛道德主义、一种伦理中心主义,它既是一种"唯德的政治观、历史观",还是"一个规模宏大的唯德宇宙观",而这种唯德宇宙观"认定宇宙间一切事物的本质都是'德'的",到汉代董仲舒的"天人感应论",则标志着这个唯德宇宙观的完成。由于整个宇宙的结构与运行,全靠德来维持,则"力之一物,根本无地位",因此,"德感主义,按其内在逻辑,必定要自然而然地向轻力主义、反力主义的路线走的",这样,这种重德轻力的德感主义便在某种程度上导致了中国文化成为一种缺乏冒险尚武精神的"无兵的文化",同样也便在某种程度上使中国国民到近代从体质到精神都沦落到"东方病夫"的地步。林同济强调指出:"儒家的特殊的历史作用乃在把这个主义(指德感主义)的寿命延长到二千多年之久,遂使我们的文化留滞在某一阶段之中而不能突破藩篱。"因此,力本体哲学的提出,其根本意义就在于它从本体论上更突出了生命与道德的悖论性冲突,正因为意识到这一点,因此要求人们从过分理性化、伦理化的中世纪走出来,重新确认生命本身的意义和价值,总之,要求生命从道德捆绑中解放出来,使生命更具有活力,更具有创造性,而这仍然保持与近代尚力思潮的同步性。

力是对生命悲剧的征服:恐怖、狂欢、虔恪

林同济的《寄语中国艺术人》①是一篇引起很大误解的美学文章。因为文章提出了"恐怖"、"狂欢"、"虔恪"三大美学命题,人们便误认为这是提倡法西斯主义"恐怖"专政云云,这种笑话至今仍白纸黑字地写在我们的某些教科书或论文中,因此我们不得不对此进行一些辨析。

如果说,林同济《力!》是从本体论上对生命力量的弘扬和提升的话,那么,《寄语中国艺术人》则直面生命的悲剧命运,而将力视为对生命悲剧的挑战和征服过程,"恐怖"、"狂欢"、"虔恪"恰恰是对生命悲剧的挑战和征服过程中的一种审美感受。具体说来,"恐怖"是直面生命悲剧;"狂欢"是对生命悲剧取乐观进取的审美式人生态度战胜它、征服它;而"虔恪"则是生命战胜悲剧的一种瞬间的形上感受,一种审美的最高境界即生命与宇宙合一的境界。

《寄语中国艺术人》提出的第一道母题是"颤抖的母题——

---

① 原载《大公报》(重庆)1942年1月21日。

恐怖"。林同济认为:"恐怖是人们最深入、最基层的感觉。拨开了一切,剩下的就是恐怖。时间无穷、空间也是无穷的。对这无穷的时空,生命看出了自家最后的脆弱,看出了那终究不可幸逃的气运——死·亡·毁灭。"有的论者认为林文回避了人生痛苦的社会根源,这实际上是一种似是而非的诘难,生命的悲剧诚然有由于受剥削的原因,但是,受剥削状态是一种可以选择可以改变的状态,林文所要回答的是每个血肉之躯所共同的同时又是无法改变的必然的悲剧命运。在他看来,一切都是可以选择可以改变的,唯有生命的有限——死亡是必然的,是无法改变的。

时间在"过去"、"现在"、"将来"三维度上永恒地流动着,空间在茫茫的宇宙中无限地向外延伸,唯有人类个体,这个自称为"宇宙的精灵,万物的灵长"的生命却必然地无可选择地走向"死·亡·毁灭",林文在这里揭示的是人的个体生命的有限与宇宙时空的无限之间的矛盾和冲突,而"恐怖"则是直面这种有限与无限的冲突和人的必然命运——死亡:"恐怖是生命看到了自家最险暗的深渊:它可以撼动六根,可以迫着灵魂发抖",只有在这种生命与灵魂的颤抖中,"而后能渴慕,能追求……才有能力创造",以震醒"那一点创造的星火"。林同济以带有某种尼采《查拉图斯特拉如是说》的散文诗风格,象征性地揭示这种生命无可避免的悲剧命运:"暴风雪时辰,你们应该在旷野,寒无衣,饥无食;一望迷迷无际——无人,无动物,无一切,只有那无情的空间弥漫了那无情的暴风雪!莫道眠不得,坐不得,行也不得,而又——不得不行,暴风雪中挣扎"。这的确是一幅迫人"灵魂发抖"的悲剧场面,生命本身不也是一场"暴风雪中挣扎"么?各种生离死别、疾病、贫穷、失亲失恋失身、名利场上的煎熬、官场上的失意,这都还在其次,这还不是生命悲剧的本质,生命面对着死亡的必然性,然而却又不得不反抗死亡,意识到生命的有限,却又追求无限,这真是"眠不得,坐不得,行也不得,而又——不得不行"的"生命挣扎",这才是生命悲剧的本质。

自从哈姆莱特提出"生还是死,这是个问题"后,叔本华、尼采等生命意志哲学和现代存在主义更突出了死亡问题。叔本华认为,"意志"是世界的本体,一切现象包括个体的人都不过是意志的客体化即表象。意志是一种不可遏制的盲目的生命冲动,在这种冲动的驱使下从而产生欲望,生命有限而欲望无穷,因此一切生命"在本质上即是痛苦",生命的有限(死亡)规定了人的命运的悲剧性质。林同济只是接受了叔本华生命悲剧的思想却抛弃了他的悲观主义,而接受了尼采乐观的人生态度,从而直面死亡悲剧,这使林文达到了现代人本主义的深度。

既然迫人"灵魂发抖"的死亡构成了生命悲剧的本质,因此艺术的最高成就就在于表现这种悲剧。这里仍保留了叔本华的悲剧艺术观,叔本华认为:"文艺上这种最高成就(指悲剧艺术)以表现出人生可怕的一面为目的。"①林文的"恐怖"母题恰恰就是提倡一种以崇高为内容的悲剧艺术,西方近代美学家柏克就曾明确说过:"凡是可怖的也就是崇高的。"②而崇高则是主体与客体、个体与社会、人与自然、必然与自由、美与丑尖锐的本质上的对立,而"生"与"死"的矛盾则更集中地体现了这种对立和冲突,人以生来抗衡死亡更体现了这种崇高的悲剧精神。

"恐怖"母题的提出,仍有其不可忽视的美学意义。中国古典美学是以和谐为美的,它强调把对立、冲突的关系组成为一个均衡、稳定、有序的和谐整体,在形式上,排除和反对一切不和谐、不均衡、不稳定、无序的组合方式;在内容上主张主体与客体、人与自然、个体与社会、必然与自由的和谐统一,因此在美的形态上只有壮美和优美,而缺乏崇高;在艺术形式上则不管经历

---

① 叔本华:《意志和表象的世界》,商务印书馆,第350页。
② 转引自朱光潜:《西方美学史》上卷,第242页。

多少悲欢离合,终究必须是大团圆的喜剧结局,却缺乏表现苦难、痛苦、生死挣扎、反抗的命运悲剧。而林同济先生"恐怖"母题的提出,恰恰是对传统美学"中和之美"的和谐美的挑战,无论在形式和内容,"恐怖"母题强调的是不和谐、不均衡、不稳定,更突出的是主体与客体、人与自然、个体与社会、必然与自由的矛盾、冲突,尤其是生与死的冲突,这样在美的形态上更强调了崇高美和悲剧美,在艺术形式上,反对传统以和谐美为主调的山水画、花鸟画:"我看尽你们的画了——花鸟画、人物画、山水画……不是说山水画乃是你们独步人间的创作吗!诚然,你们的山水画有一道不可磨灭的功用——一种不可思议的安眠力!"反对"一味画春山,春山熙熙惹睡意",反对"斜风芍药、淡风梅枝",而力倡"描写暴风雪,暴风雪冽冽搅夜眠"和人的生命的痛苦、煎熬、挣扎、反抗的悲剧艺术。从和谐美到冲突美,从优美、壮美到崇高,从喜剧式大团圆到生命的悲剧冲突,标志着中国美学观念的近代化。

"狂欢"是林同济提出的第二道"母题"。

"狂欢"首先展示的是一种积健为雄、奋起抗争向生命悲剧挑战的人生态度,弘扬的是以饱满、旺盛的生命力量去征服生命悲剧。林同济认为,"狂欢"是从"恐怖"中诞生的,同时又是"恐怖"的对立、否定和超越。他说:"狂欢是恐怖的正对头,然而狂欢必生于恐怖",恐怖是生命意识到自身无法回避的必然命运——死亡,而狂欢则是对待生命悲剧命运的态度,在"恐怖"中:"那正是你看到人生最后深渊的刹那,六根颤,汗满身,血满面,你认定了生命是'无能'",但是在"狂欢"中,则是生命"踢开门,大步走出来,上走天,下大地,一片无穷舞蹈之场,挺着胸呼吸,不发抖,不怕什么,你把握着自家,你否认了恐怖",在扩展生命力量时,"你和宇宙打成一片,不!你征服了宇宙,要变成宇宙的本身"。这是一种对生命力量的提升,一种对主体的肯定。在

"恐怖"中,"是无穷压倒了自我",而在"狂欢"中,则是"自我镇伏了无穷",在这场生死的悲剧冲突中,"没尝过恐怖的苦味的,永远尝不到狂欢的甜蜜",但是生命与死亡的搏击,是一场"永远的斗争,没有'最后'两个字呵!每场恐怖必须创造出更高度狂欢,更高度狂欢必定要归结到更骇人的恐怖!"生命就是在不断地向悲剧命运、向死亡抗争中确证自身,这种永恒的抗争和征服本身就充满了一种悲壮的色彩。

其次,"狂欢"反对对生命悲剧的逃避、自欺、颓废和沮丧的人生态度,而力倡以乐观的审美的酒神精神面对生命悲剧。在这里林同济的"狂欢"母题渊源于尼采的酒神精神。尼采虽然和叔本华一样,看到了生命的悲剧性,但是他一反叔本华的悲观主义人生态度,反对他的鄙弃生命的消极遁退,而力倡一种直面苦难、奋起抗争的乐观的酒神精神:"甚至在生命最异样最艰难的问题上肯定生命,生命意志在生命最高类型的牺牲中为自身的不可穷尽而欢欣鼓舞——我称这为酒神精神。"①酒神(狄奥尼索斯)来源于古希腊原始的酒神祭礼,尼采认为祭礼上那种畅怀豪饮、情欲宣泄、疯狂歌舞的沉醉状态,构成了悲剧艺术的起源。尼采从中提炼出一种审美的人生态度,这种人生态度一方面强调生命不仅不应该回避苦难、险境和悲剧冲突,相反应该视之为锤炼、扩展生命的条件,尼采认为:"从生存获得最大成果和最大享受的秘密是:生活在险境中!在威苏维火山旁建筑你们的城市!把你们的船只驶向未经探测的海洋!在同旗鼓相当的对手以及同你们自己的战争中生活!"②另一方面则是以酒神祭礼那种"神圣的舞蹈"的沉醉来乐观地对待苦难的人生,对待悲剧性

---

① 尼采:《偶像的黄昏·我感谢古人什么》第5节,译文引自周国平:《尼采:在世纪的转折点上》,上海人民出版社1986年版,第60页。

② 尼采:《快乐的知识》第283节,译文同上,第62页。

的人生。

很明显,林同济的"狂欢"母题吸收了尼采的酒神精神,一方面强调在"恐怖"的生命悲剧中锤炼生命,扩展生命力量;另一方面,则取一种审美人生态度乐观地迎接生命悲剧和苦难。其中一是"舞蹈":"你脚轻,你手松,你摸着宇宙的节拍。你摆腰前蹈,你耸身入空,你变成一只鸟,一个驾翼的安琪儿,翩跹,旋转,摆脱了体重的牵连。"二是"音乐":"狂欢是铿锵杂沓,是锣鼓笙簧,是狼嗥虎啸,揉入了燕语莺歌,是万籁奋发齐鸣,无所谓节奏而自成节奏。狂欢是音乐,是交响曲的高浪头。"舞蹈的"耸身入空"意味着某种超越性①,交响曲象征着某种激昂亢奋、进取乐观、战胜悲剧的人生态度和信念。总之,在"狂欢"母题中,揭示的是生命力量对悲剧命运的不断反抗、战斗、挑战的刚性精神,是以乐观的审美的人生态度来对待一切苦难和不幸。

"狂欢"也是有感而发的。林同济说:"弟兄们,你们还晓得狂欢吗!唉,数千年的'修养'与消磨,你们已失去了狂欢的本领了!"在中国传统文化中,由于儒家过分强调中庸、平和、哀而不怨、乐而不淫、发乎情止乎礼的感性压抑,因此,中国一方面很少有西方那种酩酊大醉的酒鬼醉汉和放浪形骸的感性迷狂,但另一方面却使中国文化缺少一种不断冲创的创造性的生命活力,也就正如鲁迅所言,中国文化乃是一种"不撄"的文化。因此林同济"狂欢"母题的意义仍继承了鲁迅以来的五四传统,即弘扬感性生命活力。但是当林文将"生命的两大秘密"完全归结为"大酒醉"和"异性伴"时,则难免转向了纵欲主义的极端。

最后,林同济推出了第三道母题:"虔恪"。

那么,"虔恪"的真正涵义是什么呢?

---

① 关于对尼采"舞蹈"的论述,可参见周国平《尼采:在世纪的转折点上》,上海人民出版社1986年版,第65—66页。

第一，它是生命在经过了对悲剧苦难的体验——"恐怖"、生命的强力征服——"狂欢"之后才出现的，"弟兄们！不有恐怖，无由狂欢，不有恐怖与狂欢，也必定无由虔恪！你们要体验虔恪吗？先为我尝遍了一切恐怖与狂欢！"也就是说，从恐怖到狂欢再到虔恪，这是一个逻辑递进关系，而不是平行关系，也可以说是生命体验的深化。

第二，"虔恪"要求超越，对污垢的超越以求生命的圣洁："你们还需要斋戒，还需要洗澡——你们太不洗澡了！洗三日澡。""洗澡"象征着生命污垢的涤除，对喧嚣的功利世界的超越以求返璞归真："跟我步行，渡过水，翻过山，来到大荒之野，人世远，尘念消。"

第三，"虔恪"是一种生命最高境界，一种审美的最高境界。它与"恐怖"、"狂欢"不同，"恐怖是时空毁灭自我，时空下自我无存在"，也就是客体不断为生命主体制造障碍和悲剧；而"狂欢是自我毁灭时空，自我外不认有存在"，也就是生命主体对客体的突破、征服；而虔恪则是"自我外发现了存在，可以控制时空，也可以包罗自我"。在这种境界中，"虔恪"超越生命自我与时空客体的分裂、对立和冲突，而达到一种主体与客体、自我与时空、生命与宇宙的和谐合一，这恰恰是生命的最高境界，也是一种审美最高境界。在这种境界中，"你登时解甲投降，你邪念全消，你自认渺小，你不敢侵犯，不敢亵渎，你愿服从，愿信赖，愿输诚，愿皈依，你放弃一切盘问、请求，你把整个生命无条件地交出来，在兢兢待命之中，严肃肃屏息崇拜"！所以"虔恪"就是"神圣的绝对体面前严肃屏息崇拜"。

这个"绝对体"既不是专制皇帝，也不是圣人、宗教领袖，而是一种生命审美境界、一种生命本体。林同济以优美的语言描述这种境界："无边的黑色与岑寂正凝伫着整个的宇宙。蓦然间，东方之下，辐射出一阵紫红光浪，一层一层荡漾，好像一幅展开的罗裙,一个起舞的孔雀,倒撒天空,愈来愈艳。紧跟着,一轮黄金之球,地底涌出,庄严华丽,天后之容,上下四方,反映着都是光,都是热,都是颜色!你和我不由自主地张着口,呆着目,一齐站起来迎驾。万籁无声,一轮高耀——这刹那我们认识了她——绝对,这刹那我们严肃肃合掌皈依!这叫做虔恪!"这里仿佛描绘的是黑夜刚刚过去、黎明已经来临、朝霞和太阳升起的日出景观。其实,"天边的黑色"、"紫红光浪"、"起舞的孔雀"、"黄金之球"这一组意象喻示着一种融化于大自然的蓬勃向上的生命本体,"天边的黑色"正是"恐怖"母题中那种"时空压倒自我"的不幸、苦难的生命悲剧的象征,"黑色"正是那层生命悲剧的阴影。那"起舞的孔雀"正象征着"狂欢"主题下那种勇敢地面对悲剧,并以欢快乐观、舞蹈音乐般的审美人生态度战胜悲剧的酒神精神,生命之"孔雀"在与不幸、悲剧的抗争中,"倒撒天空,愈来愈艳"。"黄金之球"的涌出,象征着那个融化于自然中蓬勃向上的生命本体。在这种生命的最高境界中,"万籁无声,一轮高耀",生命之光普洒大地,每个人面对这种境界,引起一阵强烈的审美感受:"严肃肃合掌皈依!"

那么,"虔恪"母题的意义何在呢?林同济明确说道:"我访遍了你们的赫赫神州,还没有发现过一件东西,你们真正叫做神圣,叫做绝对之精!殿·庙·经·藏·天神·国家·女性·荣誉·英雄之墓·主义之花……在哪一个面前,你们真晓得严肃肃合掌?在哪一个背后,你们不伸出你们那秽腻的指头,哼出你们那虚无的鼻中笑?"在林同济看来,传统的崇拜,都不过是对生命之外在物的崇拜,无论是殿庙宗教崇拜,还是国家崇拜等等,都不过是外在于生命的异化力量,对这些外在物的崇拜只能导致生命本身的异化和否定。因此,林同济的"虔恪"恰恰是使传统的外在崇拜转变为对生命本身的礼赞,转化为对生命审美境界的追求,这就是其意义所在。

力与政治及其悲剧

战国策派是一个集褒贬于一身、含正反于一体的文化学派。它提出了相当多的独具一格的新思想、新问题,诸如力本体哲学,向生命悲剧挑战的"恐怖、狂欢、虔恪"母题,文化形态论等等,即使在今天看来,仍具有强烈的理论思想魅力。但是这个学派确又包含着很多消极思想,其中尚力政治的提出便十分典型。

"尚力政治"、"大政治"、"唯实政治"是战国策派交叉使用的几个概念。在 1940 年 4 月 15 日《战国策》第二期上发表的"本刊启事"明确强调:"本社同人,鉴于国势危殆,非提倡及研讨战国时代之大政治(High Politics)无以自存自强。而大政治例循'唯实政治'(Realpolitik)及'尚力政治'(Power Politics),大政治而发生作用,端赖实际政治之阐发,与乎'力'之组织,'力'之驯服、'力'之运用,本刊有如一'交响曲'(Symphong),以大政治为'力母题'(Leitmotif),抱定非红非白,非左非右,民族至上,国家至上之主旨,向吾国在世界上政治角逐中取得胜利之途迈进。"洪思齐、何永佶等人相继发表《大政治》、《论大政治》、《从大政治看宪政》诸文,从而掀起一股尚力政治思潮。

尚力政治的思想来源至少有两方面,其一是尼采的"强力意志"(Will to Power,旧译"权力意志",陈鼓应译"冲创意志",周国平译"强力意志"似更妥),尼采的"强力意志"本身就是一个可作正反多方面阐释的词汇,从正面来说,它包含着生命对自身的不断突破和超越的精神,强调生命的不断拓展、进取、奋发向上的人生态度,尼采更多的是取此意,但他也谈到"意志就是支配",那些具有强力意志的强者应该支配那些没有强力意志的"末人"或"弱者",因此尼采的强力意志的确包含着某种反民主的贵族主义精神,这种精神是战国策派尚力政治的一个思想来源;其二是中国从古便有的从政治角度理解力的传统,孟子便反对"以力服人"的霸道政治,而主张"以德服人"的王道政治,这里的"力"便不是感性生命的"力",而是"势力"或"实力"、"权力"。而且在19世纪末20世纪初的军国民主义思潮中,推崇铁血主义和日本武士道精神,其中既有外在感性生命力量成分(体质),也有武力、实力的政治军事含义。战国策派继承了这两大传统,当它把力本体哲学泛化到政治领域时,便完全背离了生命力量的意义,成为"势力"、"实力"、"强力"、"权力"的强权政治理论。

同时,尚力政治又服从于战国策派的文明形态理论体系。林同济根据斯宾格勒的文明形态史观而形成他们的一套理论,他们认为任何文明都经历了封建阶段、列国阶段和大一统帝国阶段,列国阶段包括春秋和战国两个时期,"战国时代"的根本含义就在于"战为中心"、"战成全体"、"战在歼灭",目前正处于这种"战国时代",因此必须培养一种"大力国主义"(Groat Powers)和尚力政治①,否则中国会像东方六国亡于强秦之下一样在二次世界大战中灭亡。

因此,战国策派的"尚力"政治便不是五四时期"个体生命"的感性启蒙,而是集体生命。林同济认为,从五四到抗战,必须从"个性解放的要求一变而为集体生命的保障",②而"尚力政治"则是对"集体生命"的保障手段。洪思齐强调:大政治的法则"是唯实政治和力的政治",其手段则是"战争和外交"③。从"尚力政治"出发,他们提倡"非道德"政治:"国际既没有公理、法律、

---

① 林同济:《战国时代的重演》,《战国策》第一期(1940年)以及《形态历史观》诸文。参见林同济、雷海宗:《中国文化与中国的兵》,岳麓书社,1989年版,第185—261页。

② 林同济:《廿年来中国思想的转变》,《战图策》第 17 期(1941年)。

③ 洪思齐:《释大政治》,《战国策》(上海版)第 3 期(1941年)。另外可参见何永佶:《论大政治》、《论国力政治》诸文,《战国策》第 2 期(昆明版),第 13 期。

道德,我们的算盘只有国家的利害,国际政治是'非道德的',一切幼稚的慈善观必须打破"①;提倡"国家至上、民族至上"的民族主义;推崇英雄崇拜的政治权威主义,重新阐释强权和武力……②我并不认为战国策派的这种尚力政治理论就如时下一些教科书所说的是一种法西斯主义理论,因为在民族存亡的危急时刻,提倡一种权威主义以形成国家的凝聚力、向心力,以组织涣散的民众并非没有必要。事实上,处于战争状态的非常时期,民族救亡似乎更多的是需要强有力的领袖、军营式铁的纪律约束和集团合作精神。然而历史的悖论就在这里发生了:中国文化要走出中世纪,首先面临着人的解放,从尚力思潮来看,就是以个性主义为基础的人的情感、意志的感性生命解放,以旺盛、蓬勃的生命力量冲破封建道德主义文化,而从民族救亡来说,又必须以"集体生命"优先,这样就势必倾向权威主义、倾向政治权力的集中化、倾向于"力"的政治化,战国策派尚力理论的二重性矛盾,深刻地体现了这种历史发展的悖论。最终,"力"的感性启蒙让位于"力"的政治化,尚力思潮从生命走向了尚力政治、强权政治,长达半个世纪的尚力思潮还没有完成近代感性启蒙任务,便这样悲剧性地结束了。

---

① 洪思齐:《释大政治》,《战国策》(上海版)第 3 期(1941 年)。另外可参见何永佶:《论大政治》、《论国力政治》诸文,《战国策》第 2 期(昆明版),第 13 期。

② 参见陈铨:《论英雄崇拜》,《战国策》第 4 期(昆明版)。贺麟:《英雄崇拜与人格教育》,同上第 17 期。

开 智 卷

严复提出了本文要阐述的第三个命题——"开民智"。

"开民智"是19世纪后期20世纪初期中国一个影响深远的口号。严复在《原强》篇中突出了"开民智"的重要地位,认为"三者又以民智为最急也"。严复所谓"开民智"包含着两个层面:措施层面,诸如"变通学校,设学堂,讲西学"以及"另立选举之法,别开用人之途"和"废八股、试帖、策论诸制科",各种教科书往往注重的是这个层面。而笔者所要评论的是其理性精神层面,这便是近代理性精神的重建,它主要突出了"即物实测"的科学实证精神、形式化、符号化的逻辑启蒙,强调怀疑精神,以真理优先于伦理,以弘扬理性主体("自"、"我")为核心,即所谓"自竭其耳目、自致其心思,贵自得而贱因人,喜善疑而慎信古","宇宙为我简编,民物为我文字"。这一理性重建,标志着近代知识分子自我意识的觉醒,理性的自我解放,它构成了近代人文精神的又一基本内容。

在现代西方哲学史上,人本主义思潮与科学主义思潮是两大对立并峙的哲学思潮。人本主义思潮突出人的非理性的意志、本能、生命和存在,并以此来抗衡理性主义和科学主义;而科学主义思潮则拒斥超验的形而上学,通过把数理逻辑这一现代科学工具引入哲学,从而把哲学的根本问题归结为语言的逻辑分析和语义分析,在这一科学主义派哲学看来,人本主义思潮的基本问题都不过是"形而上学"问题。但是在近代,无论是西方还是中国,理性重建与感性生命重建都不过是近代人文精神重建的两个侧面,并不存在这种现代意义上的深刻对立,二者基本上是统一的,相互补充的。研究西方文艺复兴时期的人文精神,我们不能离开两大"发现":自然的发现与人的发现,近代的"自然"实质上不过是理性科学观照征服的对象,"自然的发现"蕴含着的是人的理性的发现、科学的发现;而"人的发现"则是与上帝的彼岸世界相抗衡的人的感性世界、世俗的人的肉体和情欲的发现;同样,研究中国近代人文精神,我们不能只谈感性人的"力"的发现,同时也须研究人的理性重建问题。科学是人的理性的结晶,是人类思维的成果,近代中国对科学的推崇、弘扬,也就是对人的理性的弘扬,也就是对人类自身的自信。基于此,笔者认为,科学与理性是中国近代人文精神研究中一个重要而不可忽视的内容,只是随着科学本身的信仰化以及民族救亡问题的突出,理性启蒙便发生了转向。

理性的重建

"智"并不是一个近代概念,早在中国古典人文精神中如孔子《论语》中便有了"智"的明确意识,然而"智"在中国古典时代从来就没有成为一个独立的观念形态,而是附属于"仁",成为达"仁"的手段,"以仁统智"是古典人文精神的一个突出特征。只有到近代人文重建时,从康有为的"理气篇"、"仁智篇"到严复的"开民智",从梁启超主编《清议报》的宗旨"广民智,振民气"以及"开官智"、"开绅智"到革命派冯自由的《开智录》杂志等等,才激起了一股声势颇大的开智主义思潮,"智"的觉醒标志着近代理性重建的开始。

从"以仁统智"到"智"高于"仁"

"以仁统智"是中国传统哲学的一个基本特征,它主要是指:道德论高于知识论,善高于真,伦理高于认识,前者是目的,后者只是达到前者的手段,知识服务于群伦道德,对真理的认识不过是为了达到"返体归仁"的道德境界,这是中国泛道德主义的根本要求。

正如笔者在《通论卷》所论,孔子哲学是典型的"仁"学,"仁"是对血缘宗法伦常关系的哲学升华,强调所谓"仁者人也,亲亲为大"的血缘伦常关系,然后以"能近取譬"的方法,由己推人,由近及远,使"仁"从"亲亲"到"爱人",同时"仁者爱人"又以"克己复礼"为前提,"礼"是"仁"的外化、规范化和具体化,以礼来约束自己,才能"立人"、"达人"和成己成人,即所谓"忠恕絜矩之道"。"仁"作为最高规范统驭着"智",孔子虽然以仁、智并举:"知者乐水,仁者乐山。知者动,仁者静。知者乐,仁者寿"①,但是归根到底,还是"仁者安仁,知者利仁"②,也就是说,"知"(智)不过是利于"仁"的手段。在孔子看来,"知"是一个低于"仁"的范畴,"仁"是目的范畴,而"智"不过是手段范畴,目的统驭手段。这一以仁统智的传统,对后世产生了极大的影响。

《礼记·大学》中"格物致知"和宋明理学家们对此进行的阐释,便承续了这一以仁统智的传统而且推向了极端。

《大学篇》曰:"古之欲明明德于天下者,先治其国;欲治其国者,先齐其家;欲齐其家者,先修其身;欲修其身者,先正其心;欲正其心者,先诚其意;欲诚其意者,先致其知;致知在格物,物格然后知至。"

在这里,"格物致知"并没有独立的地位,这并不同于西方"爱智学"所谓"为知识而知识"的致知精神,即把知识本身当作追求目的的精神,而是将"格物致知"当作达到正心诚意、修齐治平的手段,也就是一种道德修养内圣外王的手段。这一点在宋明理学中更被推到极端。

宋明理学虽有朱熹客观唯心主义和王阳明主观唯心主义之分,然而在"以仁统智"即在道德论统驭知识论、善统驭真、伦理统驭认识上,却难分轩轾。

朱熹对格物致知的阐释,虽然是把人的道德修养奠立在知识(即物穷理)基础上,但他所谓"格物"并非近代所谓对物质世

---

① 《论语·雍也》。
② 《论语·里仁》。

界的观察实验,"穷理"更不是近代科学所谓对物质运动规律的考察,他强调的仍是内省直觉,"豁然贯通"而获得的道德良知,"大凡道理,皆是我自有之物,非从外得"①。而张载则明确将"知"分为"德性所知"与"见闻之知",前者以尽性功夫或道德修养为基础,后者不过是感官经验所得的知识,但是张载认为"德性所知"高于"见闻之知",也就是说,道德良知高于感官知识,程伊川也强调:"致知在格物,非由外铄我也,我固有之也。因物有迁迷商不知,则天理灭矣,故圣人欲格之。"②格物致知不过成为格除物欲而对天理良知的内在体验而已。王阳明"七日格竹而病生"之后才幡然悟道:"夫物理不外吾心,外吾心而求物理,无物理矣"③,于是便把"格物致知"归结为"一念发动"的顿悟良知,这样,"知"不仅从属于"仁",认识从属于悟道(伦理),真从属于善,而且从根本上将"仁"等同于"知",从而蕴含着对"知"(尤其是外在自然知识)的取消,只有对仁的体认才成了最高的智慧,于是到王学末流,就发展为对一切知识的鄙弃、排斥。"以仁统智"的传统走入了死胡同。

伴随着西学东渐尤其是科技知识在中国的广泛传播,"智"的觉醒便开始了。在近代,最早系统谈到"智"的大概要算康有为,他在1886—1887年撰写的《内外篇》中的《理气篇》、《仁智篇》突出了"智"的重要作用。康有为"智"的重新提出,既标志着新时代理性的萌芽,又保留了古典人文精神智不离仁的传统。

1882年康有为二十五岁时,他的理学老师朱次琦先生逝世,于是出游上海,"大购西书以归……自是大讲西学,始尽释故见"④,他开始接触到《万国公报》、《佐治刍言》和各种自然科学

---

① 《朱子语类》卷十七。
② 《语录》二五。
③ 《答顾东桥书》。
④ 《康有为自编年谱》。

知识,从这些知识中,他发现了一个新的世界,而《内外篇》正是在这种背景下完成的。因此,"智"的突出便与近代西方早期那种重视科学、弘扬"知识就是力量"的理性觉醒具有相同的逻辑起点。康有为认为,"智"是人类文明发展的根本条件,"人惟有智,能造作饮食宫室衣服,饰之以礼乐政事文章,条之以伦常,精之以义理,皆智来也",无疑也就是人的伦理道德"仁"、"义"、"礼"、"信"的前提条件:"物质有相生之性,在于人则曰仁;充其力所能至,有限制矣,在于人则曰义……为仁之后,有礼与信矣。而所以有此四者,皆由于智","智"被提到突出的地位;其次,康有为又认为,"智"是人与动物的根本区别,是人的本质所在:"人道之异于禽兽者全在智,惟其智者,故能慈爱以为仁,断制以为义,节文以为礼,诚实以为信";其三,认为"仁"、"智"互为体用:"就一人之本然而论之,则智其体,仁其用也。就人人之当然而论之,则仁其体、智其用也";最后,他对各个时代作了一个总结,认为"上古"时候"智"为重,三代之世"礼"为重,秦汉至今"义"为重,后此之世"智"为重,这种描述当然带有极大的主观色彩,但是他把"后此之世"视为"智为重"的时代,则体现了他对即将到来的知识时代、理性时代和科学时代的一种朦胧自觉。"智"在康有为哲学中获得了突出地位①。

但是,康有为哲学的过渡特征仍十分明显,仍然没有摆脱古典人文精神中以仁统智的历史传统,当他认为"仁"、"智"互为体用的时候,说明他在"仁"、"智"之间摇摆不定,当他说"人道以智为导,以仁为归"时,显然仍将"仁"作为最高目的,也就是说,"人道"的根本乃是通过"智"来导向最高目的"仁","智"仍然没有彻底摆脱"仁"而独立,反而是"仁与智所以成终成始者也"。

"智"的启蒙即理性启蒙,只有到严复这里才达到了真正意

---

① 以上引语均见康有为:《内外篇》中的《理气篇》、《仁智篇》。

义上的近代水平,严复在《原强》中突出了"开民智"的重要地位,认为德、智、力三者"又以民智为最急也",严复"开民智"思想既是对斯宾塞的智育思想的继承,又是对其思想的深化和创新。它包含着这样两个层面:作为措施行动层面指的是"变通学校,设学堂,讲西学"以及"另立选举之法,别开用人之途"和"废八股、试帖、策论诸制科";而作为精神层面,则指的是近代理性精神的重建,这种理性重建则是强调"即物实测"的科学实证精神,提倡逻辑启蒙,突出怀疑精神,以真理优先于伦理,"智"高于"仁",并且弘扬理性主体("自我"),即所谓"自竭其耳目,自致其心思,贵自得而贱因人,喜善疑而慎信古"和"宇宙为我简编,民物为我文字"①,它标志着近代知识分子自我意识的理性觉醒。

如果说康有为还徘徊于古典人文精神以仁统智与近代人文精神的理性重建的十字交叉路口的话,那么,严复则明确强调"智"高于"仁",真理高于伦理。严复认为,经过科学方法得到真理,"当此之时,所谓自明而诚(即'真'),虽有君父之严,贲育之勇,仪秦之辩,岂能夺其是非"②?也就是说并不因为君主、父母的伦常关系(善)就改变自己求真的信念,正是在这个前提下,严复多次引用亚里士多德的名言:"吾爱吾师柏拉图,然吾爱真理胜于吾师。"又说:"盖世间一切法,惟至诚(真)大公,可以建天地不悖,俟百世不惑,未有不重此而得为圣贤,亦未有倍此而终不改者也,使中国民智民德而有进今之一时,则必自宝爱真理始。"③这里至少具有三层意义:

第一,"真理"是属于认识系统的,而"吾师"则是属于伦常关系系统的,中国历来有所谓"天地君亲师"、"师道尊严"之说,

---

① 《严复集》第1册,第29页。
② 《严复集》第2册,第282页。
③ 严复:《群己权界论·译凡例》。

"师"是伦常关系网中的一个特定环节。如前所论,中国的传统是伦理高于认识的,蔡尚思亦曾认为,在中国,学生向老师求知是不许随便问难的,在孔子那里就形成了这样的传统:"樊迟请学稼圃……则诋为小人也,子路问鬼神与死……则以事人与知生拒绝之,宰我以三年之丧为久……则责其不仁,宰我、樊迟、子路之被呵斥,不敢申辩,犹曰此陈述异端邪说也"①,当"真理"与"师"发生矛盾时,真理只能让位于师,认识只有在确证伦理时,才有其自身存在的价值。所以张岱年先生说:"中国哲人认为真理即是至善,求真乃即求善,真善非二,至真的道理即是至善的原则。"②不过其次序则是至善高于至真。但在严复看来,认识不仅要与伦理分离(详下文),而且必须确立认识的优先地位,真高于善,所以严复强调"于学术则黜伪而崇真",强调"爱真理甚于爱吾师",后来在 1901 年当章太炎面对着"真理"(反清革命)与"吾师"(俞樾)的矛盾冲突时,章太炎毅然以轰动一时的《谢本师》而与老师决裂,从实践上确认了严复提倡的"爱真理甚于爱吾师"的信念。"真理"在近代中国开始获得高于伦理的地位。

第二,一旦确立这种"建天地不悖、俟百世不惑"的"至诚大公"的真理信念,追求真理的人格就高于个体完善的人格。在古典时代,最受崇敬的是"太上立德"的圣贤,但是到近代,人们更推崇追求真理的科学家,康有为对追求真理锲而不舍的哥白尼、伽利略、牛顿要"尸祝而馨香之"③,显示着真理的人格力量,严复对此更是推崇不已:"故欧洲科学发明之日,如布卢奴(布鲁诺)、葛理辽(伽利略)等,皆宁受牢狱焚杀之酷,虽与宗教龃龉,

---

① 蔡尚思:《中国传统思想总批判》,湖南人民出版社 1981 年版,第 54 页。
② 张岱年:《中国哲学大纲》,中国社科出版社 1982 年版,第 7 页。
③ 康有为:《诸天讲》卷 2《地篇》。

不肯取其公例而勿之也。"①为真理献身的价值高于为伦理献身（杀身成仁）的价值。

第三，"必自宝爱真理始"，则意味着把体现人类理性精神的科学摆在首位："非为数学、名学，则其心不足以察不遁之理，必然之数也，非为力学、质学，则不知因果功效之相生也"②，真理恰恰是对宇宙自然的"不遁之理"、"必然之数"的客观探求。

这种"智高于仁"，真高于善的价值取向还突出地体现为近代理性的重建。

近代理性精神的重建

在康德批判哲学体系中，理性被分为"纯粹理性"和"实践理性"，前者属于认识论领域，科学本身就是一种对自然的认识，因此也属于纯粹理性领域，后者则属于伦理道德领域。因此本书所谓"近代理性的重建"意指从传统的"实践理性"（伦常道德）的泛道德主义束缚中解放出来的"纯粹理性"的重建，它主要体现为近代自然本体的探求，近代认识论的诞生和理性主体（"自我"、"心力"）的确立，而这一切又首先反映为近代知识结构的转换。

第一，从传统知识结构到近代知识结构的转换。知识结构属于主体能力结构中的信息系统，它对于主体思维方式的改变起着一种先导的媒介作用。要塑造具有主体自我意识的近代人，必须具有一定合理的近代知识结构。为了更好地了解近代知识结构的转换，我们不妨通过两种知识结构模式进行比较：

第一种是曾国藩模式。直到新中国成立前，曾国藩一直是作为"立德"、"立功"、"立言"三不朽的"完人"而被优礼崇奉的。在他的《家书》中，他曾为其弟开列如下"课程"：

---

①② 《严复集》第 2 册，第 282 页；第 1 册，第 7 页。

主敬：整齐严肃，无时不惧。无事时心在腔子里，应事时专一不杂。

静坐：每日不拘何时，静坐一会，体验静极生阳来复之仁心。正位凝命，如鼎之镇。

早起：黎明即起，醒后勿沾恋。

读书不二：一书未点完断不看他书。东翻西阅，都是徇外为人。

读史：二十三史每日读十叶，虽有事不间断。

写日记：须端楷。凡日间过恶，身过、心过、口过，皆记出。终身不间断。

日知其所亡：每日记茶余偶谈一则。分德行门、学问门、经济门、艺术门。

月无忘所能：每日作诗文数首，以验积理之多寡、养气之盛否。

谨言：刻刻留心。

养气：无不可对人言之事。气藏丹田。

保身：谨遵大人手谕：节欲、节劳、节饮食。

作字：早饭后作字。凡笔墨应酬，当作自己功课。

夜不出门：旷功疲神、切戒切[①]。

所谓"主敬"、"静坐"、"谨言"、"养气"、"保身"、"夜不出门"旨在修身养性，其他几项看、读、写作才算"致知"知识。从这里可以窥见知识结构之一斑。在曾国藩给曾纪泽的信中，"读书之法，看、读、写、作，四者每日不可缺一"。"看"的项目有：《史记》、《汉书》、《近思录》、《周易折中》之类；"读"的项目有：《四书》、《诗》、《书》、《易经》、《左传》诸经，《昭明文选》、李杜韩苏之诗、韩欧曾王之文；"写"的项目有：真行篆隶；"作"的项目有：四书文、

[①] 《曾国藩家书》（一），岳麓书社1985年版，第49页。

试帖诗、律赋、古今体诗、古文、骈体文①。

这个传统知识结构模式在严复《救亡决论》中,一概被斥之为"无实"、"无用",而严复则在《原强》和《西学门径功用》中两度提供了一个崭新的知识结构模式,《西学门径功用》更完备、更有代表性,他把这个模式分为"玄学"、"玄著学"、"著学"三类,他说:"玄学一名二数,自九章至微积,方维皆丽焉,人不事玄学,则无由审必然之理,而拟于无所可拟……玄著学,一力,力即气也。水、火、音、光、电磁诸学,皆力之变也;二质,质学即化学也,力质学明,然后知因果之相待。"然而还不够,因为"玄著学明因果,而多近果近因,如汽动则机行,气轻则风至是也,而无悠久繁度之事,而心德之能,犹未备也,故必受之以著学,著学者用前数者之公理大例而用之,以致专门之物者也,如天学,如地学,如人学,如动植之学,非天学无以真知宇之大,非地学无以真知宙之长,二学者精,其人心犹病卑狭鄙陋者,盖亦罕矣!至于人学,其蕃犹明,而于人事至近",还要加上"生理之学……而分之则体用学、官骸学是也,又必事心理之学……而后终之群学。群学之目,如政治、如刑名、如理财、如史学……凡此云云,皆炼心之事,至如农学、兵学、御舟、机器、医药、矿务,则专门之至溢者……"②,若简化一下,严复模式大致如下:

玄学:名学(逻辑学)、数学;

玄著学:力学、质学(化学);

著学:天学、地学、人学(生理学、心理学);

群学(社会学):政治、刑名、理财、史学;

专门之学:农、兵、御舟、机器、医药、矿务……

曾国藩模式是道光二十二年(1842年)、咸丰八年(1858年)

---

① 《曾国藩家书》(一),岳麓书社1985年版,第406页。
② 《严复集》第1册,第94—95页。

在家信中提出的,虽已进入近代,但这个模式并没有近代痕迹,加之曾氏是近代大理学家,因此作为传统知识结构模式颇具代表性,而严复模式则是光绪廿一年、廿四年(1895、1898年)提出的,前后相差半个世纪左右,却是两种迥然相异的知识结构:第一,曾模式里,伦理(修身养性)与知识没有分离,"主敬"排在首位,可见伦理高于知识,严复模式则完全清除了伦理的干预,树立了知识的权威,并且使知识纯粹化、科学化和系统化;第二,曾模式从内容上没有超出经史子集,从形式上全是书本上学问,严模式从内容则基本囊括了人文学科、社会科学和自然科学,从形式上摆脱了单一的书本知识,走出书斋,融社会、宇宙大自然于一炉,强调的是向外探求的自然科学;第三,曾模式在方法上,重视的是"看"、"读",死记硬背,"夸多识",严模式强调科学方法(名、数),重"因果必然之理","尊新知"。

严复模式奠立了中国最早的完备而系统的近代知识结构模式,标志着中国知识结构的近代化的开始。

第二,从伦理本体论走向自然本体论。我们知道,在世界文明的"轴心时代",古希腊哲学家的哲学重心首先是宇宙世界万物的本体、始基或本原,他们或归结为"水"(泰勒斯),或归结为"数"、"火"(如毕达哥拉斯、赫拉克利特),或归结为"原子"(德谟克利特),总之,他们寻求的是一种"自然本体"。然而在中国,虽然哲学家们往往把宇宙世界的本体归结为"气"(至于"金木水火土"五行则不属于自然本体论而是附会于政治,成为一种五行相生相克的神秘的循环政治理论),但是正如笔者在《尚柔反力的养生型文化》一章所分析的,"气"在中国古典时代并不纯然为一种自然物质,而是伦理精神与物质相混合的统一体,而且以"气"作为本体的宇宙自然完全是以社会人伦为依归的,"天人合一"的意义就在于使自然宇宙服务于伦理本体,这就如同李泽厚在概括宋明理学时所言:"无论是格物致知,或知行合一的认识论,无论是'无极'、'太极'、'理'、'气'等宇宙观世界观,实际上都只是服务于建立这个伦理本体,并把它提到'与天地参'的超道德的本体地位。"①中国文化的本体论不同于古希腊的自然本体论,而是一种典型的伦理本体论。

到了近代,随着大量自然科学知识的传入,本体论在戊戌时期开始了一个重大的转型,那就是从伦理本体走向自然本体,戊戌思想家仿佛是在补古希腊哲学家探求自然本体的一课,开始用"以太"、"电"、"阿屯"等概念来改造传统本体论。

谭嗣同将宇宙万物的始基归结为"细胞":"天地万物之始,一泡焉耳,泡分万泡,如熔金汁,因风旋转,率成园地,日又再分,遂得此土。"②描绘了一番从细胞到人类的进化历程,而且这种进化的根本动因归结为"以太":"日新乌乎本?曰:以太之动机而已矣"③。唐才常则把宇宙世界的本体归结为"质点"(元素):"天无天,分寄于地球所有之质之点之谓天,天无质无点,分质点于地球所有六十四元质暨引线面之无数点而为千万亿兆恒河天",又说:"六十四元质配成世界万物"④。章太炎在1899年写的《菌说》篇,认为世界的本原是"阿屯"(atom原子):"凡物之初,只有阿屯,而其中万殊,各原质皆有欲感去就,欲就为爱力、吸力,恶去为离心力、驱力……而相易相生相摩,渐以化为异物。"⑤

在近代西方,人们的思维能力不是像古希腊时代那样把宇宙的本体直观地归结为某种特殊的物质(如"水""火"),而是可以高度抽象地概括为具有"客观实在"的"物质"(如机械唯物主

---

① 李泽厚:《中国古代思想史论》,人民出版社1984年版,第220页。
②③ 《谭嗣同全集》(增订本)(下),第330、319页。
④ 唐才常:《质点配成万物说》,《唐才常集》,中华书局1980年版,第66—67页。
⑤ 《章太炎选集》,上海人民出版社1981年版,第62—63页。

义),加之近代科学的长足发展,于是哲学的重心已经从古希腊那种本体论的探求转化为认识论的研究。也就是说,古希腊哲学首先需要了解自然世界"是什么",但是到近代,"是什么"的问题已经不成其为问题,而要探求的是"如何可能"的问题即人类如何才能认识自然、认识世界,这样便产生了以主客体分离为前提,以概念把握为手段的近代认识论。但是在中国,由于没有出现一个像古希腊那种以天人分离为前提的自然本体论的直观阶段,也就是说还没有了解自然世界"是什么"的问题。因此,近代理性重建首先要进行的便是探究"是什么"问题的补课,然后才是探讨"如何可能"的问题。某些论者往往批评近代中国思想家这种本体探讨的直观性,却恰恰忽视了另一个问题:走向自然本体(尽管是直观地走向)是中国走出天人合一的伦理本体、走出中世纪和哲学近代化的一个重要标志。

第三,近代认识论与方法论的产生。如果说康有为、谭嗣同突出了本体论探求的特点的话,那么,严复则与西方近代哲学潮流保持着同步性,侧重于认识论方面,尤其是经验派的认识论,而胡适则更多地强调方法论方面。

金岳霖先生曾经说过:"中国哲学的一个特征,可以称为逻辑和认识论观念的不发达。"①这突出体现为认识论依附于伦理学,认识论只是达到道德完善的手段,从孟子的良知良能到王阳明的致良知都无不归结为一种对先验道德的体悟。而近代西方哲学则是以主客体分离为前提,以概念把握为手段的认识论。以此而论,中国哲学只有到严复,才开始有了主体与客体、本体与现象的自觉而又明确的分离,才有了近代意义上的认识论和方法论。严复哲学由于主要是吸收了英国从培根、洛克到穆勒的经验派实证主义传统,因此他从根本上拒斥超验的形而上学,

---

① 金岳霖:《中国哲学》,载《哲学研究》1985年第9期。

并为人的认识能力划下一条界线,他说:"窃尝谓万物本体,虽不可知,而可知者止于感觉……(时空中)有其井然不纷秩然不紊者……为自然之律令…亦尽于对待之域而已。是域而外,固无从学,即学之,亦于人事无涉也。"①他将对象世界划分为"本体"与"对待之域"(现象界),并认为人类认识能力只能达到后者,至于自在本体,由于在人的感觉之外,因此只能置于形而上的领域存而不论。哲学界通常据此指斥严复从唯物主义滑到唯心主义不可知论。实际上,不可知论有两种形式,一种是否认人类认识能力有可能达到真理的绝对不可知论;另一种不可知论乃是要为人类认识能力进行划界,它反对那种无限夸大人类认识能力的"理性的僭妄",这种不可知论并不悲观,但是立足于经验领域,而对一切没有充分证据的超验事物则持存疑态度。严复以"迷信"为例:"迷信者,言其必如是,固差;不迷信者,言其必不如是,亦无证据。故哲学大师如赫胥黎、斯宾塞诸公皆于此事谓之Unknowable(不可知),而自称为Agnostic(不可知论者)。盖人生智识至此而穷,不得不置其事于不论不议之列"②,这就很明白地宣示了不可知论的含义乃在于对没有证据的超验事物持存疑态度——"不论不议",这对于刚刚步入近代的中国来说,仍然不失为一种科学启蒙,所以后来胡适干脆将之译为"存疑主义",似更妥当。其次,严复引进了经验派洛克的著名观点"白板说",他说:"心体为白甘,而阅历为采和,无所谓良知者矣。"③人的心灵就如一张白纸,而阅历则如在白纸上作画,这个观点在当代看来就显得陈旧而过时了,因为皮亚杰的发生认识论观点告诉我们,任何认识都只能是主体以其特定的心理图式去建构客体,认

---

① 《穆勒名学》部甲按语。
② 《严复集》第3册,第825页。
③ 《穆勒名学》部乙篇六按语。

识是主客体的双向选择和建构,心灵在认识之前并非白板。但是严复引进"白板"说在当时的意义就在于,既然人心是一块白板,那么当然就不存在孟子或王阳明所谓道德良知,这样就从根本上把道德良知从认识论中驱逐出去,使中国理性摆脱伦常道德而走向独立和纯粹化,从而保证了认识论对伦理学的独立性。而近代方法论的产生则从严复对归纳逻辑(也包括演绎逻辑)的引进开始,到胡适,则其哲学重心便是实验主义方法,并且将近代方法论直接运用于学术领域从而使中国学术逐渐纳入到近代化轨道。后面几章将有评论,此略。

近代认识论和方法论的产生,标志着中国思维方式开始近代化,也就是从那种道德良知的泛道德主义体悟式的致思方式和崇圣崇古的经学思维方式开始向近代实证归纳的逻辑化思维方式过渡,进而思维方式的转型,最后便导致近代理性主体的确立。

第四,理性主体的确立。近代理性主体性的确立突出体现为对"心力"、"自我"与思想自由的自我意识的弘扬。

康有为把主体性提到救亡的高度:"欲救亡无他法,但激励其心力,增长其心力"①,而增长"心力"的办法则是"勉强为学,务在逆乎常纬"②,即敢于向正统观念和习俗常规挑战,康有为以其惊世骇俗的《新学伪经考》与《孔子改制考》实践了这一"逆乎常纬"的思想。谭嗣同的《仁学》也强调"心力"的作用:"心力可见否?曰:人之所赖以办事者是也"③,梁启超也曾和严复一样呼吁"鼓民力",而其中的民力则包括心力、胆力和体力。严复哲学的基本倾向虽是英国经验论,但也借介绍黑格尔哲学来弘

---

① 《戊戌变法》(四),第412页。
② 康有为:《长兴学记》。
③ 《谭嗣同全集》(增订本)(下),第363页。

扬主体意识:"欧洲之言心性,至迪迦尔(Descartes)而一变,至汗德(Kant)而再变……汗德所以为近代哲学不祧之宗者,以澄澈宇宙二物,为人心之良能,其于心也,犹五官之于形干,夫空间、时间二者,果在内而非由外矣……黑格尔本于此说,故惟心之论兴焉",他解释黑格尔学说时指出:"主观心者(Subjective mind),就吾一人而得之者也,黑格尔曰:人之所以为人,心;心之德,曰知觉、曰自由。"①我们知道,黑格尔哲学主要是改造了斯宾诺莎的实体学说和费希特的"自我意识"而发展为"绝对精神",强调自我的能动作用,要求使自我意识成为一种创造性本源,不仅创造主体而且外化为客观世界,为近代中国弘扬心力主体意识提供了思想来源,严复将"心之德"释为"知觉"与"自由",实质上就是指向人的理性自由。

而理性自由首先便是对一切外在专制束缚、思想禁锢的否定。梁启超就曾认为中国人"脑质之思想,受数千年古学所束缚,曾不敢有一线之走开,虽尽授以外国学问,一切普通学皆充入其记性之中,绝不过如机器砌成之人形,毫无发生气象……故今日而知民智之为急,则舍自由无他道矣"②。梁启超提倡"异言"、"异想"的理性自由,首先就强调破除对孔子的迷信,他认为孔子并不比今人高明多少,"若必一一而比附之纳入之,然则非以此新学新理厘然有当于吾心而从之也,不过以其暗合于我孔子而从之耳,是所爱者仍在孔子。非在真理也"③。梁启超号召"勿为古人之奴隶","勿为世俗之奴隶"④,以自我主体为核心:"我有耳目,我有心思,坐今日文明灿烂之世界,罗列中外古今之

---

① 《严复集》第 1 册,第 217 页。
② 《梁启超选集》,第 137—138 页。
③ 《保教非所以尊孔论》,《饮冰室合集》文集之九。
④ 《新民说·论自由》。

学术,坐于堂上而判其曲直"①,梁启超对主体性的弘扬,几乎走向"唯我主义"的意志论倾向。到新文化运动时期,陈独秀在《东西民族根本思想之差异》中更明确指出:"自唯心论言之,人间者,性灵之主体也;自由者,性灵之活动力也。自心理言之,人间者,意思之主体;自由者,意思之实现力也。"②"性灵"、"意识"均为个体主体性的体现,而其实现力则是"自由",但"自由"首先是以"自我"为基础的:"人间百行,皆以自我为中心,此而丧失,他何足言。"③

以自我为核心的理性主体性的确立,是近代理性精神重建的根本标志,近代思想家们将一切诉诸自己的理性与良知,来推倒束缚、压抑人们思想的一切政治和意识形态权威,这就如同马克思在评价法国启蒙思想家时所指出的:"在法国为行将到来的革命启发过人们头脑的那些伟大人物……他们不承认任何外界的权威……一切都受到了最无情的批判,一切都必须在理性的法庭面前为自己的存在作辩护或者放弃存在的权利,思维着的悟性成了衡量一切的唯一尺度。"④经典作家似乎也为中国近代理性精神的重建作了最恰当的评价。

---

① 《保教非所以尊孔论》,《饮冰室合集》文集之九。
② 《独秀文存》,安徽人民出版社1987年版,第28页。
③ 陈独秀:《一九一六年》,《新青年》1卷5号。
④ 《马克思恩格斯选集》第3卷,第404页。

怀疑思潮的兴起

在世界文化史上,怀疑论思潮往往发生在历史转折时期,在旧的制度体系开始衰落,旧有文化传统已经丧失生命活力,而新的价值体系尚未建立时,人们处于一种价值迷茫的真空时代,一部分人对整个世界、人生丧失了信心,于是产生了悲观消极的普遍怀疑的思想(如希腊化时期);另一部分人需要清除旧文化而重建新文化,他们也需要以怀疑作手段(如西方近代早期),这是一种积极怀疑思想。中国近代恰恰是这样一个时期:一方面是以儒家文化为代表的传统文化在"船坚炮利"的西方文化碰撞冲突中呈现出衰颓之势,另一方面新的文化体系又有待重建。于是,在近代便产生了一股积极怀疑批判思潮,它大致可以概括为这样两个层面:一个层面是对西方怀疑论思想的引进,主要是笛卡儿的怀疑论和赫胥黎的"存疑主义";另一层面则是对传统文化的怀疑批判,也就是从康有为的"疑经"到古史辨派的"疑史"。这一股怀疑批判思潮的意义就在于,打破了传统经学独断论,冲击了封建专制思想禁锢和崇古崇圣的封建传统,对于解放思想起了极大的作用。

从理性怀疑论到实证存疑论

西方的怀疑主义哲学大抵有两类：消极怀疑论与积极怀疑论，前者可以希腊化时期的皮浪和近代休谟为代表，这一派为怀疑而怀疑，以怀疑为目的从而对人类认识能力丧失了信心。皮浪说过："万物一致而不可分，因此我既不能从我们的感觉也不能从我们的意见来说明事物是真的或者是假的。"①消极怀疑论的归宿常常是虚无主义、悲观主义和不可知论。

而积极怀疑主义可以法国近代哲学家蒙田和笛卡尔为代表②，主要是用怀疑作手段来清除一切偏见和不确定的东西，从而找到一个明白清晰确实可靠的开端或起点。近代最早具有这种怀疑精神的当推法国的蒙田（Montaigne 1533—1592），他认为，真正的知识必须以人对自己的认识为基础，但这一点难以确定，一切知识源于不可靠的感觉，那么建立在不可靠的感觉基础上的理性认识同样也不可靠。但蒙田的怀疑论并不否定人类认识能力，他只是把怀疑作为批判武器直指经院哲学，在他怀疑一切时，他说："我相信我的一切力量。"③但真正影响到中国近代思想界的怀疑批判思想则来自笛卡尔（Descartes 1596—1650），笛卡尔认为：要建立知识体系，必须运用演绎方法，这样首先得确定演绎系统的大前提，而大前提是不能在现有的各种观念和原理中加以确定的，他认为一切现有知识甚至上帝的存在都是值得怀疑的，"要想追求真理，我们必须在一生中尽可能把所有的事物来怀疑一次"④。但他坚决反对消极怀疑主义，法国年鉴

---

① 《古希腊罗马哲学》，第341页。
② 马克思也曾把"怀疑一切"作为自己的座右铭。
③ 转引自车铭洲：《中世纪经院哲学概论》，天津人民出版社1980年版，第196页。
④ 笛卡尔：《哲学原理》，商务印书馆1959年版，第1页。

学派文化史专家乔治·杜比(Georges Duby)和罗伯特·曼德鲁(Robert Mandron)曾指出,为了不走向消极怀疑主义,"笛卡儿提出了最一般原理(第一原理):那些敢于怀疑他周围的一切、自身和上帝的人,必须尽快摆脱这种怀疑",正如同"有时在森林里迷路,既没有指南针,又没有其他办法……那么最好的办法是不能忘记在出发点的鲁莽","只要找到'我思'这个摆脱迷路的出发点,笛卡尔就找到了一切"①,笛卡尔正是从"我思故我在"的"第一原理"推论出上帝存在、两个世界和整个知识体系。

笛卡尔是近代西方大陆理性派的始祖,他的怀疑论实质上是以"我思"为基点的理性怀疑论,表现出人类理性精神的极大自信,这和下面将要介绍的赫胥黎的"存疑主义"实证怀疑论构成了怀疑论思潮的两翼。

严复大概是第一个介绍笛卡尔哲学的中国思想家,他在《天演论》中把笛卡尔哲学称为"尊疑之学"或"疑古之学",并比较系统地介绍了笛卡尔哲学。

首先,他介绍了笛卡尔少年时代的怀疑精神:"少羸弱,而绝颖悟,从耶稣会神父学,声入心通,长老惊异,每设疑问,其师辄穷置对"。其次,他认为笛卡尔的"尊疑之学"矛头所指乃是中世纪宗教和经院哲学,他说,笛卡尔"目睹世道晦盲,民智僿野,而束教囿习之士,动以古义相劫持,不察事理之真理。于是倡尊疑之学,著《道术新论》,以剽击旧教"②,又说:"法人特嘉尔德首倡疑古之学,悉破前古教宗及亚里大德等沈痼主张之说,独师心知。"③宗教是一种典型的独断论,它以信仰代替理性,以上帝排斥自我,尤其是中世纪经院哲学把古希腊亚里士多德哲学加以

---

① Georges Duby, Robert Mandron. Histoire dc la civilisation francais Vol. II. Armand Colin, 1976, P. 30.
② 《天演论》卷下,论九真幻按语。
③ 《严复集》第 5 册,第 1455 页。

神化而排斥其他异端思想,用柏里(J. B. Bury)的话说:"在中世纪:理性在坐牢"①(Reason in Prison：The Middle Ages),在严复看来,笛卡尔"尊疑之学"的作用便在于冲破这层压抑理性的"牢狱",使理性得以解放出来。第三,严复认为,笛卡尔哲学从根本上是要通过怀疑而扫除一切理性的障碍,从而为了建立一个坚实可靠的基础,他说:"学如建大屋然,务先立不可撼之基,客土浮虚,不可任也,掘之穿之,必求实地。"而哲学的"不可撼之基"和"实地"显然不能以不可靠的古人知识作基础:"今者吾生百观,随在皆安,古训成说,弥多失真,虽证据纷纶,滋偏蔽耳",因此前人的知识"古训成说"必须置入怀疑之列,那么人的观念能否作为始基呢？这本身也值得怀疑:"借思求理,而诐谬之累,即起于思,即识寻真,而逃罔之端,乃由于识","思"、"识"作为观念往往也是不可靠的,因为这些观念来自于人的感官,"事迹固显然也,而观相乃互乖,耳目固最切也,而所告或非实","耳目"等感官所得的感性经验("观相")也往往因人而不一,因此也是不可靠而值得怀疑的。那么什么是不可怀疑的呢？严复说:"举毕生所涉之涂,一若有大魅焉,常以荧惑人为快者？然则吾生之中,果何事焉,必无可疑,而可据为实乎？原始要终,是实幻者,惟意而已。"这就是说,一切都是值得怀疑的,唯有"意"("我思")这一事实是无可怀疑的,严复以一枚"圆赤石子"为例,这一石子具有圆、赤、坚、一"四德"(四种属性),虽然我认识的四种属性不一定就是这一石子的性质,这还值得怀疑,但我清楚地知道"我在认识这一石子"这个事实却是无可怀疑的。由"我在认识"这一"意"无可怀疑,可推知我作为思想的主体是存在的:"积意成我,意自在,故我自在,非我可妄,我不可妄,此所谓真我者

---

① J. B. Bury. *A History of Freedom of thought*. Part Ⅲ. Oxford University Press,1952.

也",这就为知识找到了一个自明清晰的可靠基点,所以严复说:"惟意可知,故惟意非幻。此特嘉尔德积意成我之说所由生也。"①从"意"推出"我"的存在从而确立了自我意识的地位。

几年后,梁启超发表《近世文明初祖二大家之学说》②,更详细地介绍了笛卡尔学说,尤其推崇其怀疑精神。

首先,和严复一样,梁氏认为笛卡尔的怀疑思想是对中世纪神学和经院哲学的冲击,他说:"笛卡尔以前,宗教之焰极张,凡宗教皆以起信为基者也。"信仰是宗教的基础,后来经院哲学"视希腊先贤言论如金科玉律,莫敢出其范围,此皆束缚思想自由之原因也",而"笛卡尔起,谓凡学当以怀疑为首,以一扫前者之旧论,然后别出其所见,谓于疑中求信,其信乃真",怀疑是对神学独断论的打破,怀疑本身只是达到"求信"的手段。

其次,梁启超从"意识"与"智识"(知识)的区别强调"自审自疑"的"方法之怀疑"。他说:"笛卡儿以为断事理者,意识之事也;见事理者,知识之事也。意无涯而智有涯。"也就是说理性与感官不同,前者主判断,后者提供有限的感觉知识。他进而指出,感官就如同镜子一般,只能摄取事物所显示的部分,感官知识("智识")和这"照镜"原理一样,因此"知识之区域本甚狭而有所限制",但正因为有限,"其致迷谬也亦寡",而意识"则区域甚博,且甚自由而无限者也",这样当感官知识照察不到的地方,意识便"常躁进而辄下判断,是其所是,非其所非",意识便常突破"智识"的范围,而一切迷谬,乃"缘之而起"。因此,怀疑主义就要求"不悖智识、不滥用意识",也即是"自审自疑不遽下判断",当一事物"触照于吾智镜"时,必须自审:"吾知识之所受,果能合于外物之真相乎?"梁启超极力推崇笛卡尔的"自疑"思想:"笛卡

---

① 以上引文均见《天演论》卷下,论九真幻按语。
② 《饮冰室合集》文集之十三。

尔以为学者苟能常以此自疑,则于此疑团之中,自含有可以破疑之种子。"因此梁启超将这种"不遽下判断"的怀疑称为"方法之怀疑"或"故意之怀疑"。

第三,梁启超极力推崇笛卡尔的"我能思故,是故有我"的第一原理,认为可以"使我之智慧能独立不倚,而保其自由者也",因为有了这种思想自由,则可于"所见分明者取之,不然者舍之,可疑者疑之,不知者阙之"。梁启超将"我思"视为一种"所有权"神圣不可侵犯"非外物所得而强也",并将笛卡尔的理性主义方法概括为"三段":"一曰剖析,二曰综合,三曰计数"。

我们知道,笛卡尔哲学体系包括形而上学、物理学和各门具体科学三大部分,而严、梁显然只引介了形而上学部分,而在这个部分中最感兴趣的又只是他的普遍怀疑思想、自我意识和理性方法,至于其中对上帝的论证等方面就基本上舍弃了。这就如同梁启超自己所言:"笛卡尔所言良智之说、灵魂之说、造化之说、世界庶物之说,皆精深博大,巍然成一家言……以其义太闳远,不适于吾国人今日之研究,故暂阙如,以待来者。"① 按照西方现代"接受"理论可知,任何文化传播,都只可能是根据接受者的文化心理结构、知识结构、兴趣、需要等"接受视野"而进行选择的结果,严复、梁启超突出笛卡儿的怀疑论和自我意识,显然是将之作为一种走出中世纪、重建近代理性精神的武器。因为中国的文化传统特别缺少"怀疑"传统,从孔子所谓"述而不作、信而好古"和所谓"君子有三畏:畏天命、畏大人、畏圣人之言"起,便似乎开始了这样一个以语录注释为手段、以阐发先师圣贤的微言大义为使命的经学、儒学传统,这种传统也就是"以孔子之是非为是非"、"以古人之耳目为耳目"的崇古崇圣传统,实际上是以信仰代替自我理性。而笛卡尔则是恢复理性的主体地

---

① 《饮冰室合集》文集之十三。

位,排除干扰理性、遮蔽灵明的各种偏见,强调自我反省、自我怀疑同时又自我确信;笛卡尔哲学使人看到了自己的尊严,看到了人的自身价值的提高,使人意识到自己的自由的天性,意识到自己在中世纪经院哲学旧文化氛围中的屈辱地位,这一切恰恰是严梁们批判经学传统文化所需要的。所以严复接过了笛卡尔精神,提倡自竭耳目、自致心思,提倡"贵自得而贱因人、喜善疑而慎信古"精神。梁启超也借笛卡尔哲学"一洗奴性,而使人内返本心,复其固有之自由"以破学界之奴性,梁启超认为学者之大患,莫甚于不自有其耳目,不自有其心思,而以古人耳目、心思代之,因此他理直气壮地指出:"无论大圣鸿哲谁某之所说,苟非反诸本心而悉安者,吾不敢信也。"梁启超正是借怀疑论思想倡学术自由:"第一,勿为中国旧学之奴隶,第二,勿为西人新学之奴隶,我有耳目,我物我格,我有心思,我理我穷。"

对西方怀疑论思想的引进,在五四时期便有胡适引介的赫胥黎的"存疑主义"。

"存疑主义"(Agnosticism),现在通译为"不可知论",但是胡适介绍的达尔文、赫胥黎的"存疑主义"显然不同于那种否定人类认识能力的悲观的不可知论。这种"存疑主义"与严、梁介绍的笛卡尔的怀疑论恰好构成了近代怀疑论的两翼,笛卡尔的怀疑论是以人的理性为基点来怀疑一切、清除障碍,甚至对理性本身也要自审自疑;而赫胥黎的"存疑主义"则是以实验证据和事实为起点来怀疑一切,凡未经实验证据所证实的均置入存疑之列,因此,笔者将前者称为理性怀疑论,将后者称之为实证存疑论。

胡适认为赫胥黎的"存疑主义"有两点:第一,"拿证据来"的实验方法,胡适认为"存疑主义"是赫胥黎在哲学方法上最重要的贡献,存疑主义首先强调:"只有那证据充分的知识,方才可以信仰",于是一切归结为实验和证据,即四个字:"拿证据来"。

第二，对于没有任何实验证据的一概存而不论，持存疑态度。"凡没有充分证据的，只可存疑，不当信仰，这是存疑主义的主脑。"接着，胡适以赫胥黎的一封信为例："我相信别的东西时，总要有证据"，"如果我遇着解剖学上或生理学上的一个小小困难，必须要严格的不信任一切没有充分证据的东西，方才可望有成绩，那么，我对于人生的奇秘的解决，难道就可以不用这样严格的条件吗？"于是赫胥黎对于"灵魂不朽"之说便采取"我并不否认，也不承认"的态度，其原因在于："我拿不出什么理由来信仰他，但是我也没有法子可以否证他。"赫胥黎在《论存疑主义》、《再论存疑主义》、《存疑主义与基督教》、《关于灵异事迹的证据的价值》诸文中，反复申述着这个存疑主义原则，胡适总结说："赫胥黎的存疑主义是一种思想方法，他的要点在于重证据，对于一切迷信，一切传说，他只有一个作战的武器，是'拿出证据来'。"①

赫胥黎的存疑主义极大地影响了胡适并通过胡适的引介而影响了五四时期整整一代人，胡适自己就强调过杜威和赫胥黎是对他影响最大的两个人，赫胥黎的存疑主义"教我怎样怀疑，教我不信任一切没有证据的东西"②，这个思想在五四青年中影响极其广泛，古史辨派推倒古史传统的"疑古"思潮便是这一思想在中国结出的学术成果。它对于批判封建传统文化、打倒偶像、推动思想解放都起了不可忽视的作用。

---

① 以上引文均见胡适:《五十年来之世界哲学》，《胡适哲学思想资料选》(上)，华东师大出版社1980年版，第234—237页，第241—242页。
② 胡适:《介绍我自己的思想》，《胡适哲学思想资料选》，第337页。

从"疑经"到"疑史"

当我们考察中国近代怀疑思潮时就会发现,在西方,近代怀疑论思潮主要是对中世纪宗教神学和经院哲学的怀疑批判。但在中国,怀疑的矛头却首先直指中国的传统经学,然后进入史学领域。

中国从始至终都没有形成像西方那样一整套具有教皇牧师等教阶和宗教仪式的教会制度体系。但是,正如一位研究中国经学史的学者所指出的,中国有自己的儒教和经学,它们"属于中国文化传统表现自身是一种巨大的保守力量最强烈的那一类观念形态史",而"经学一旦形成某种传统,特别是与统治阶级的世俗利益相结合,变成哲学、政治、法学等各种科目的凝聚形式,它就具有神学的外壳"①。因此,近代怀疑思潮首先便把矛头指向准神学的经学,从而在经学内部激起轩然大波。

在近代首开经学怀疑思潮的是康有为,康有为的《新学伪经考》和《孔子改制考》便是经学怀疑的代表作,在当时的思想学术界刮起一股"飓风",犹如"火山大喷火"②。康氏这两本书的内容一般教科书均已涉及,不拟重复。笔者论述的重点主要是这两本书在怀疑思潮中的地位和作用。

第一,经学独断的神圣性和正统地位发生怀疑而被动摇。自从汉武帝"罢黜百家、独尊儒术"以后,儒家经典便获得独断的正统地位,一切都以官方钦定的经典和解释为标准,将至圣先师作为偶像崇拜,以周孔圣人之言为绝对真理。康有为的《新学伪经考》、《孔子改制考》虽然主要是针对古文经学,但是"《伪经考》

---

① 朱维铮:《中国经学与中国文化》,《中国传统文化的再估计》,上海人民出版社 1987 年版,第 119 页。
② 梁启超:《清代学术概论》(二十三)。

既以诸经中大部分为刘歆所伪托,《改制考》复以真经之全部分为孔子托古之作,则数千年来共认为神圣不可侵犯之经典,根本发生疑问,引起学者怀疑批评的态度",而且康有为"虽极力推挹孔子,然既谓孔子创学派与诸子之创学派,同一动机,同一目的,同一手段,则已夷孔子于诸子之列。所谓'别黑白定一尊'之观念,全然解放,导人以比较的研究"①,这样,康有为的疑经论结果便使孔子从独断的正统地位回归到诸子各学派的平等地位,从正统的意识形态转为一个学术流派。这一观念到1906年章太炎的《论诸子学》,就更看不到孔儒学派还有什么特殊地位了。而《新学伪经考》则产生了如梁启超所总结的两个影响:"第一,清学正统派之立脚点,根本摇动;第二,一切古书,皆须从新检查估价,此实思想界之一大飓风也。"②清代朴学以汉学(古文经学)相标榜,长于考据而鲜言"经世",而当康有为将古文经学指斥为新莽朝刘歆伪造时,就从根本上动摇了清代朴学的根基。从此引发了人们对古书的不盲从、不迷信的怀疑精神。

第二,冲击了中国"述而不作"的注经式思维方式,提倡独立思考的创新精神。自从孔子提出"述而不作"、"信而好古"的原则后,中国经学便发展为一种注经式传统,表现为"世人之穷经,守一先生之言"③,叶德辉就说过:"《论语》一书,综百王之大法","凡吾人所欲言,无不于数千百年前言之"④,因此有所谓"半部论语平天下"、"半部论语治天下"之说,也就是说,不仅以先师经典的片言只语作为学术的指南,而且也以先师片言只语作为行动指南即治国平天下的指南和最高指示,对此,个人只有引经据典的自由,没有申述自己的观点和思想的自由。而《孔子

---

①② 梁启超:《清代学术概论》(二十三)。
③ 黄宗羲:《明儒学案》诸儒学案中六。
④ 《翼教丛编》。

改制考》则"教人读古书,不当求诸章句训诂名物制度之末,当求其义理。所谓义理者,又非言心言性,乃在古人创法立制之精意,于是汉学、宋学、皆所吐弃,为学界别辟一新殖民地",而且"语孔子之所以为大,在于建设新学派(创教),鼓舞人创作精神"①,也就是说,当康氏宣布六经为孔子所"作"而非"述",孔子借"托古"而"制法",这样,孔子就从传统的言必称三代的守旧者改造成一个具有创新精神的人,既然孔子也是一个富有创新精神的人,那么后人更应继承创新传统,敢于独立思考,建立新的思想。

第三,开古史辨派"疑史"思潮的先河。康有为对古史辨派有直接的影响,这一点往往为治戊戌运动史的学者们所忽视。这种影响至少有两点:其一,对古文经学的怀疑影响了顾颉刚等人对古书的不信任和怀疑态度;其二,康有为《孔子改制考》卷一"上古茫昧无稽考"对上古史的怀疑,直接启迪了顾颉刚的古史观点(详后)。

然而,康有为的疑经论仍没有摆脱传统疑古辨伪一派思想窠臼,从东汉王充《论衡》的辨伪到唐朝刘知几的"疑古"到元代马端临《文献通考》,清代姚际恒、崔东璧的考订伪书工作,康有为和他们疑古疑经的一个共同点就在于,没有跳出传统经学的学派门户之见,没有站在近代科学或哲学角度来怀疑、审判和批评传统经学,这就使他的疑经论和他的其他思想如人道主义思想等等,都保留了浓厚的传统人文精神特征。

对经学及其思维方式的怀疑批判实际上是一股思潮,严复、梁启超、章太炎可以说都曾经是这一思潮的主干力量。严复就曾对这种注经式思维方式加以指斥:"且中土之学,必求古训,古人之非,既不能明,即古人之是,亦不知其所以是。记诵词章既

---

① 《清代学术概论》(二十三)。

已误,训诂注疏又甚拘,江河日下,以致于今日之经义八股,则适足以破坏人才,复何民智之开之与有耶?"①并将矛头直指经学:"苟求自强,则六经且有不可用者。"②严复在《救亡决论》中不仅疑经,干脆就将汉学、宋学斥之为"无实"、"无用",他说:"固知处今而谈,不独破坏人才之八股宜除,举凡宋学汉学、词章小道,皆宜且束高阁也。"③随后更大声疾呼:"不徒嬴政、李斯千秋祸首,若充类至义言之,则六经五子亦皆责有难辞。嬴、李以小人而陵轹苍生,六经五子以君子而束缚天下。"④严复1898年所作的杂文《道学凌外传》与《道学外传余义》更是对传统经学家们的无情嘲弄和批判。梁启超以其"常带感情"的笔锋,痛斥经学思维方式对人的心思才能的束缚,他认为在学术上经学"守一先生之言"与政治上"服一王之制"⑤完全一致,只能导致"强一国人之思想出于一途",导致"学说隘而思想窒也"⑥,因此,梁氏"自求为陈胜吴广"⑦,扛起"破坏主义"大纛向传统经学进行冲击,要求破"思想界之奴性"、破"心中之奴隶",提倡"怀疑之心"和"辩难之辞"⑧,并将"思想之自由"作为"真理之所以出"的根本前提。

由康有为开启的疑经思潮的确引发了人们的思想解放,但在戊戌时期,康有为是疑古文经而守今文经,更不贬斥孔子。到1906年章太炎的《论诸子学》中,则孔子亦成了一个被怀疑讥评的对象,成为一个玩弄权术的"阴谋家",章太炎说:"老子以其权术授之孔子,而征藏故书,亦悉为孔子诈取。孔子之权术,乃有

---

① ② 《严复集》第1册,第29、35页。
③ ④ 同上书,第44、54页。
⑤ 《梁启超选集》,上海人民出版社1984年版,第138页。
⑥ 《新民说·论进步》。
⑦ 《梁启超选集》,第39页。
⑧ 《新民说·论自由》。

过于老子者。"虽然这个说法并不准确,但孔子的圣人地位却被动摇了,神圣的灵光消失了。到五四时代,随着陈独秀、吴虞、鲁迅等人发起的"打倒孔家店"、批判封建旧文化的新文化运动的进行,中国经学的正统地位至少在形式上已经打倒了。

正是在新文化运动的理性解放浪潮中,疑经思潮逐渐被转化为疑史思潮,这便是以顾颉刚为代表的古史辨运动。

顾颉刚于1920年毕业于北京大学,随后便在胡适"整理国故"的提倡下开始点校姚际恒的《古今伪书考》,并逐渐形成对古史的看法。1923年他在胡适主编的《读书杂书》第9期发表《与钱玄同先生论古史书》,他正式提出"层累地造成的中国古史"思想,标志着他的"疑古"思想的成熟,并引发了一场古史讨论,从而形成了一股影响广泛的疑史思潮。

但是,由顾颉刚开始的古史辨派的疑史思潮,从渊源上看,至少受下列几方面的影响:

第一,中国学术中疑古辨伪传统的影响。在顾颉刚看来,从唐代的刘知几到宋代的司马光再到明清的宋濂、姚际恒等人[①],都保留了一种疑古辨伪的传统,尤其是郑樵和遍疑群经的姚际恒和崔述三人对他影响更大,他说:"我的古史辨的指导思想,从远的来说就是起源于郑、姚、崔三人的思想。"[②]他回忆说,崔东壁(述)的书使他怀疑"传、记"的真实性,而姚际恒的书则启发他对"经"的怀疑,郑樵更使他认为《诗经》也不可信。但是这种影响显然是有限的,因为传统疑古辨伪工作,其"目的在于驱除妨碍圣道的东西,辨伪也只是他的手段"[③],其性质不过是"儒者的辨古史"[④],而顾氏的疑史却"没有家派的限制,可以畅所欲言,

---

① 顾颉刚主编:《古史辨》第1册,第77页。
② 顾颉刚:《我是怎样编古史辨的?》,《中国哲学》第2辑。
③④ 《古史辨》第1册,第46、59页。

择善而从",完全从求真的目的进行怀疑;其次,顾氏认为以前的时代,"学术社会处于积威的迷信之下,不能容受怀疑的批评",而"到了现在,理性不受宗教的束缚,批评之风大盛,当时信守的藩篱都很不费力地撤除了,许多学问思想上的偶像都不攻自倒了"①。因此顾颉刚的"疑史"的渊源还有更主要的方面。

第二,顾氏"疑史"是对康有为"疑经"的继承和发展。康有为《新学伪经考》把古文经学宣布为伪造的新莽之学,而在《孔子改制考》中的"上古茫昧无稽考"篇中,认为孔子以前的历史不过是孔子为"救世改制"而假托的宣传作品,都是茫昧无稽的:"六经以前,无复书记,夏殷无征,周籍已去,共和以前,不可年识秦,汉以后,乃得详记。"②中国历史从秦汉以后才可考信,这一思想构成了顾颉刚怀疑古史的直接渊源,他曾经多次指出这一点。兹举几例:

"我虽是早受了《孔子改制考》的暗示,知道这些材料大都是靠不住的。"③

"自从读了《孔子改制考》的第一篇之后,经过了五六年的酝酿,到这时始有推翻古史的明瞭的意识和清楚的计划。"④

"我的推翻古史的动机固是受了《孔子改制考》的明白指出上古茫昧无稽的启发,到这时而更倾心于长素先生的卓识。"⑤

显然康有为的"疑经"思想直接孕育了顾颉刚的"疑史"思想,换一句话说,则是顾颉刚的"疑史"思想直接继承了康氏的"疑经"思想。但是顾的"疑史"思想显然又发展了康的"疑经"思想:首先,康"疑经"是服务于当时的政治改良,学术从属于政治,实用主义特色十分明显,从而科学价值却受到影响,所以顾颉刚

---

①③ 《古史辨》第 1 册,第 77、36 页。
② 康有为:《孔子改制考·上古茫昧无稽考第一》第 1 页,中华书局 1988 年版。
④⑤ 《古史辨》第 1 册,第 36、43 页。

一方面佩服康有为的观察力,但又觉得今文家"拿辨伪做手段,把改制作目的,是为运用政策而非研究学问",因此"不能佩服"①。而顾则立足于学术,不受特殊的政治主张所制约,这种怀疑精神便以科学作基础;其次,康氏立足于今文经学而怀疑古文经,并没有突破传统经学门派偏见的影响,就如同"古文家的诋毁今文家"一样"不过为了党见"②,而顾氏完全跳出了传统经学派别的门户之见而吸收科学方法,因此更具有近代精神;第三,最主要的还是受新文化运动理性启蒙影响以及胡适介绍的"存疑主义"与实验主义科学方法的影响。

顾颉刚确如自己所言是生逢其时,在他上大学时,"蔡孑民先生任了北京大学校长,努力破除学校中的陈腐空气",而当时陈独秀创办的《新青年》又倡导"思想革命",加之黄远庸先生在《东方杂志》发表《国人之公毒》,"指斥中国思想学术界的病根非常痛切"③,使他在思想上引起强烈共鸣,而五四运动后,"人们对于一切旧事物都持了怀疑态度,要求批判接受"④,思想一旦获得解放,于是他的"心目中没有一个偶像",并且可用"活泼的理性作公平的裁断"⑤。正是在这个时期,胡适开始介绍存疑主义与实验主义,存疑主义强调"不信任一切没有充分证据的东西",强调"拿证据来",而杜威的实验主义方法则主要有两点:"第一个是历史的方法,我常说他是'祖孙'的方法,就是对一桩事要查出它的来因去迹,来因的祖与去迹的孙始有着落……第二是试验的方法,这有三个要点。第一点注重具体的个别事实,第二是一切学理都只是假设……第三是一切学说、制度等等,甚

---

①② 《古史辨》第1册,第43页。
③ 《史古辨》第1册,第35页。
④ 《我是怎样编古史辨的?》,《中国哲学》第6辑。
⑤ 《古史辨》第1册,第81页。

至真理都要经过试验"①。顾颉刚对此深有感触:"欲救中国华而不实的毛病,只有杜威一派学说是对病药。"并且认为胡适的实验主义史学方法比传统疑古辨伪派和康有为的今文经学"又深进了一层"②,是他"最企服的师"。可以说,顾颉刚正是在接受了近代科学实证方法和存疑主义思想后,才最终"建立了一个假设:古史是层累地造成的,发生的次序和排列的系统恰是一个反背"③。

康有为"疑经"的两《考》曾被梁启超视为"飓风"和"火山大喷火";而当顾颉刚的"层累造成的中国古史"说一问世,则引起了更大的反响,被视为"轰炸中国古史的一个原子弹"④。可以说,从康有为的"疑经"到顾颉刚的"疑史",把近代怀疑思潮推向了高潮,顾颉刚和古史辨派揭开了上古圣贤尧舜禹们的虚构性,揭露了他们本来的神话传说的真面目,从而揭穿了经书的老底,剥掉其神圣的外壳,从根本上推倒了两千多年来人们崇拜的偶像,同时也确证了科学怀疑精神的巨大力量和作用,从而写下了近代理性重建的光辉一页。

---

① 《杜威博士回国饯别·记胡适演说辞》。
②③ 《古史辨》第 1 册,第 78、52 页。
④ 《我是怎样编古史辨的?》,《中国哲学》第 6 辑。

逻辑启蒙与科学实证精神

在走出中世纪、走向近代化的过程中,理性重建突出体现为思维方式的变更和转型,即怀疑思潮的兴起、逻辑意识的启蒙和科学实证精神的奠立三个方面,但三者往往又是相互联系的。上一章着重探讨了近代怀疑思潮,这一章将重点考察近代逻辑启蒙与科学实证精神。

逻辑意识的启蒙

如果说怀疑思潮着重的是"破",即对偶像崇拜的打破,对理性障碍的冲破和清扫的话,那么,逻辑意识的强化与科学实证精神着重的是"立"。英国逻辑学家弥尔(穆勒)说过:"逻辑是探讨在追求真理的活动中人类知性的科学",近代逻辑学的引进,是对中国古典式直观顿悟思维方式的改造和转型,它以纯思维形式(知性)启蒙为特点。

法国人种志学家列维·布留尔曾在《原始思维》一书中认为中国古典时代保留了浓厚的原始思维(原逻辑思维)特征,这个观点我们当然不能接受。但是,毋庸讳言,中国的确又是一个逻辑意识十分淡漠的民族,马克斯·韦伯曾说过:"中国的思维方式还是没有超出形象的和描述的水平,没有过多地接受那种严格限定和推理的观念动力!"①这一点也得到了国内学者的认同:"中国哲学只重生活上的实证,或内心之神秘的冥证,而不注重逻辑的论证。"②具体说来,中国有丰富的直觉顿悟思维和发达的辩证思维,却缺乏严格化、形式化的形式逻辑思维。先秦时期虽曾出现过名、墨两个重逻辑思辨的学派,但至汉代就湮没不彰了。逻辑的运用,须以概念的明晰为前提,而道家要求"弃名","道可道,非常道,名可名,非常名",从根本上否定概念认识。儒家虽强调"正名",但它不是以实正名,以实践检验概念,要求概念符合实际,而是以名正实,用概念规范存在,用传统规范现实,用伦理的僵死教条规范、检验活生生的现实实践。孔子有言:"名不正则言不顺,言不顺则事不成,事不成则礼乐不兴,礼乐不兴则刑罚不中,刑罚不中则民无所措手足。"③"正名"的实质即达到君、臣、父、子的伦理关系网的稳定有序和尊卑定位,成为政治伦理实践的手段,"孔子正名着重在等级制度和伦理制度"④,"正名"是政治伦理逻辑,并非严格意义上的逻辑分析。表现在语言文字上,儒家大部分著述不是语录就是对经典的注疏,注经式思维方式与语录体形式,都缺乏形式逻辑的严密论证和推理,因此,近代理性重建的突出任务就是要发展纯粹理性,尤其是形式逻辑。

近代逻辑启蒙开始于严复⑤,在严译八种名著中,逻辑学著作就有两种:《穆勒名学》和耶方斯的《名学浅说》。1900 年严复

---

① 参见《文化·中国与世界》第 3 辑,三联书店 1987 年版,第 392 页。
② 张岱年:《中国哲学大纲·绪论》,中国社科出版社 1982 年版,第 8 页。
③ 《论语·子路》。
④ 汪奠基:《中国逻辑思想史》(上),第 125 页。
⑤ 西方逻辑的最早引进,有明末的李之藻所译《名理探》,清代道光年间有《名学类通》和赫德所译《辨学启蒙》,但真正系统介绍并在社会上产生影响的,当从严复开始。

在上海开名学会,讲演名学,"一时风靡,学者闻所未闻"①。从此以后,逻辑启蒙思潮便影响到思想文化界,踵其后者有章太炎、王国维、胡适等人。对此,美国学者史华慈教授高度评价他"具有阿基米德式高瞻远瞩的能力"②。

严复在逻辑启蒙中的贡献大致有如下几点:

第一,强调逻辑学是科学的基础和根本方法。严复强调说:"不为名学,则吾心不足以察不遁之理,必然之数也"③,把逻辑学视为探究自然界的因果必然规律的方法。在《穆勒名学》按语中更进一步认为,要掌握科学方法,必须重视逻辑,因为逻辑名学"为一切法之法,一切学之学"④,只有通过这样强调其作用,才会引发一股逻辑启蒙思潮。

第二,用科学"正名"批判传统"正名"思想。严复指出:"应知科学入手,第一层功夫便是正名。"⑤传统哲学由于缺乏自觉的逻辑意识,便存在着概念的灵活性与多义性,这样便带来了概念涵义的含混不清,他以"界说"(定义)为例,"盖界说之事,在举所命之物之同德以释其名也",为了保证概念的清晰和准确,"治科学者,往往弃置利俗之名,别立新称,以求言思不离于轨辙,盖其事诚有所不得已也"⑥,但是对比中西文化则迥然不同:"西学自希腊亚里士多德以来,常教学人先为界说,故其人非甚不学,而不至偭规畔矩而为破坏文字之事业。独中国不然,其训诂非界说也,同名互训以见古之异言而已,且科学弗治,则不能尽物

---

① 郭湛波:《近五十年中国思想史》,人文书社 1936 年版,第 248 页。
② Benjamin Schwartz. *In Search of Wealth and Powerl: YanFu and the West*, Cambridge Mass, 1964, P. 142.
③ 《严复集》第 1 册,第 6 页。
④ 《穆勒名学》部首引论。
⑤ 《严复集》第 5 册,第 1247 页。
⑥ 《严复集》第 4 册,第 1031 页。

之性,用名虽误,无由自知"①,严复认为亚里士多德以来的西方思维传统重视界说的准确、明晰,而中国虽有训诂学,但"同名互训"不过是罗列异名而已,并没有揭示事物本身的性质(德),这是"训诂"的缺陷。以"气"为例,严复诘问道:"今试问先生所云'气'者究竟是何名物?可举似乎?吾知彼必茫然不知所对也。然则凡先生所一无所知者,皆谓之气而已。"比如有所谓人生病之邪气,国家盛衰之元气,另外"若厉气、淫气、正气、余气、鬼神者二气之良能,几于随物可加"。但是若从自然科学角度考察,则十分清楚:"今夫气者,有质点有爱拒力之物也,其重可以称,其动可以觉,虽化学所列六十余品,至热度高时,皆可以化气,而今地球所常见者,不外淡轻养三物而已",这样,古典时代那种包容万有的神秘之"气",经过科学的"正名",其物质属性全部裸露:不外氮、氢、氧而已。除"气"之外,"他若心字、天字、道字、仁字、义字,诸如此等,虽皆古书中极大极重要立名,而意义歧混百出"②,严复意识到逻辑启蒙在概念改造上就面临着艰巨而复杂的清理辨析工作。

第三,系统引进演绎方法和归纳法,尤其强调归纳方法的重要性。一般地说,严复并不完全排斥演绎法而是二者并重:"方其始也,必为其察验,继乃有其内籀外籀之功,而其终乃为其印证,此不易之涂术也。'内籀'东译谓之'归纳',乃总散见之事,而纳诸一例之中……外籀东译谓之'演绎',外籀者,本诸一例而推散见之事者也。自古学术不同,而大经不出此二者。"③严复认为归纳法有三步骤:考订,"聚列同类事物而各著其实";贯通,"类异观同,道通为一";试验④。又或分为"四层功夫":"观察

---

① 《严复集》第4册,第1031页。
② 以上均见严译《名学浅说》,第18—19页。
③ 《严复集》第2册,第280页。
④ 《严复集》第4册,第93页。

法",搜集有关事实;"臆度"法,提出假说;"外籀法",进行演绎推理;"印证法",用事实检验①。演绎法也有三步骤:"始于内籀之实测,一也。继用联珠之推勘,二也。终以实行之印证,三也。"②严复受穆勒归纳主义影响,认为演绎必须有归纳作基础,有所谓"阅历"即观察事实作基础。由此,他反对传统的"良知"说:"公例无往不由内籀,不必形数公例而独不然也。于此见内、外籀之相为表里,绝非二途。又以见智慧之生于一本,心体为白甘,而阅历为采和,无所谓良知者矣。即至数学公例亦由阅历,既非申词之空言,而亦非皆诚而无所设事,言数固无所设,及物则必设也。"③严复强调演绎尤其是数学公例源于经验事实,带有经验唯物主义特色。的确,数学是一种演绎系统,但从起源上看则源于经验,如"几何学"便源于"土地测量",数学的本质就在于它是人类实践成果的内化而以"逻辑的格"形式固定下来。严复可谓是直观地把握了这一点。

第四,运用逻辑方法批判传统经学方法。严复认为传统经学尤其是宋学往往是主观臆测,承袭古人之说,而"所本者大抵心成之说","师心自用"。而且他认为中国传统思维方式往往"偏于外籀,而内籀之能事极微"④,而外籀演绎法的根本问题往往不是在推理过程而在大前提上。他说:"由是可知常智之证,恒在原而不在委,原之既非,虽不畔外籀之术无益也。吾往年闻一学人争西之非富强,而其语皆与联珠(三段论)暗合,曰:富者不远适异国以求利(大前提),今西人远适异国以求利矣(小前提),则非富也(结论)。"⑤

---

① 《严复集》第4册,第1053页。
② 《名学浅说》第64页。
③ 《严复集》第4册,第1050页。
④ 《名学浅说》,第64页。
⑤ 《严复集》第4册,第1048页。

严复认为,这个演绎过程没有错误,关键问题在于大前提,"富者不远适异国以求利",这恰恰是封闭、保守的小农经济基础上儒家文化的价值观念,近代资本主义则越富越"以动力横决五洲",前提导致了结论的错误。而这个大前提恰恰又来源于先师圣贤:"中国由来论辩常法,每欲求申一说,必先引用古书,诗云子曰,而后以当前之事体语言,与之校勘离合,而此事体语言之是非遂定。"①这种以"古书"证"当前之事体语言"的"正名"方法,实际上只是准演绎系统,有演绎色彩,但更多的是比附或类比而不是严格的推导。如严复在《救亡决论》中批判的"西学中源说",从思维方法上看就带有比附式准演绎特点,"晚近更有一种自居名流……谓西学皆中土所已有,羌无新奇。如星气始于臾区,勾股始于隶首,浑天昉于机衡,机器创于班墨……"②如果分析这种推论方法可知:中国有机器(鲁班锯之类),西方也有机器,所以西学源于中土,事实上这仅仅只是"暗合妙道",而决非演绎逻辑方法。

更为精彩的是严复在《辟韩》一文中自觉运用演绎反驳的归谬法。归谬法是假定被反驳的判断 A 为真,引出另一显然荒谬的判断 B,然后从判断 B 为荒谬推出判断 A 为荒谬。韩愈在《原道》中认为,"圣人"为老百姓兴利除害、除强锄暴、立法行政、卫国守土,而且解决衣食住行和医疗条件,故"如古之无圣人,人之类灭久矣。何也,无羽毛鳞介以居寒热也,无爪牙以争食也"。严复先假定韩愈"古之无圣人,人之类灭久矣"的判断为真,进而引出圣人"其身与其先祖父必皆非人焉而后可,必皆有羽毛鳞介而后可,必皆有爪牙而后可"这样一个显然荒谬的判断,因为圣人也是人,不会有羽毛鳞介,这是第一步;既然圣人也是人,而按

---

① 《名学浅说》,第 64 页。
② 《严复集》第 1 册,第 23 页。

照韩愈的逻辑,则在他"未及其生,未及成长"之时,早就该被虫蛇禽兽吃掉或被寒饥木土之害折磨夭死,"又乌能为之礼乐刑政,以为他人防备患害也哉?"①因此所谓"古之无圣人,人之类灭久矣"云云是完全荒谬的。严复正是运用这些科学方法来批判一切关于君权神授的谎言。

加入逻辑启蒙工作的还有章太炎。章太炎与严复比较,大致有这样一些区别:第一,严复更看重归纳方法,而章太炎则偏重演绎法,尤其关注演绎逻辑的三段论;第二,严复是以归纳逻辑来批判传统思维方式"独师心知"的准演绎思维,而章太炎则立足于融汇中国墨辨、印度因明和西方逻辑,他的《原名》篇就曾对三种逻辑形式进行过比较,他认为因明逻辑是初宗(结论),次因(小前提),次喻(大前提);西方逻辑三段论是初喻体(大前提),次因(小前提),次宗(结论);而墨经则是初因(小前提),次喻体(大前提),次宗(结论)②。他认为由于西方逻辑三段论和墨经在大前提喻体中缺少喻依,因此都不及因明,对因明评价最高,当然他这种看法并不准确③,但却是近代中国第一个进行中西逻辑比较的学者。

由严复开创的逻辑启蒙到五四时期达到一个高潮,其中突出的成果便是胡适于1922年在上海出版的英文本博士论文《先秦名学史》,这是中国第一部专门研究逻辑思想发展的学术专著。该书的意义就在于:

---

① 《严复集》第 1 册,第 33 页。

② 参见唐文权、罗福惠:《章太炎思想研究》,华中师大出版社 1986 年版,第 168 页。

③ 章太炎对西方逻辑与墨经的比较实际上是个错误,因为从根本上说后期墨家的逻辑就不是三段论,胡适便曾认为章氏是"错误解释"(《先秦名学史》第 87 页,今人论著可参见《中国传统文化的再估计》第 435 页)。另外章氏认为进化论昉于黑格尔,将康德时空观念理解为"绝无",也反映出其西学根底远不及汉学根底(贺麟先生亦曾有过批评)。

第一,从逻辑学角度对儒家文化所标榜的"格物致知"进行了系统批评,在这种批评中表现出强烈的非儒反儒倾向。他首先从对《大学》篇中的"格物致知"的辨析开始,他认为《大学》中的"格物"概念构成了儒学尤其是宋明理学的逻辑方法的起点,他说:"宋学与明学之间的全部争论,就是关于'格物'两字应作'穷究事物'或'正心致良知'的解释问题的争论。"① 他认为这两派的根本问题至少有两点:其一,缺乏归纳法实验的程序,他认为,程氏兄弟及朱熹"格物"一语的解释在表象上虽然接近归纳方法,"即从寻找事物的理开始,旨在借着综合而得最后的启迪",但是却是"没有对程序作出详细规定的归纳方法"②,以王阳明"七日格竹"为例,这个格物"缺乏必要的归纳程序",和近代科学归纳方法是形似而实异,因此必然是"没有效果的";其二,宋明理学家有个一致点就在于朱熹和王阳明都同意把"物"作"事"解释,胡适认为这一解释决定了中国哲学的全部性质与范围,因为"它把哲学限制于人的'事务'和关系的领域。王阳明主张'格物'只能在身心上做",这样"格物"不过是"研究'诚意'以'正心'。他们对自然客体的研究提不出科学的方法,也把自己局限于伦理与政治哲学的问题之中"③,正是这种泛道德主义使得中国近代哲学与科学的发展"极大地受害",无法产生"适当的逻辑方法"。基于此,胡适对儒学表示明确的鄙弃,并指出:"中国哲学的将来,有赖于从儒学的道德伦理和理性的枷锁中得到解放。"④

第二,胡适在非儒反儒思想中,转而对先秦的非儒学派尤其是墨家逻辑给予高度评价,他认为"非儒学派的恢复是绝对需要的,因为在这些学派中可望找到移植西方哲学和科学最佳成果

---

① 胡适:《先秦名学史》,第 4 页。
②③④ 胡适:《先秦名学史》,第 6、8 页。

的合适土壤"①。胡适对墨家逻辑的评价大致有两点:其一,用实验主义方法研究墨子本人的逻辑思想,他认为墨家与儒家的区别就在于:"儒家的问题就在于建立一个理想的世界,即一个具有普遍性和理想关系的世界",而墨翟则不满儒家方法,要求寻找一个借以检验信念、理论、制度和政策的真伪和对错的标准,他发现这个标准就存在于信念、理论等所要产生的实际效果之中"②,同时墨子也将效果与动机结合考察,而这种实效主义就反映在墨子"三表法"中;其二,高度评价"别墨"(后期墨家)学派的贡献,认为正是"别墨"创立了形式逻辑体系,是"发展归纳方法和演绎方法的科学逻辑的唯一的中国思想学派"③,并对别墨的"说"、"故"、"法"、"知"等逻辑范畴和"效"、"辟"、"侔"、"援"、"推"五种推理方法进行了细致的辨析,从而认为别墨学派从界说到定理都与西方逻辑方法与程序有着一致性。因此近代逻辑启蒙完全应该"以最有效的方式吸收现代文化,使它能同我们的固有文化相一致,协调和继续发展"④,从而在更高层次上融合中西方文化。

从严复、章太炎、王国维到胡适的三十年历程,中国还只是处于一个逻辑启蒙阶段,这主要表现在:第一,初步引进了西方以演绎法和归纳法为核心的形式逻辑及方法。相对来说,严复偏重于归纳逻辑,章太炎偏重于演绎逻辑,严、胡更多的带有西方以实验为基础的实证主义特色,章氏则注重于中、西、印三家逻辑的比较。这一启蒙工作对于改造传统准演绎的、直观顿悟和崇圣崇古的经学思维方式,对于促进中国思维方式的形式化、科学化,仍然具有重要的积极作用。当然,当严复们介绍、推崇穆勒的归纳逻辑时,西方的思维方式又开始发生一场深刻的革

---

① 胡适:《先秦名学史》,第9页。
②③④ 胡适:《先秦名学史》,第61、58、8页。

命,那就是布尔代数逻辑系统、弗雷格的命题逻辑的公理系统和罗素的符号数理逻辑的建立,他们通过建立一套人工符号(数学)语言系统来代替传统的歧义多变的自然语言系统,从而在思维方式的形式化、符号化和科学化过程中更推进了一步,而这场深刻的革命却并没有引起启蒙思想家的注意,直到金岳霖才开始认识到这场革命的意义。第二,他们对传统文化遗产进行了较系统的批判和整理。严复对儒家文化轻实验、轻归纳的准演绎经学思维方式进行了有说服力的批判,而胡适则开始发掘整理传统文化中形式逻辑的遗产,并表现出贬儒扬墨的倾向性,而且在实验主义基础上进行改造,以促进中西逻辑思想的融合。但是这一切均只是一个初步的前期工程,启蒙思想家还来不及构造自己的逻辑体系。于是这一工作便只能由三四十年代后期的金岳霖以现代数理逻辑和逻辑实证主义来融汇中西文化,完成自己的逻辑体系。

科学实证精神的传播

如果说,形式逻辑的提倡,旨在促进中国思维方式的形式化、符号化的话,那么,科学实证精神的倡导,则更突出了思维方式的科学化。面对着传统经学思维方式那种伦理高于物理、书本高于自然、冥证直觉高于实证推理、注释高于实验的种种特征,近代从严复开始,便兴起了一股科学实证思潮,从而改造中国这种传统的思维方式。

严复的科学实证思想大致有以下几点:

第一,从科学实验的角度对传统文化进行批判。严复在接受达尔文、赫胥黎、斯宾塞的科学实证精神后,深深感受到中国传统文化的问题所在:"公等从事西学之后,平心察理,然后知中国从来政教之少是而多非。"①这种"少是而多非"首先表现为传统学术的"无实"、"无用"。他指出:"自有制科来,士之舍干进梯荣,则不知焉所事学者,不足道矣。超俗之士,厌制艺则治古文词;恶试律则为古今体,鄙摺卷者,则争碑版篆隶之上游;薄讲章者,则标汉学考据之赤帜。于是此追秦汉,彼尚八家,归方刘姚恽魏方龚。唐祖李杜,宋祢苏黄。七子优孟,六家鼓吹。魏碑晋帖,南北派分。东汉刻石,北齐写经……诸如此伦,不可殚述。然吾得一言以蔽之,曰:无用",至于所谓"周程张朱,关闽濂洛,学案几部,语录百篇,《学蔀通辨》,《晚年定论》……吾又得一言以蔽之,曰:无实"②。而这些中国旧学又"大抵心成之说","初何尝取其公例而一考其所推概者之诚妄乎?此学术之所以多诬,而国计民生之所以病也"③,也就是说,这些旧学大多是主观先验论,缺乏科学实验和严格的逻辑推理,而且害民又害国,因此严复大声疾呼:"欲变吾人心习,则一事最宜勤治:物理科学是已。""物理科学一事,不独于吾国为变化士民心习所不可无,抑且为富强本计所必需。"④这里的"物理科学"即自然科学,把科学提到富国强民的高度,的确开了五四"赛先生"之先河。

第二,严复受斯宾塞《综合哲学》的影响,强调科学是一个综合系统,必须具有系统科学知识才能达到"治国平天下"的目的。斯宾塞是一个以科学实证为基础的哲学家,他的"综合哲学"包括《第一原理》、《生物学原理》、《心理学原理》、《社会学原理》、《伦理学原理》。严复指出,斯宾塞"著《天人会通论》,举天、地、人、形气、心性、动植之事而一贯之,其说尤为精辟宏富"。严复正是从斯宾塞那包罗万象的思想体系中,感受到现代科学是一个有机的综合系统,他认为,"执因求果之事,惟于群学为最难",

---

①②④ 《严复集》第1册,第49、44页,第2册,第282—283页。
③ 《穆勒名学》部乙按语。

群学治,则能"收修齐治平之功",能使国富民强,但是群学又必须以名(逻辑学)、数(数学)、力(物理学)、质(化学)为基础,不掌握数学、名学,则"其心不足以察不遁之理,必然之数也",不掌握力学、质学,则"不知因果功效之相生",但是即使治好名数力质四学,也只能是"审于寡而荧于纷,察于近而迷于远",还必须治天(文)、地(地理、地质)、人(类)三学,否则"无以尽事理之悠久博大与蓄变也"①,而人学则包括生理学与心理学。严复在《原强》中开创的这个科学系谱,可以说是中国最早系统阐明西方科学的相互关系和作用的第一人。

第三,严复强调科学实证知识,乃在于扩展人们的认知空间,从书本拓向宇宙自然。严复引用赫胥黎的话说:"读书得智,是第二手事,唯能以宇宙为我简编,民物为我文字者,斯真学耳。"②严复高度评价现代实验科学的始祖培根以及其他科学家牛顿、瓦特、法拉第和哈维:"制器之备,可求其本于奈端;舟车之神,可推其原于瓦德;用灵之利,则法拉第之功也;民生之寿,则哈尔斐之业也。而二百年学运昌明,则又不得不以柏庚氏之推陷廓清之功为称首。"③严复认为培根的贡献在于把人类认识空间扩展到整个宇宙大自然,"吾人为学穷理,志求登峰造极,第一要知读无字之书。培根言:'凡其事其物为两间之所有者,其理即为学者之所宜穷。所以无大小无贵贱,无秽净,知穷其理,皆资妙道',此佛所谓墙壁瓦砾,皆说无上乘法也"④。在中世纪宗教观看来,自然界仅具有有限的、虚幻的非本质意义,对物理世俗世界的研究,一方面被视为渎神的、罪孽深重的;另一方面,又被视为卑贱的、有失体面的事情。培根把认识空间拓展到自然

---

① 《严复集》第1册,第6—7页。
②③ 《严复集》第1册,第29页。
④ 《严复集》第1册,第93页。

界,展示了大自然的宏伟崇高和无限,最低贱、污秽、渺小的事物可以与最伟大、高贵和神圣的事物一样,有着同样的权利作为科学认识对象,研究者认识这些卑污、低下的事物并不会玷污自己,"正像太阳照耀着宫殿,也同样照耀着阴沟,而并不损其灿烂的光辉","凡值得存在的东西,就值得知道"①。在中国传统看来,"万般皆下品,唯有读书高",把人们的认识空间局限于"子曰诗云"、"诗书礼乐"中,高贵、儒雅而值得终身为之奋斗的是《四书味根录》、《诗韵合璧》、《四书典林》、《五经汇解》之经学,《纲鉴易知录》之史学、《古文观止》之古文"②,直到近代,科技还被斥为"奇技淫巧",刘锡鸿出使英国还认为,西学"盖工匠技艺之事",可以由"聚工匠而督深之,如古代聚百工于工场然"③,而士大夫是不应问津的。严复引介培根学说,其意义就在于把中国人从狭窄的书本,引到充满无限生机的大自然中来,拓展人们的认知空间。

以自然科学为治国之本,倡导"实测内籀之学"的科学实证方法,尤其是归纳逻辑方法,拓展认知视野,推崇经验派和实证主义,这就构成了严复的科学实证思想。

随后,梁启超在 1902 年发表《近世文明初祖二大家之学说》,介绍培根和笛卡尔学说,对培根的实验归纳精神倍加推崇,他说:"及培根兴,然后学问始归于实际,英人数百年来汲其流,迄今不衰,故英学先实验而后理论。"

梁启超对培根哲学的引介主要在三方面:第一,首先介绍了培根的"四假相说":"吾人之精神如凸凹镜,外物之来照者,或于凸处,或于凹处,于是乎虽同一物,而其所照不同,我之观察,自

---

① 转引自余丽嫦:《培根及其哲学》,人民出版社 1987 年版,第 214 页。
② 《严复集》第 2 册,第 484 页。
③ 《英轺私记·伦敦监狱》,湖南人民出版社 1981 年版,第 105 页。

不得不有所谬。此为致谬之第一原因。又五官所接者,非物之本色,而物之假相也。此为致误之第二原因。又吾人之体质,各各不同,于是乎同一事物,而人之所见,各各相异。此为致误之第三原因。又人与人相处之间,谬见亦常因缘而起……又前人之学说,亦往往为谬见之胎,盖凡谓一先生之言者,常如傀儡登场,许多点缀,观者不察,遂为所迷。此为致误之第四原因"。

培根"四假相说"主要是指人类认识的主观心理障碍,它包括"种族假相"、"洞穴假相"、"市场假相"和"剧场假相",即梁启超所谓四种"原因"。"种族假相"指的是人类主观偏见对真理性认识的障碍;"洞穴假相"指人们从各自爱好、性格以及所受教育、所处环境来观察事物,因而歪曲事物真相;"市场假相"指的是语言交际中概念的不确定产生的思想混乱;"剧场假相"指的是传统对认识的障碍。梁启超的表述大体符合培根原意。

第二,梁启超又介绍培根重实验、观察的归纳法。他说培根的"良法"在于"就实事以积经验而已",所谓实验之法就是"就凡事物诸现象中,分别其常现之象及偶现之象,而求其所以然之故",而且必须"频频观察,反复试验",还须加以"物观"与"心观"二法,"物观"强调"以格物为一切智慧之根源,凡对于天然界至寻常至粗浅之事物,无一可以忽略","心观"则强调"自主的精神",反对"倚赖前代经典传说之语,先入为主以自蔽",梁启超高度评价培根这一实验法乃是"一洗从前空想臆测之旧习,而格致实学,乃以骤兴",这和马克思对培根的"现代实验科学的始祖"的评价是一致的。梁启超在对培根的引介中已经开始注意到"假设"在观察归纳中的作用,他说:"盖人欲求得一现象之原因,不可不先悬一推测之说于胸中,而自审曰:此原因果如我之所推测,则必当有某种现象起焉,若其现象果屡起而不误,则我之所推测是也,若其不相应,则更立他之推测以求之……故实验与推测常相随。"这里所谓"推测"即"假设",一般人们认为胡适是中国最早提出假设者,显然不确,梁启超在此已经意识到假设("推测")在观察实验中的作用。

最后,梁启超指出培根的科学实验法与朱熹"格物"是有根本区别的。他说:"朱子虽能略言其理,然培根乃能详言其法。培根自言之而自实行之,朱子则虽言之,而其所下功夫,仍是心性空谈,倚虚而不征诸实。而朱子这种"心性空谈"的方法正是"格致新学不兴于中国而兴于欧西"的重要原因。

到五四时期,随着"民主"与"科学"两大口号的提出,实证主义、实用主义以"科学"的面目出现在中国思想文化界,杜威、罗素先后来华讲学,而胡适、丁文江、王星拱等人宣传科学主义、实用主义和马赫主义观点。尤其是胡适的实验主义,由于融合中国传统的朴学方法与赫胥黎、杜威的实证精神和实用主义,从而更具有代表性,影响更大。

胡适的科学实证思想大致有如下几点:

第一,"拿证据来"的重实证精神。这是他对培根以来尤其是赫胥黎、杜威的实证精神的概括,他说,赫胥黎的存疑主义方法"要点在于重证据。对于一切迷信,一切传说,他只有一个作战的装器,是'拿出证据来。'"①他认为这一点与清代朴学方法有相通之处,朴学方法也强调"凡立一义,必凭证据"②,他将这种方法称为"科学试验室的态度"。

第二,"假设"的明确提出。梁启超已经意识到"假设"(推测)的作用,但真正系统论述的还是胡适。胡适在总结清代朴学方法时说:"他们用的方法,总括起来,只是两点:(1)大胆的假设;(2)小心的求证,假设不大胆,不能有新发明,证据不充足,不

---

①② 胡适:《五十年来之世界哲学》。

能使人信仰。"①他把科学方法归结为一是假设,一是实验,"没有假设,便用不着实验",并且假设的用处就在于使归纳法在使用时"格外经济,格外省力",所以"凡是科学上能有所发明的人,一定是富于假设的能力的人"。以此反观宋明理学,则"宋儒的格物方法所以没有效果,都因为宋儒既想格物,又想'不役其知'。不役其知就是不用假设,完全用一种被动的态度。那样的用法,决不能有科学的发明"②。胡适思想中带有明显的贬宋(学)扬汉(学、朴学)的倾向性。

第三,将实验归纳法综合成一个方法系统。他说:"实验主义只是一个方法,只是一个研究问题的方法。他的方法是:细心搜求事实,大胆提出假设,再细心求实证。一切主义,一切学理,都只是参考的材料,暗示的材料,待证的假设,绝不是天经地义的信条。"③他把这个方法概括为:搜求事实→提出假设→证实的过程,并且将杜威的思维五步法介绍进来:"杜威论思想,分作五步说:(一)疑难的境地;(二)指定疑难之点究竟在什么地方;(三)假定种种解决疑难的方法;(四)把每种假定所涵的结果,一一想出来,看那一个假定能够解决这个困难;(五)证实这种解决使人信用,或证明这种解决的谬误,使人不信用。"④而且胡适试图站在现代实证科学方法的高度来融合中西方法论,他确认西方有"比较圆满的科学方法论",而"中国旧有的学术,只有清代的朴学确有科学的精神"⑤,都以证据为基础,他认为"顾炎

---

① 胡适:《清代学者的治学方法》,《胡适哲学思想资料选》(上),第208页。
② 《胡适哲学思想资料选》(上),第200—201页。
③ 胡适:《我的歧路》,《胡适哲学思想资料选》(上),第217页。
④ 胡适:《实验主义》,《胡适哲学思想资料选》,第73页。
⑤ 《胡适留学日记·自序》。

武、阎若璩的方法,和葛利略、牛顿的方法是一样的"①,而且都具有"归纳和演绎同时并用的科学方法"②,他认定只有通过这种方法的中西融合,才能使中国文化与世界文化对话。近代实证、实验精神的提倡,对于中国传统思维方式的改造无疑具有重大意义。从严复到胡适,中国才开始形成一个比较具有现代意义的科学方法论,尤其是胡适,当他把思维方法归结为一个从"疑难境地"→搜集证据→假设→证实(或否证)的方法系统时,这应该说是中国思维方式科学化、实证化的一次飞跃。虽然这个方法系统在当代不断受到波普尔的"证伪主义"、库恩的"范型革命"等关于"科学的发现"理论的挑战与修正,但在当时却产生了深远而广泛的影响,它既直接影响和指导了顾颉刚的古史辨运动,同时也为马克思主义认识论方法论(比如从感性认识到理性认识的理论)的传播作了必要的科学铺垫和准备。但是当胡适试图把西方科学方法嫁接到清代乾嘉朴学上以此来融合中西方法论时,却恰恰忽视了两者的本质区别,那就是西方实验方法更多的是用于认识、改造和征服自然以推动近代工业化,而中国的朴学虽然也重证据,也讲归纳,但却是一种从书本到书本、从圣贤到圣贤的经学思维方式,也就是严复所批判过的"无实"、"无用"之学,胡适忽视了这种根本区别,从而把改造自然、改造社会的科学方法完全变成了一种考证红楼梦、神会和尚等等的考据学,这就如同李约瑟所一针见血地指出的,在中国,"在历史、语音学和语言学的研究中利用数学比在自然科学中利用得更多"③,科学方法变成传统考据学的"新工具",这无疑是一个教训。

---

① 《治学的方法与材料》。
② 胡适:《清代学者的治学方法》,《胡适哲学思想资料选》(上),第193页。
③ 李约瑟:《中国科技史》第1卷,科学出版社1975年版,第77页。

泛数学主义与泛力学主义

近代(泛)科学主义思潮越来越受到研究者们的重视而形成一个研究热点。但是人们往往集中在五四时期"赛先生"的提倡与科、玄之争等几个问题,对科学主义思潮的前期(戊戌时代)则多付阙如,其来龙去脉也往往语焉不详,尤其对泛科学主义思潮的内在精神(如泛力学主义与泛数学主义)的把握又似嫌空泛。笔者提出"泛数学主义"与"泛力学主义"概念,并非凭空杜撰,而是进一步考察东西方近代科学主义思潮的结果。笔者认为,泛力学主义思潮与泛数学主义思潮在中西方科学文化走向近代的过程中,都曾超过理性重建的作用,但随着科学不断地信仰化过程,又导致理性启蒙的根本转向。

泛数学主义与泛力学主义的缘起

爱因斯坦曾经说过:"西方科学的发展是以两个伟大的成就为基础,那就是:希腊哲学家发明形式逻辑体系(在欧几里得几何学中),以及(在文艺复兴时期)发现通过系统的实验可能找出因果关系。"① 这就明确地指出了近代科学首先是从数学(演绎系统)和力学实验(归纳系统)中开始进行突破的。

---

① 《爱因斯坦文集》第 1 卷,商务印书馆 1983 年版,第 574 页。

事实确实如此。自从文艺复兴时代以来,西方文化亮出了科学与理性的大旗,开始向中世纪宗教神学的信仰主义发起挑战。在这个科学与神学决战的时代,数学与力学的发展在其中起了极其重要的主干作用,数学和力学甚至成了科学的同义语,而数学方法和力学方法则不仅成为观察、研究自然的工具,而且向宇宙、社会、人生甚至一切领域泛化,以致人们相信,宇宙世界没有什么会不服从数学与力学规律,没有什么不可以用数学方法、力学方法予以解决并且上升到普遍的价值信仰领域,这就是泛数学主义与泛力学主义。

正如著名中国科技史专家李约瑟教授所言,在古希腊,欧几里得几何学就发展出了一套抽象性、系统性和形式化很高的公理系统,但是仅凭欧氏几何学是不可能引发一场近代科学革命和随之而来的社会变革,因为在当时最突出的问题是如何"把实际知识与数学公式结合起来"①,使数学的本质更接近于物理学、服从于运动。而在文艺复兴时代,这样一个结合的过程便开始了,从维叶特和雷科德精心制订的代数符号(1580年,1557年)到内皮尔发明的对数(1614年),从笛卡尔建立的坐标和解析几何学(1637年)到巴斯噶的加法计算机(1642年),最后到牛顿和莱布尼茨完成的微积分,都展示着近代数学革命的历史进程。其中特别是伽利略的方法,开始奠定了观察、假说、验证的近代科学与数学方法结合的基础,从而使"量的世界取代了质的世界"②。随之而来的便是宇宙空间的数学化、几何化,宇宙不再被认为是有限的、按照一定等级制度组织起来的、在性质上和实体上有所区别的整体,而是相信宇宙"这部著作是用数学的语言写成的,其中的符号就是三角形、圆和其他几何图形,没有这些数学语言和数学符号的帮助,人们就不可能了解它的片言只

---

①② 李约瑟:《中国科技史》第3卷,第346、351页。

语,没有它们,人们就会在黑暗的迷宫中徒劳地徘徊"①。

不仅宇宙开始数学化,而且各门学科也在向数学接近和融合,著名西方科技史专家丹皮尔指出:"希帕克、哥白尼与刻卜勒表明天文学可以归结为几何学。伽利略也同样地对待地上的动力学,把它变为数学的一个部门……伽利略首先将古来关于距离与时间的概念给予确切的数学形式。"②从此以后,人们往往以为在每个现象可以用数学方式从量上加以表示以后,这个现象就算既得到了科学上的解释,也得到了哲学上的解释,数学开始上升到信仰领域、价值领域。

康德曾以其睿智的眼光审视着一切知识,对一切知识都抱着批判和怀疑的态度,他一生的使命似乎就在于为人类划定一个可知域(《纯粹理性批判》)和信仰域(《实践理性批判》)。但有一点例外的就是,他从不怀疑数学与力学作为科学"是否可能",而只是诘问"先天综合判断如何可能","如何可能"是在"是否可能"不成问题基础上的追问。实际上他"相信欧几里得几何和牛顿力学能适用于一切经验对象,即普遍必然地客观有效"③,这也就从根本上将数学与牛顿力学置于不可怀疑的地位,这其中便蕴含着一种即便是最严厉的哲学家也难免地崇拜科学的泛数学主义与泛力学主义思想。

不仅康德如此,霍布斯、斯宾诺莎都无一例外地对数学的科学地位深信不疑,而且开始将数学方法更广泛地泛化。霍布斯就曾把一切物质的运动归结为机械运动和数学运动。在他看来,纷繁复杂的社会政治现象都可以还原为几个数学公式、几何公式,比如他说:

---

① 李约瑟:《中国科技史》第 3 卷,第 356 页。
② 丹皮尔:《科学史》,商务印书馆 1979 年版,第 199 页。
③ 李泽厚:《批判哲学的批判》,人民出版社 1979 年版,第 66 页。

"这些运算法并不限于数学方面,而是所有可以相加减的事物都适用,因为正像算术家在数学方面讲加减一样,几何学家在线、形(立体与平面)、角、比例、倍数、速度、力与力量等等方面也讲加减,逻辑学家在语词系列、两个名词相加成为一个断言、两个断言相加成为一个三段论法……也同样讲加减运算。政治学著作家把契约加起来以便找出人们的义务,法律学家则把法律和事实加起来以便找出私人行为中的是与非。"①

霍布斯认定,引导我们精确地洞察物体的性质的那种思维过程,也能原封不动地照搬到人类社会对国家、政治和法律研究中,他断言,思维一般说来就是一种计算,而所有计算无非是加与减,因此,全部政治思想都可以运用加减法。

这种用几何数学泛化到其他领域的方法,在斯宾诺莎的《伦理学》一书中更具有典型代表意义。斯宾诺莎的《伦理学》全书框架完全按几何学方法设计,他认为,只有按数学几何学方法,凭理性能力从最初几个直观所得的定义和公理推论出来的知识,才是最可信的知识,才具有真理意义。因此,他的《伦理学》竟一无例外地将人的思想、情感、欲望等等还原为几何学上的点、线、面,而且也按照定义、公理和证明的程序进行,最后作出"绎理"(推论)。界说(定义)→公则(公理)→命题→证明→绎理程序便构成了《伦理学》的逻辑构架。

正是在这种数学取得巨大成就并向宇宙、社会、人生各领域泛化时,数学被视为"人类理性的骄傲、试金石和真正保证",数学被称为"理性的范例"②。当时一位叫封德奈尔的思想家就坚信这一点:"伦理学、政治学、文艺批评甚至雄辩术等方面的作品,如果是以几何精神撰写的,就会完美得多。"③数学不仅是知

---

① 霍布斯:《利维坦》,商务印书馆1985年版,第27—28页。
②③ 卡西尔:《启蒙哲学》,山东人民出版社1988年版,第13、14页。

识,从根本上说已经成为一种信念的支撑,已经进入价值领域。

而泛力学主义的产生则必须归结为牛顿力学的巨大成功。

牛顿把数学纳入到力学中,他说:"几何学可以在力学实践中看到,它无非就是精确地提出和论证测量技术的普遍力学的一部分。"①他提出了运动三定律,并将"力"定义为"一个物体所受到的、足以改变或倾向于改变该物体的静止状态或等速直线运动状态的作用"②。而牛顿所确立的万有引力定律,则将一切日月星辰的运行、物体运动、潮汐涨落和物质的微观结构,纳入到一个数学——力学的和谐体系中,从而使宇宙自然界成为可以根据最简单的几条数学和力学原理加以精确描述和计算的对象。

牛顿力学体系的完成,标志着近代科学的奠立,同时也迅速越出了自然科学的领域而向外泛化,它不仅被用来解释自然,也用来解释社会甚至人的精神,所以近代常被称为"力的时代"或"力学的时代"③,最典型的便是18世纪的机械唯物论。

牛顿力学在解释天体机制的巨大成功,导致人们过高地估计了这种机械观念对整个宇宙给予最后解释的能力。马赫就曾说过:"18世纪百科全书派以为他们离用物理和机械的原理去给世界以最后解释的日子已经不远了。"④伏尔泰也曾认为,宇宙不仅是一架巨大的机器,而且全部自然界、一切行星,就是那个"五尺来长"的"小动物"(按:指"人")也必须服从这种永恒的

---

① 沃尔夫:《十六、十七世纪科学、技术和哲学史》,商务印书馆1985年版,第754页。
② 丹皮尔:《科学史》,第228页。
③ 黎鸣:《控制论与社会改革》,光明日报出版社1988年版,第132页。
④ 丹皮尔:《科学史》,第279页。

机械规律①,拉美特利则干脆宣称"人是机器","人的身体是一架钟表,不过这是一架巨大的、极其精细、极其巧妙的钟表,它的计秒的齿轮如果停滞不走了,它的计分的齿轮仍能继续转动和走下去"②。这种泛力学主义思想在霍尔巴赫的《自然体系》中便达到了一种"最严格、最一贯的机械决定论体系"。

泛数学主义与泛力学主义在近代初期,其意义是不可低估的。首先当数学与力学被泛化到各个领域而上升为一种普遍的价值信仰体系与涵盖一切的世界观时,它就具有冲击神学的意义。一般说来,科学具有知识价值与社会价值,作为知识价值它以求真为目的;但在近代,科学已经逸出了知识范围而体现为一种社会价值,这种社会价值突出体现为它已经上升为近代人的普遍的价值信仰,已经带有某种意识形态化,这种科学的信仰化在初期对于打破宗教神学的思想禁锢与经院哲学的独断主义无疑有积极作用,并构成了一种理性启蒙。由于科学的出现,上帝那种无所不包、无所不在的万能地位便被动摇了,上帝的"领地"也便不断收缩了。在笛卡尔那里便把自然物理世界这块领地让给了科学,而保留着"信仰"领地;到18世纪法国唯物主义者那里,上帝"信仰"的领地也几乎被科学所占领,如斯宾诺莎哲学中的"上帝"不过是"自然"的代名词,而"自然"背后起支配作用的还是科学,"上帝"就这样"偷梁换柱"式地被放逐了,而科学却凯歌行进地占领了信仰领域了;其次,数学方法和力学方法在泛科学主义中获得了一种普遍效应,量的观念与理性演绎的数学方法与观察、归纳的实验方法在近代大行其道,尤其是牛顿力学的一些基本原理如机械"力"的定义("相互作用")便被泛化为一种可以用来观察社会人生的"矛盾"方法,机械运动的线性因果律

---

① 丹皮尔:《科学史》,第280页。
② 拉美特利:《人是机器》,商务印书馆1959年版,第65页。

以及机械决定论,便导致了一种普遍的机械决定论思维方式,尤其指导着人们的历史观和社会观,这在 19 世纪以前无疑都具有积极意义。

符号化、形式化与力学的泛化

正如马克思在《共产党宣言》中所预言的一样,随着人类历史从孤立、封闭的纵向发展转变为全球性一体化的横向发展时,人类的"精神的生产"也都会具有世界性。泛科学主义产生于西方,但随着西学东渐"科学"的传入,一股泛数学几何主义与泛力学主义便在中国思想界产生了。

近代科学的传入经历了一个由"用"和"技",(器物层面、知识层面)到"体"和"道"(泛科学主义价值层面)的过程。从魏源"师夷之长技以制夷"的提倡到洋务运动的机器化大生产的引进,使人们看到了科学的对象化或物化层面的巨大力量,于是进而在洋务时期大量翻译西方近代天文、气象、力学、化学、数学、生物学、地质学、地理学、光学、电学等各方面自然科学知识,由墨海书馆、同文馆、江南制造局、广学会等机构出版的《博物新编》、《格致启蒙》、《代数学》等著作开始在中国知识界广泛流行;正是经过这一番作为"用"、"技"的科学知识的洗礼后,到戊戌时代,由康有为、梁启超、谭嗣同、严复、唐才常等人,掀起了一个泛数学几何主义与泛力学主义思潮,从而使科学从知识的"用"、"技"层面,升华为一种普遍的价值信仰层面,科学便具有"体"和"道"的意义。这是科学主义思潮的前期。到五四时期,随着实验归纳方法的广泛流行和中国科学社的成立,科学主义者便将康严们的前期泛科学主义思潮更推进一步,康严们开始将数学几何方法和力学方法从自然领域泛化到社会领域和人生领域,作为一种观察政治社会和人生的方法而加以推崇,但是还没有明确提出科学的人生观问题;五四时期科玄之争的科学派则要求贯彻到底,将科学推进到人生观,为人生寻找一个科学的法则,而玄学派则目睹第一次世界大战的惨景,似乎看到西方物质文明膨胀、科学的极度发展最终只能导致对人类自身的毁灭,从而否认科学能解决人生问题。这场争论将科学主义思潮推到了高潮。

康有为大概要算是最早的泛数学几何主义者,根据《康有为自编年谱》记载,他曾于1885年"从事算学",并且"以几何著《人类公理》",而1885年"又作《公理书》,依几何为之者",也就是说,从这时开始他就已将几何方法泛化到社会领域,这两本书的原稿虽然不得而知,但是从近年新发现的《实理公法全书》中我们可以了解康氏的泛几何主义思维方式。如果将康氏此书与前文已述的斯宾诺莎的《伦理学》对读一下,我们简直要怀疑康有为是否抄袭了斯宾诺莎,几乎如出一辙! 但事实却不可能,因为西方社会政治哲学名著的引介是从严复开始的。这是中西文化史上一个尚未引起人们注意而却十分有趣的现象,斯宾诺莎《伦理学》由界说(定义)、公则(公理)、命题、证明和绎理(推论)组成,而《实理公法全书》则是从"实理"、"公法"、"比例"到"按","实理"相当于斯宾诺莎的"界说","公法"相当于"公则"(公理),"比例"相当于"命题",而"按"则相当于"证明"。实际上康有为是直接模仿欧几里得的《几何原本》(按:明末徐光启、利玛窦已译述前6卷,李善兰、伟烈亚力续译后9卷,于1855年刊行)。在康氏看来,"实理"是不可违背的自然定理,是推演、论证的前提,他认为:"实理明则公法定,间有不能定者,则以有益于人道者为断,然二者均合众人之见定之。"①而"公法"则是从"实理"推演出来的人类社会生活基本准则,"从几何公理所推出一定之法,乃公法之一端",如果"无几何公理所出之法,而必凭人立之

---

① 康有为:《实理公法全书》,《康有为全集》第1卷,第276页。

法者,本无一定,则惟推一最有益于人道者,以为公法而已"①;而"比例"则是关于人类社会问题的一些待证的命题;"按"是对除"实理"以外的"公法"、"比例"的证明和讨论。比如他先提出"人各分天地原质以为人"的"实理"(定义),然后再推出"人有自主之权"的"公法"(公理),再加"按语"进行论证:"此为几何公理所出之法,与人各分原质以为人,及各具一魂之实理全合,最有益于人道。"②这样就把他自己的社会理想"人有自主之权"置于几何必然公理之上,所以他说:"几何公理所出之法,称为必然之实,亦称永远之实。"③这就是说,凡是用几何方法论证的理论就是被检验过的永远正确的理论。在这里,泛几何数学主义色彩是十分明显的:崇拜科学,以科学作为人文精神的支撑点。康氏甚至在谈到《春秋董氏说》时还说过:"董子之于春秋例,亦如欧几里得几何也。"可见康氏对几何学的泛化主义是明确的。这种几何泛化主义直接影响到他的学生梁启超尤其是谭嗣同。梁启超就曾称赞一些西学著作"皆用几何公论,探本穷源"④,谭嗣同的《仁学》亦曾模仿康有为的著作,先立"界说"二十七条,尤其在第二十三条则直接运用代数方程式来推导出人类平等,从而在一本论社会政治的书里添上了一些"甲=$\overline{二乙|甲}$"和"乙=$\overline{二甲|乙}$"之类方程式,用代数中的等价推论出人类平等,并强调:"算学即不深,而不可不习几何学,盖论事办事之条段在是矣。"⑤而且他认为,人类公理是来源于"自理"(自明之理);"公理之出,出于自理","自理"指的是"三角术之不论直锐钝角,二边之和必大于余一边,代数术之全大于其分,全必等于其诸分之

---

① ② 《康有为全集》第 1 卷,第 278、279 页。
③ 《康有为全集》第 1 卷,第 278 页。
④ 梁启超:《读西学书法》。
⑤ 《仁学》,《谭嗣同全集》(增订本)(下),第 292—293 页。

和。等度加等度,合度亦等,等度减等度,余度亦等,皆颠扑不破之自理也"①。

如果说,康谭是用代数几何来推导人类平等的人文精神的话,那么,我们在另一篇《朝三暮四》的文章中却看到作者用代数原理来指导关于个人成败的人生追求。作者志厚认为,每个人降临到"现实世界"都不得不加入"竞争行列",然而竞争结果总是有胜败之分。人们认为勤奋"努力"是成败的关键,但是作者则认为"努力"之说是可以用代数量化的,真正的成功者是那些在"努力"量化中采用"经济主义"和"最小作用主义"者的人,他以两个学生应试为例,甲生以"应试及格为志,而强事记忆",而乙则"平日务养实力,不介意于应试",他假定甲生"努力之量"为 A_1,"其果之量"为 a_1,而乙生"努力之量"为 B_1,其"果之量"为 b_1,在第一年年终考试,由于"一时之果,速而易显,而永久之果反是也",所以其结果可能是 $b_1 < a_1$,但是到第二年则甲生以 A_2 之努力产 a_2 之果,而乙生则以 B_2 之努力产 $(b_1 + b_2)$ 之果,即使减去"经时而减少"的耗损 r,乙生仍得 $(b_2 + rb_1)$ 之果,于是乙生与甲生的差距开始拉大,如此下去,到第五年,甲生以 A_5 之努力仅得 a_5 之果,而乙生却以 B_5 之努力得 $(b_5 + rb_4 + r^2 b_3 + r^3 b_2 + r^4 b_1)$ 之果,这样,甲乙两生虽然同样"努力",但"努力之果"却悬殊甚大,乙生成为强者、胜者,而甲生则成为弱者、败者。其原因乃在于"惊目前之功者,虽胜犹败,谋永久之利者,虽败实胜",这就是以"最小之力获最大之果者"的"经济主义"和"最小作用主义"原理②。当然,个人的成败并不简单地取决于这样一种"经济主义"的"努力"原理,而是人的资质、勤奋、机遇、身体素质等各种因素综合的结果,然而这个"经济主义"原理却典型地反映

---

① 《谭嗣同全集》(增订本)(上),第 264 页。
② 志厚:《朝三暮四》,载《学生杂志》2 卷 3 号(1915 年)。

了一种泛科学主义人生观,即相信科学(数学)是可以指导人生实践的,认定如果以数学原理作为人生追求、人的价值实现的指导方针,那么必定成为强者、优胜者,反之则被淘汰、失败。实际上这已开了科玄之争中科学派强调建立科学的人生观的先河。

那么,泛数学主义在近代中国对于理性重建究竟有什么意义呢？我认为,最主要的是有助于思维方式的符号化与形式化,对于推动近代理性启蒙仍具有一定的积极意义。

数学思维是衡量一个民族思维方式的重要方面,它标志着一个民族逻辑思维(尤其是演绎思维)的发达程度,而逻辑思维的发达程度又深刻地影响和制约着一个民族的科学发展。大致说来,中国的数学思维方式经历了三个阶段:古典时代的经验理性,近代理性重建的半符号化形式化阶段(19世纪后期),现代符号化阶段(20世纪)。

古典时代的经验理性,是以筹算盘和珠算盘为工具,重"算"不重"证"、重代数轻几何、重实验运用而轻抽象符号化形式化为基本特征,李约瑟教授就曾明确指出:"中国人在数学工作中一贯具有算术、代数头脑,他们明显地不过问那种与具体数字无关的,单从某些基本假设出发得以证明的定理和命题组成的抽象几何学。"①李约瑟感到非常"奇怪"的是,一个把代数学钻研得如此深的民族,竟然一直没有发明方程的形式,没有数学运算的简化记号,甚至连等号(＝)都没有。而有趣的是,爱因斯坦却说,中国人没有走上这一步"那是用不着惊奇的"②。日本的中国数学史专家三上义夫先生却批评中国思维方式的关键在于"缺乏严格求证的思想"③。诸多科学家的共识归结一点:中国思维方式的现代化,必须走上严格求证的逻辑化、符号化和形式

---

① ③ 李约瑟:《中国科技史》第 3 卷,第 53、338 页。
② 《爱因斯坦文集》第 1 卷,第 574 页。

化道路。为了明了中国数学思维的嬗变,我们不妨先看一例:

"九章算经:今有丝一斤,价值二百四十,今有钱一千百二十八,问得丝几何?

答曰:五斤八两十二钱五分铢之四。

术曰:以一斤价数为法,以一斤乘,今有钱数为实,实如法得丝数,按此术今有之,义以一斤价为所有率,一斤为所求率,今有钱为所有数,而今有之,即得。"①(古代形式)

这就是李约瑟等所批评的经验具体性("购丝")、非符号化非形式化(没有运算符号)的中国古典式数学思维。

理性重建的半符号化形式化阶段。半符号化阶段实际上开始于明末徐光启译《几何原本》,他提出了"由数达理"的数学逻辑方法,但不幸中断。在近代则开始于19世纪50年代,中国近代数学家李善兰开始翻译《几何原本》、《代微积拾级》等书,从而开始了这个半符号化、形式化阶段,他首次引进了 = × ÷ ( ) √ > < 等西方数学符号,但还没有采用阿拉伯数字,而是用中文一、二、三、…〇,而且仍沿用中国的干支22个加上"天""地"、"人"、"物"代替26个英文字母,用"微"字的偏旁"彳"表示微分,而用"禾"表"积分",他翻译的《代微积拾级》的半符号程度便如下例:

近代形式:禾 $\dfrac{\sqrt{二甲丁天}}{彳天}$ = 丁二 $\sqrt{二甲丁天}$ ②

(现代形式:$\int \dfrac{\sqrt{2ADW}}{dW} = D_2 \sqrt{2ADW}$)

虽然这种近代形式离现代数学思维符号化还有很大距离(如上图),然而这在晚清时期却无疑是一场思维革命。对此,曾

---

① 转引自李约瑟:《中国科技史》第3卷,第70页。

② 转引自杜石然等:《中国科技史稿》(下),科学出版社1985年版,第255页。

纪泽在《几何原本·序》中深有感触地说:"盖我中国算书以九章分目,皆因事立名,各为一法,学者泥其迹而求之,往往毕生备习,知其然而不知其所以然,遂有苦其繁而视为绝学者,无他,徒眩其法而不知求其理也……《几何原本》不言法而言理……《九章》之法,各适其用;《几何原本》则彻乎《九章》立法之源,而《九章》所未及者无不赅也。"①这是一个对中西文化均有所了解的开明士大夫官僚的感慨,应该说很能代表当时一般士大夫的共同心态,那就是必须彻底摆脱那种只知其"法"("当然")而不知其"理"("所以然")的非逻辑化非符号形式化的经验理性。康有为、谭嗣同们对几何代数的迷恋和崇拜,并把几何代数从知识领域推到社会人生领域,无疑有助于中国思维方式的符号形式化,有助于科学的更广泛的传播。

与此同时,从戊戌时代开始,兴起了一股泛力学主义思潮,人们并不仅用力学原理来解释自然物质世界,更主要的是用来观察社会和人生,构成一种普泛的世界观或价值体系,天、地、人都能"力"化,"力"成为宇宙、社会、人生大系统的基础、本原和动力。"质力"、"热力"、"爱力"(亲和力)、"吸力"、"摄力"(向心力)等词汇喧腾一时。

首先,他们用"力"来解释宇宙自然万物的基础与本原。严复就说过:"大宇之内,质力相推。"②而且"质力杂糅,相剂为变者也"③,整个宇宙都不过是质(物质、元素)与力(机械力)的统一,正是这种统一才构成了运动和变化。梁启超则认为,宇宙、行星、地球、星云、声光热电一切现象得以存在的根本原因是"动力","假使太空中无此动力,则世界海毁,而吾所处八行星绕日

---

① 《曾纪泽遗集》,岳麓书社1983年版,第134页。
② 严复:《译〈天演论〉自序》。
③ 《天演论》卷上,导言二广义按语。

之世界不知隳坏几千万年矣"①,这实际上是在运用万有引力原理解释宇宙现象。唐才常在《质点配成万物说》中认为"凡物有爱力、吸力、摄力"。康有为除了"仁——以太"说外,还有"热力说":"盖万物之生,皆由热力,热力愈大,吸力愈多。生物愈荣,长物愈大。"②其次,用"力"来分析社会政治问题并与救亡问题联系起来。1898年严复发表《论中国之阻力与离心力》,便运用力学原理来分析中国政治社会问题,他首先用力学原理解释说,"阻力者,如此物有欲行之方向,而有他力阻之使不行,或阻力四面俱生,亦可使本物受其极大之逼迫,而更其面目",而"离心力"则与向心力相反,"万物极微合成,内具向心力,若失其互相吸引之性,而每点各相推拒,则可使本物失其形性,而化为乌有"。然后,他分析中国富强的阻力乃在于外有"欧洲各强国之阻力",内有"权臣内奸,外藩跋扈,士民朋党,大盗移国",至于"离心力"则"不在大端,而在细事,不在显见,而在隐微"③,也就是指长期积淀下来的文化劣根性。唐才常《论热力》一文则以"热力"来谈富强和救亡,唐才常也认为宇宙万物都由于"热力"而生,因此社会也一样,"故泰西之以热力智其民、新其国者,实性海之根原,群动之脉理;而含生负气之公,性情如是则存,不如是则亡,扩其量则文明而强,亏其实则野蛮而瘠",因此中国要富强,必须鼓其"热力":"惟有热力者,愈变愈新愈文明耳……尤愿其热力所充,直充至于救世同仁,以为文明太平之起点,则中国其庶几乎!"实际上他把力学中的"热力"转换成为一种爱国激情和热情,他说热力"在吾心则为诚,热之所到,诚即随之,而上九天,而下九渊",因此,他反对那种"谈科名则热,谋仕进则热,工钻营则热",

---

① 梁启超:《说动》。
② 康有为:《礼运注》。
③ 《严复集》第2册,第465—468页。

而是鼓励人们以"热情"开民智,办实业。他说:"夫学会、公司,宁非群权之善者哉? 然非以热学激宕之,热力乾摩之,则旋群施涣。"①再次,用"力"来解释人的生命、人的心理、生理结构。唐才常就曾与法国 18 世纪唯物主义哲学家拉美特利一样,认为人不过服从机械原理而已,他认为"人"这个"藐然躯壳","为微尘中之微尘,而光于目,声于耳,电于大脑小脑,化分化合,于肝脾胃肠及一身机轮流转,罔弗具日与八星运行之理"②,也就是说人这个"小宇宙"和"大宇宙"八行星太阳系等遵循着同一机械力学原理。谭嗣同则以机械力来解释人的心灵(心力)"心力……以力学家凹凸力之状状之,愈能办事者,其凹凸力愈大,无是力,即不能办事,凹凸力一奋动,有挽强持满,不得不发之势,虽千万人,未或能遏之而改其方向者也"。然后他列举了 18 种机械力:永力——反力,摄力——拒力,总力——折力,转力——锐力,速力——韧力,拧力——超力,钩力——激力,弹力——决力,偏力——平力③。这样,从宇宙到社会到人的身心,全被机械化、力学化。到 20 年代,吴稚晖的《一个新信仰的宇宙观及人生观》为泛力学主义作了一个总结:

"我本来只承认万物有质有力,言质则力便存在,言力则质便存在,无无质之力,亦无无力之质。质力者,一物而异名。假设我们的万有,方其为'一个'之时,就其体而言曰质,就其能而言曰力,加以容易明白的名称,则曰活物……所谓情感、思想、意志等等,就种种反应而强为之名,美其名曰心理,神其事曰灵魂,质直言之曰感觉,其实统不过质力之相应……其实茅厕里的石头呀,玫瑰树呀,苍蝇呀,人呀,何尝有什么感觉,什么心理,什么

---

① 唐才常:《论热力》,《唐才常集》,中华书局 1982 年版,第 140—146 页。
② 《唐才常集》,第 141 页。
③ 《谭嗣同全集》(下),第 364 页。

灵魂,止质与力之构造及反应,各各不同罢了。"①

这样,就把宇宙自然、社会,尤其是明确把人的情感,思想意志等全归结为"质力"结构,这就将泛力学主义推到了极端。

泛力学主义作为一种思潮,在近代尤其在科学传播的早期(戊戌时代),仍然有其积极意义。这种意义就在于在中国开始引入实证精神,引入一种科学观,表现为一种新的宇宙自然观、世界观的诞生,它打破了传统儒家文化那种伦理宇宙自然观,使宇宙不再是一个充满着伦常道德的泛道德主义宇宙,而是一个服从数学——力学机械原理的自然宇宙;宇宙也不再是一种"天人合一"可以体悟的神秘境界,而是一个可以解释、可以认识和可以征服的对象存在。正如同近代科学在西方的影响一样:"望远镜和数学揭示宇宙是辽阔无垠的,其星体之间的距离只能用几十亿光年来描述,而地球则不过是飘浮在这广袤无垠的空间中一颗沙粒。"②康有为的《诸天讲》也将自己置身于一个宏观宇宙世界中,"我日在银河天中心,有无数八等小星绕之,又有多数之星辉,小数之星云混合之,然中心恐亦自谓耳,如古者以地在天中,今乃知其不然也"③。一旦获得这种宇宙观,洋溢着的便是一种特有的早期科学乐观主义情绪:"吾人与群花万卉鸟兽虫鱼,凡胎生、卵生、湿生、诡状异形,亿万兆京,并栖同音,游翔飞行于其间者,非所谓地球耶……岂非人生之至乐哉!"④而这一切又为五四时期"赛"先生的传播,起了前驱先路的作用。

---

① 《吴稚晖先生选集》(上),1963 年(台北)版,第 13 页。
② 康马杰:《美国精神》,光明日报出版社 1988 年版,第 151 页。
③④ 康有为:《诸天讲》,卷 8《银汉篇》,卷 2《地篇》。

走向信仰与行动

戊戌时代开始的泛数学主义与泛力学主义思潮发展到五四时期，便汇聚为一股声势浩大的科学主义思潮。从"赛先生"的提倡到"科玄论战"，无论从规模、学术水平、涉及面与影响面，都远远覆盖了戊戌以来的泛数学主义与泛力学主义思潮，但它又确然承续了严康们的思想。关于五四时期的科学主义思潮，近年的论述研究甚多①，因此不作评论，仅略作概述以窥"科学主义"的归宿与"理性重建"的归宿。

正如诸多论者所言，五四时代是一个面对着传统制度崩溃的废墟以及新制度试验的不断失败，知识分子感受着强烈的疏离感、挫折感而彷徨、迷茫和寻求的时代，文化权威的普遍失落，使人们需要重建一个新的价值信仰体系；而另一方面日益深重的民族灾难和危机，又迫使知识分子走出沉思与思辩的书斋、讲堂，走向社会去实践去行动，行动需要信念，尤其是"救亡"主题压倒一切时更需要一种统一的信仰。于是五四前期那种理性反思与思想多元化的时代必然要让位于一个以"救亡"为主题的信仰与行动的时代，而这个中间过渡环节恰恰是通过建立以"科学的人生观"为基础的科学主义价值信仰体系而完成的。

这一时期的泛科学主义思潮在戊戌辛亥时期基础上，更强化了"科学"的至高无上的权威性，更将之升华为一种普遍的价值信仰体系。这突出表现为：第一，"科学救国论"。"科学救国"思想在严复思想中就已十分明确，严复在《救亡决论》中认为：

---

① 关于五四时期科学主义思潮，可参见李泽厚：《中国现代思想史论》，第50—65页；严博非：《思想的歧途》，载《文汇报》1988年9月13日；郭颖颐：《中国现代思想中的唯科学主义（1900—1950）》，江苏人民出版社2005年版。

"舍格致之事,将仅得其皮毛,瞽井聋人,其无救于亡也审矣。"①
"科学救国"不仅可以救亡,而且"为富强本计所必需"②,这在五四时期获得进一步肯定。陈独秀谈到"德""赛"两先生时指出:"我们现在认定只有这两位先生,可以救治中国政治上道德上学术上思想上一切的黑暗。"③第二,"科学万能论"。1919 年,陈独秀总结各时代思潮的演进时认为,古代思潮的核心是"理想万能",近代思潮则为"科学万能",而最近代思潮则为"科学的理想万能"④。后来在科玄论战中,陈独秀还认为胡适的"科学神"不够彻底,还"未说明科学对于一切人生观之威权,不能证明科学万能,使玄学游魂尚有四出的余地",陈独秀强调不仅在主观上"须建设科学的人生观之信仰,但更须在客观上对于一切超科学的人生观加以科学的解释,毕竟证明科学之威权是万能的,方能使玄学鬼无路可走,无缝可钻"。陈独秀所谓"科学的解释"便是"唯物的历史观",也就是"相信只有客观的物质原因可以变动社会,可以解释历史,可以支配人生观"⑤。第三,建立"科学的人生观"。这是"科玄之争"的主题。以张君劢、梁启超等人为代表的"玄学派"认定科学不能支配人生观,因为科学表现为"客观的"、"伦理的"、分析的、偏重因果律的和普遍性的特点,而人生观则表现为"主观的"、"直觉的"、"综合的"、"自由意志的"和独特"单一"的特点⑥。实际上,科学派不过是重复着 18 世纪机械唯物主义的思想历程。而玄学派则承续了西方狄尔泰、李凯尔特、文德尔班以至柏格森、倭铿等强调价值、生命的人本主义思

---

① 严复:《救亡决论》。
② 《严复集》第 2 册,第 283 页。
③ 《独秀文存》,第 243 页。
④ 《陈独秀文章选编》(上),第 465 页。
⑤ 陈独秀:《序》,载《科学与人生观》,亚东图书馆 1923 年版。
⑥ 张君劢:《人生观》,《科学与人生观》,第 4—8 页。

潮,这一派反对把有着自由意志、生命情感的不可重复的主体还原为自然物质,还原为服从因果必然律的机器,突出的是拉美特利的反命题:"人不是机器"。因此从学术价值看,玄学派的思想更具有现代意义。然而在那样一个科学凯旋进军的时代,科学派却取得了压倒性胜利,于是科学成了指导人生信仰的万能武器,科学变成了"科学神",人们崇拜它,信奉它,"科学"成为重建中国文化普遍的价值信仰体系的文化新权威。这就如同胡适在《科学与人生观序》中所言:"近三十年来,有一个名词在国内几乎做到了无上尊严的地位,无论懂与不懂的人,无论守旧和维新的人,都不敢公然对他表示轻视或戏侮的态度,那名词就是科学。"

"科学"一旦上升为一种准宗教的价值信仰体系,也就失去了早期的怀疑批判精神,同时也就标志着近代理性重建的结束。随后,广大的青年知识分子便怀着这种对"科学的人生观"的美好信念,走向社会,投入到革命与救亡的时代洪流中去了。

于是,从戊戌到五四的30年理性启蒙便让位于行动实践和救亡运动。

主要参考资料

□ 文集与资料汇编

杨伯峻:《论语译注》,中华书局 1958 年版。

陈鼓应:《老子注译及评介》、《庄子今注今译》,中华书局 1982 年版、1984 年版。

朱熹:《四书章句集注》,中华书局 1983 年版。

王昭洲、袁卿武编:《中国古典气功集成》,西北工大出版社 1988 年版。

曾国藩:《曾国藩家书》,岳麓书社 1986 年版。

曾纪泽:《曾纪泽遗集》,岳麓书社 1983 年版。

康有为:《康有为全集》,上海古籍出版社 1987 年版。

梁启超:《饮冰室文集》,上海广智书局光绪三十四年版。

谭嗣同:《谭嗣同全集》,中华书局 1981 年版。

王栻主编:《严复集》,中华书局 1986 年版;严译名著丛刊:《天演论》、《群学肄言》、《群己权界论》、《孟德斯鸠法意》、《穆勒名学》、《原富》、《名学浅说》、《社会通诠》,商务印书馆 1981 年版。

章太炎:《章太炎全集》,上海人民出版社 1982 年版。

孙中山:《孙中山选集》,人民出版社 1981 年版。

蔡锷:《蔡松坡集》,上海人民出版社 1984 年版。

秋瑾:《秋瑾集》,上海古籍出版社1979年版。
鲁迅:《鲁迅全集》,人民文学出版社1956年版。
陈独秀:《独秀文存》,安徽人民出版社1987年版。
胡适:《中国哲学史大纲》,商务印书馆1919年版;《胡适文存》,亚东图书馆1921年版。
李大钊:《李大钊选集》,人民出版社1978年版。
蔡元培:《蔡元培全集》,浙江教育出版社1989年版。
郭沫若:《郭沫若全集》第一卷,人民文学出版社1982年版。
杨昌济:《杨昌济文集》,湖南教育出版社1983年版。
顾颉刚等:《古史辨》,上海古籍出版社1982年版。
林同济主编:《时代之波》,重庆在创出版社1944年版。
雷海宗:《中国文化与中国的兵》,商务印书馆1940年版。
张枬、王忍之编:《辛亥革命前十年间时论选集》,三联书店1960年版。
蔡尚思主编:《中国现代思想史资料简编》(1—4卷),浙江人民出版社1983年版。
中国社会科院近代史所编:《五四运动文选》,三联书店1979年版。
钟叔河主编:《走向世界丛书》,岳麓书社1981年版。
成都体院编:《中国近代体育史资料》,四川教育出版社1988年版。
苏州市档案馆编:《苏州商团档·苏商体育会史料辑》,未刊稿。
《文学运动史料》,上海教育出版社1979年版。
陈崧编:《五四前后东西文化问题论战文选》,中国社会科学出版社1985年版。

□报刊杂志

《国闻报》《直报》

《壬寅新民丛报汇编》《申报》

《东方杂志》《民铎》

《国民报》《游学译编》

《浙江潮》《云南》

《江苏》《民报》

《国粹学报》《国民日日报》

《天义报》《新世纪》

《体育周报》《甲寅》

《新青年》《湘江评论》

《每周评论》《教育潮》

《时事新报》《创造月刊》

《狂飙》《战国策》(昆明版、上海版)

□ 中外论著

梁漱溟:《东西文化及其哲学》,商务印书馆1987年版。

张岱年:《中国哲学大纲》,中国社科出版社1982年版。

李泽厚:《批判哲学的批判:康德述评》,人民出版社1979年版;《中国古代思想史论》,人民出版社1986年版,《中国近代思想史论》,人民出版社1979年版;《美的历程》,中国社会科学出版社1984年版;《中国现代思想史论》,东方出版社1987年版。

章开沅:《辛亥革命与近代社会》,天津人民出版社1985年版。

维科:《新科学》,人民文学出版社1986年版。

杜布斯:《文艺复兴时期的人与自然》,浙江人民出版社1988年版。

布克哈特:《意大利文艺复兴时期的文化》,商务印书馆1979年版。

马克思:《博士论文》,人民出版社1961年版。

赫胥黎:《进化论与伦理学》,科学出版社1978年版。

黑格尔:《哲学史讲演录》,商务印书馆 1959 年版。

康德:《判断力批判》,商务印书馆 1985 年版。

洛克:《政府论》,商务印书馆 1964 年版。

卢梭:《社会契约论》,商务印书馆 1963 年版。

罗素:《西方哲学史》,商务印书馆 1963 年版。

列维·布留尔:《原始思维》,商务印书馆 1985 年版。

尼采:《查拉图斯特拉如是说》,湖南人民出版社 1987 年版。

卡西尔:《启蒙哲学》,山东人民出版社 1988 年版。

霍布斯:《利维坦》,商务印书馆 1985 年版。

丹皮尔:《科学史》,商务印书馆 1979 年版。

李约瑟:《中国科学技术史》,科学出版社 1975 年版。

爱因斯坦:《爱因斯坦文集》(第 1 卷),商务印书馆 1983 年版。

斯宾格勒:《西方的没落》,商务印书馆 1963 年版。

Hackonsmith:《西洋体育史》(华中师大馆藏本)。

马克斯·韦伯:《新教伦理与资本主义精神》,四川人民出版社 1984 年版。

萨拜因:《政治学说史》,商务印书馆 1986 年版。

M.－C. Bergère. La Chine au XXe Siècle. Paris(Fayard), 1989.

J. J. Rousseau. Rousscau Oeuvres complètes. Editions du seuil, 1971.

La Grande Encyclopédie. Vol. 7, Larousse.

Georges Duby, Robert Mandron. Histoire de la eivitisation Francais Vol. II. Armand colin, 1976.

Benjamin Schwartz. *In search of wealth and power*:Yen Fu *and the west*, Cambridge Mass, 1964.

再版后记:犹忆珞珈桂子飘香时

马小泉教授筹划的"近代中国研究书系"收录我的旧作《中国人文精神的重建》并即将付梓,牵引了我的一些思忆。

该书是我在武汉大学和华中师大时的硕士、博士学位论文基础上的综合。我是武大历史系1985年级硕士研究生(导师为吴剑杰教授,我的研究方向是中国近代思想史),当时,武大被称为中国教育改革的"特区",刘道玉校长在全国首推学分制跨校、系选修课程等,因此,我有幸比较系统地跨系选修了史、哲、文的课程,更关键的是从1985年开始,北京大学哲学系汤一介教授主办中国文化书院,我前后选修了5期讲习班,有幸聆听了梁漱溟、张岱年、季羡林、李泽厚、庞朴、陈鼓应、汤一介、乐黛云以及美籍华裔学者杜维明、成中英、邹谠等一大批国内外知名学者的讲座和课程,和很多青年学人一样,我的单一知识结构和思维方式发生裂变,开始寻找打通文史哲的综合路径。正是在思想解放、兼蓄包容的学术环境下,1986年,我在《福建论坛》首次发表《严复"三民"思想简论》,这是本书从酝酿到成型的逻辑与历史的起点,至今整整30年。

随后,我连续发表了一组系列论文,这让我有幸成为1987年武汉大学研究生教育"中期分流制"改革(硕士生修读两年后,学业特别优秀者可以提前半年或一年毕业)下首批提前一年毕业攻读博士学位的五人之一,入华中师大校长章开沅教授门下攻读中国近代史博士学位。我的硕士学位论文再经过三年的深化研究就形成了一本20余万字的博士学位论文。

论文甫成，我的博士学位论文答辩委员会主席，北京师范大学龚书铎教授及其高足郑大华教授拟收入他们主编的一套由贵州人民出版社出版的丛书中，但最终由中国社会科学院叶秀山教授、周国平教授主编的首套博士论丛（湖南教育出版社1992年版）率先出版，非常感谢著名哲学家叶秀山先生曾对本书给予了很高的评价，我同时对龚书铎教授、郑大华教授的厚爱表示深深的感谢和无尽的歉意。

本书大部分篇幅都曾以单篇论文的形式发表。近代尚力思潮是我率先发掘和系统研究的成果，"尚力卷"在香港中文大学《二十一世纪》等学术期刊发表过六七篇，我注意到有的被反复引载甚至被多次抄袭。其中，我比较欣赏许纪霖教授《林同济的三种境界》和中国体育文化史专家原北京体育大学李力研教授《野蛮的文明》对拙作的多次引载、介绍和深化研究。《严复与近代文化转型》一文被《新华文摘》全文转摘，关于严复的一些论文多次在香港等国际、国内学术会议宣读。关于"战国策派"的研究是国内最早对战国策派进行重新研究和评价的学术论文，也曾被多次引载。

本来按照我原来的计划，关于"力的发现"、"严复与文化转型"和"战国策派研究"，至少可以独立地形成三部有一定原创性的学术专著。可惜进入1990年代以后，整体学术环境和个人工作环境发生了180度转变，我来到深圳，先在政府，后在深圳社科院五年，但主要研究工作已经转到深港城市经济；尔后由于在香港工作六年，更偏向于中微观经济研究和企业管理实务，未料拙作《回归十年的香港经济》、《香港中资财团》由香港三联书店推出后反响不错，前者列当年三联月度十大畅销书并由四川人民出版社再出简体字版在内地发行。岁月荏苒，我又在华东苏皖转战三年，操盘房地产经济，与自己的专业渐行渐远。但是重读旧作，仍倍感亲切，也许经年之后,重续旧缘,亦未可知。

康有为曰:"吾学三十已成,此后不复有进,亦不必求进。"本书稿成于我三十岁前,时值中国刚刚走出文革不久,改革开放刚起步,对文革的反思必然延伸到对文化的反思,因此,本书的基调仍在于对中国传统文化的批判性文化反思,同时探索如何实现中国传统文化的现代性转型,尽管近20年中国学界对传统文化的肯定多于批判,但是,我30岁前的观点至今不改,为什么当今中国"文革"的阴魂三十年未散?为什么"钱学森之问"当代中国不能产生学术大师?这都需要我们像八十年代那样,保持对中国传统文化及其制度的理性反思和探索现代性转型,不容讳言,从严复开始的戊戌至五四以来从传统文化向现代文化转型的人文启蒙和文化重建至今仍未完成。严复那种对"自由"的深切关注,对"公权"、"私权"界限("群己权界")以及"私权"的"莫破"(即私权的不可侵犯性)的提出,在当今中国不仍然发人深省吗?

因此,本书书稿文字只字未改,与湖南教育版相比,只增补了三章:《严复与近代文化转型》,这是原发表于《深圳大学学报》(1996.4)后全文转载于《新华文摘》(1997.2);《西方两大自由体系及其在中国的传播与偏失》,该文是我的博士学位论文原有的一章,1992年出版时删掉,现补上,文字一字未改;《近代尚力思潮与文化转型》,此文发表于香港中文大学《二十一世纪》总11期(1992.6),这次全文收录。

30年弹指一挥间。30余年来,我不断在各个城市间切换生活和工作场景,切换人生不同角色,但是最难忘的仍是在珞珈山、桂子山那五年时光。珞珈山樱、桂、梅、枫四园四季季花轮番绽放、山水环绕的校园环境,让你真心佩服早年李四光先生筚路蓝缕拓荒选址时的独特眼光;更难忘的是武大那几年改革所创造的宽松、包容和鼓励创新的学术环境。在桂子山领略桂子飘香的同时,更多地感受和体验到章门学派导师的学术大家风范、章门弟子间相互砥砺、良性竞争的学术氛围。在此,特别要感谢的是我的博士导师章开沅教授、硕士导师吴剑杰教授为学和为人,让我终身受益。无法忘怀的是马敏、桑兵、韩明、莫世祥、周洪宇、马小泉、王杰、宋亚平、乐正、虞和平、张富强、王奇生诸师兄弟一起切磋学问探索人生的美好时光,多年后,他们或出将入相、或学霸海内,均能成就一番事业,堪为楷模。特别是小泉教授虽时隔多年尤念及弟之旧作,慨然再版,令人感动,勾起往事,夜不能寐,遥念桂山。在此深表谢忱。

二〇一六年五月十六日夜
于金陵深业滨江半岛